# 文革文學大系

## （十）

### 戲劇電影卷一

王　堯主編

現代文學研究叢刊

文史哲出版社印行

現代文學研究叢刊　30

# 文革文學大系（全十二冊）

主　編　者：王　　　　　　　堯
出　版　者：文　史　哲　出　版　社
　　　　　　http://www.lapen.com.tw
登記證字號：行政院新聞局版臺業字五三三七號
發　行　人：彭　　　正　　　雄
發　行　所：文　史　哲　出　版　社
印　刷　者：文　史　哲　出　版　社
臺北市羅斯福路一段七十二巷四號
郵政劃撥帳號：一六一八〇一七五
電話886-2-23511028・傳真886-2-23965656

**十二冊定價新臺幣五〇〇〇元**

中華民國九十六年（2007）十二月初版

# 導　言

## 王　堯

《戲劇電影卷》爲《"文革文學"大系》之一種，卷一爲戲劇選，卷二爲電影文學選。

《小說卷》爲《"文革文學"大系》之一種，分五卷。

如何論述中國當代文學史的問題逐漸引起關注，顯示了學界對一個學科成熟的期待。就整體性的學術背景而言，我們已經越過了非常態的學術史狀態，曾經在相當長的時期內，學界的注意力集中在學術上的"撥亂反正"和"打破禁區"、"塡補空白"方面，這是一個令人興奮而且充滿了"戰鬥"激情的時期，但是許多真正的問題也常常被疏忽。在今天，當我們有可能討論建立當代文學的學科話語，並且把這種討論建立在中國當代文學與思想文化發展的勃勃生機中時，我們不僅需要轉換知識體系，轉換文學史觀念，轉化思維方式，而且需要有清晰地發現問題的意識，因爲漠視被遮蔽了的真問題的危害遠遠大於僞問題干擾我們的學術研究。

我們注意到，曾經在很長的時期內，當代文學史的敍述是殘缺不全的，突出的問題是"文革文學"被擱置，當代文學史的敍述在進入到 60 年代中期後突然中斷了。這一現象可以稱爲文學史敍述的"斷裂"問題。當初對這一現象的解釋是"文革"無文學，或曰"一片空白"，無疑，這一解釋在學理上是不能成立的。現在，學界已經無須就是否有必要研究"文革文學"再作爭論。

把"文革文學"納入到當代文學史的敍述,就當代文學史寫作而言其主要意義不在填補空白,而在於它不僅改變了我們寫作當代文學史的知識背景,改變了當代文學史著作的習慣內容,而且更爲重要的是它有可能在文學史哲學的層面上糾正"非歷史的觀點",在中斷的縫隙中發現"歷史聯繫",進而獲得重新敍述當代文學史的可能。如果不能改變"簡單中斷"的觀點,當代文學史寫作中的"整體性"構架是無法實現的。

"文革文學",是與 20 世紀中國的重大事件"無產階級文化大革命"(簡稱"文化大革命"和"文革")相關聯的。1966年 5 月中國爆發了持續十年的"文革"。對這場給當代中國帶來深重災難的"文化大革命",中共十一屆六中全會通過的《關於建國以來黨的若干歷史問題的決議》作了徹底的否定,《決議》認爲:"實踐證明,'文化大革命'不是也不可能是任何意義上的革命或社會進步。""歷史已經判明,'文化大革命'是一場由領導者錯誤發動,被反革命集團利用,給黨、國家和各族人民帶來嚴重災難的內亂。"《決議》對"文革"的評價是研究"文革文學"的政治原則,並且包含了某些方法論上的啓示。

爲了能夠更深入地把握"文革"與"文革文學"的關係,我們有必要瞭解"文革"時期的經典文獻對"文革"的釋義。1966年 5 月 16 日《中國共產黨中央委員會通知》中說:"我們必須遵照毛澤東同志的指示,高舉無產階級文化大革命的大旗,徹底揭露那批反黨反社會主義的所謂'學術權威'的資產階級反動立場,徹底批判學術界、教育界、新聞界、文藝界、出版界的資產階級反動思想,奪取在這些文化領域中的領導權。而要做到這一點,必須同時批判混進黨裡、政府裡、軍隊裡和文化領域的各界裡的資產階級代表人物,清洗這些人,有些則要調動他們的工作。"1966 年 8 月 8 日通過中國共產黨中央委員會《關於無產階級文化大革命的決定》進一步說:"當前開展的無產階級文化大革命，是一場觸及人們靈魂的大革命，是我國社會主義革命發展的一個更深入、更廣闊的新階段。」「資產階級雖然已經被推翻，但是，他們企圖用剝削階級的舊思想，舊文化，舊風俗，舊習慣，來腐蝕群眾，征服人心，力求達到他們復辟的目的。無產階級恰恰相反，必須迎頭痛擊資產階級在意識形態領域裡的一切挑戰，用無產階級自己的新思想，新文化，新風俗，新習慣，來改變整個社會的精神面貌。在當前，我們的目的是鬥垮走資本主義道路的當權派，批判資產階級的反動學術『權威』，批判資產階級和一切剝削階級的意識形態，改革教育，改革文藝，改革一切不適應社會主義經濟基礎的上層建築，以利於鞏固和發展社會主義制度。」後來毛澤東又把這場革命看作是「無產階級反對資產階級和一切剝削階級的政治大革命，是中國共產黨及其領導下的廣大革命群眾和國民黨反動派長期鬥爭的繼續，是無產階級和資產階級鬥爭的繼續。」這些論點被概括成所謂「無產階級專政下繼續革命的理論」，它的核心意義是：在無產階級取得了政權並建立了社會主義制度的條件下，還要進行一個階級推翻一個階級的政治大革命，「文化大革命」就是這種「繼續革命」的最重要的方式。「在上層建築其中包括在文化領域中對資產階級實行全面的專政」則是「繼續革命」的重要組成部分。

我國五十年代末期提出「文化革命」的問題，當時所講的文化革命的內容，主要是社會主義的文化、教育事業，指提高人民的文化水準和健康水準，建設工人階級的知識份子隊伍，改變我國教育、科學、文化的落後狀態，這正是列寧在十月革命之後提出的文化革命的本來意義。而「文化大革命」不是馬克思主義經典作家所講的原來意義上的文化革命。「按照科學意義上的革命，『文化大革命』不能在任何意義上稱為一個革命。它不是用一種什麼先進的生產關係去代替一種落後的生產關係，也不是用一種先進的政治力量來取代一種反動的政治力量。"[1]冠以"文化"二字的這場"革命"是由文化領域的"批判"開始的。《五一六通知》說："我國正面臨著一個偉大的無產階級文化大革命的高潮。這個高潮有力地衝擊著資產階級和封建殘餘還保存的一切腐朽的思想陣地和文化陣地。"在"文革"當局和爲主流意識形態支配的輿論中,都明確無誤地把"文藝革命"看作"文化大革命"的"開端"。1967年《人民日報》《紅旗》雜誌元旦社論《把無產階級文化大革命進行到底》中說："一九六三年,在毛主席親自領導下,我國進行的以戲劇改革爲主要標誌的文藝革命,實際上是無產階級文化大革命的開端。"中央文革小組組長陳伯達,在中央直屬文藝系統聯說:"文藝界的革命是我國無產階級文化大革命的開端。"由文藝而及政治,這正是當代中國大陸政治在相當長一段時期內的運作特點。

    "文革文學"就在這樣的歷史語境中產生和發展。文學與政治的關係成爲最基本的問題,並在根本上規定了"文革文學"的性質和它的品貌,即在整體上"文革文學"是"無產階級在上層建築其中包括文化領域對資產階級實行全面專政"的組成部分。關於"兩個階級、兩條道路、兩條路線鬥爭"的"基本路線"成爲"文革文學"的出發點;"塑造無產階級英雄典型形象"是社會主義文藝代替"根本任務";"三突出"是"創作原則";"革命的浪漫主義和革命的現實主義相結合"是創作方法;"革命樣板戲"的話語霸權則貫穿"文革文學"始終。這些構成了"文革文學"的基本方面。在文學淪爲主流意識形態話語的過程中,文學的理想、精神、審美屬性、語言等發生了災難性的變化,幾乎所有的問題到了這時都被推到了極端。

    "文革文學"不是一個孤立的存在。在討論這一問題時,我

---

1 胡喬木:《談〈關於建國以來黨的若干歷史問題的決議〉對"文化大革命"的幾個論斷》,《學習》1993年第1期。

覺得恩格斯關於中世紀不是歐洲歷史簡單中斷的思想是研究的理論支點。恩格斯在談到"十八世紀的唯物主義"（主要是機械唯物主義）的局限性時說："它不能把世界理解爲一種過程，理解爲一種處在不斷的歷史發展中的物質。""這種非歷史的觀點也表現在歷史領域中。在這裡，反對中世紀殘餘的鬥爭限制了人們的視野。中世紀被看作是由千年來普遍野蠻狀態所引起的歷史的簡單中斷；中世紀的巨大進步 —— 歐洲文化領域的擴大，在那裡一個挨著一個形成的富有生命力的大民族，以及十四和十五世紀的巨大的技術進步，這一切都沒有被人看到。這樣一來，對偉大歷史聯繫的合理看法就不可能產生，而歷史至多不過是一部供哲學家使用的例證和插圖的彙集罷了。"我們也不能把"文革"和"文革文學"看成是歷史的"簡單中斷"，應當注意到歷史階段之間的相互聯繫以及歷史的整體性。關於"文革文學"由 1966 至 1976 年的時間設定，依據的是已經爲一般人所認可的"文革"的起（發動）迄（結束）時間，上限以《五‧一六通知》爲標誌，下限以"粉碎'四人幫'"爲標誌；"文革文學"不僅是個時間概念，更爲重要的，是個歷史概念。無論之於"文革文學"的實際，還是從文學研究的學術要求來看，我們都必須理清"文革文學"的來龍去脈與"文革文學"的內在理路。因此不是孤立的，而是將"文革文學"置於一個更爲宏闊的時空中加以研究，發現'文革文學'的歷史因素，並同時揭示"文革文學"作爲一種背景與新時期的文學的關係，這樣就爲理解"文革文學"構築了一個由"歷史'與"現實"組合而成的"平臺"。在發現歷史因素時，我們可以追溯到 1942 年毛澤東《在延安文藝座談會上的講話》發表之後的解放區文學，也可追溯到二三十年代的左翼文藝甚至追溯到"五四"新文化運動；但是，"文革文學"最直接的背景是人們通常所說的"十七年文學"，因而"文革前"的概念不是大而無當的，它主要指稱"十七年文學"。研究愈深入就愈發現，

"十七年文學"中某些因素的惡性發展最終產生了"文革文學",而不是像有的研究者所認為的"文革文學"是偏離"十七年文學"的結果。文學的"文革"與"文革前"之關係是複雜的。我們都知道,"文革"的發動是以否定"十七年"為前提的,作為"文革文學"的官方綱領《林彪同志委託江青同志召開的部隊文藝工作座談會紀要》同樣是以全盤否定"十七年文學"為前提的;也許由於這樣一個政治原因,新時期之初人們為了否定"文革文學",又幾乎是全盤肯定了"十七年文學"。在肯定/否定的二元對立的思維中,事物之間的內在的邏輯被忽略。當我們在學術的視野中把"文革文學"與"十七年文學"作為一個整體加以研究時,就不能不對"十七年文學"作部分的否定。有意義的是,無論是在當時還是在今天,無論是那時的"文革"當局還是現在的一些研究者,都注意到了文學的"文革"與"文革前"的關聯,只是解釋的角度不同而已,這樣不同的角度顯示了歷史的巨大差異。姚文元在《評反革命兩面派周揚》中說:"當我們回顧解放以來文藝鬥爭的歷史時,可以清楚地看到兩條路線的尖銳鬥爭:一條是毛澤東文藝路線,是紅線,是毛澤東同志親自領導了歷次重大的鬥爭,把文化革命一步步推向前進,作了長時間的準備,直到發動了轟轟烈烈的、向資產階級全面進攻的、億萬人民參加的無產階級文化大革命,一直挖進周揚一夥的老巢。"在"文革後",對姚文元所說的這些重大鬥爭的性質、意義我們已經作了完全不同的價值判斷與闡釋,此之謂"撥亂反正"。但無論從什麼角度來理解,有一點是明確的:這些"歷次重大的鬥爭"一步步推動了"文化大革命"。

在 1972 年之前,除了"革命樣板戲"外,創作基本處於無序狀態。我們通常所說的"八個樣板戲",多數作品在"文革"前便已創作,凝聚了一些藝術家、文學家的心血。在"京劇革命"的旗幟下,這些劇碼被重新改變,在內容和形式上都深刻地打上了"文化革命"的烙印,被奉爲"樣板戲",由此總結出來的"三突出"原則成爲清規戒律。1972 年新創作的《虹南作戰史》、《牛田洋》、《金光大道》等小說的出版,"文革文學"的話語建設進入了積極而有序的狀態。新創刊的和恢復出版的文學期刊爲主流文學的發展創造了條件。以"革命樣板戲"的創作經驗爲指導,按照主流意識形態的設計,"文革"開始形成自己的文學話語系統並且側重表現兩個方面:作爲歷史的"社會主義改造"和作爲現實的"無產階級文化大革命",兩者都是寫兩個階級、兩條道路、兩條路線的鬥爭,後者逐漸發展爲側重寫與"走資派"的鬥爭。這樣,主流意識形態話語的一部分就成爲"陰謀文藝"。《初春的早晨》、《金鐘長鳴》、《典型發言》、《只要主義真》等這方面的代表作,因此受到主流文學評論的重視。《虹南作戰史》、《牛田洋》與《初春的早晨》、《金鐘長鳴》等是"文革"主流意識形態話語的兩極,介於這兩者中間的作品是"文革文學"的基本方面。

知識份子重新獲得了寫作的權力,但是個人話語、知識份子話語並沒有獲得合法性;也就是說,知識份子的重新寫作,並不是由他們的"知識份子性"所決定的,而是他們在"同工農兵結合,爲工農兵服務"中被賦予了"階級性"。在主流文學話語的形成過程中創作者選擇了不同的創作姿態。

從發動"文革"到"四人幫"被粉碎,黨內外都有不同的聲音,反對和抵制"文革"極左思潮的聲音和力量一直在艱難生長著,黨的文藝政策也在 1975 年前後有過調整。這些作爲一種健康的力量,在局部多多少少改變了文化專制主義的面貌。當代作家思想之再生,儘管是那樣的艱難,但它開始孕育於作家與現實的衝突之中,孕育於作家的思想矛盾之中。巴金後來在《隨想錄》的寫作中曾經詳細敍述了他們這一代知識份子在"林彪事件"後思想覺醒的歷程。各種"地下沙龍"的出現是青年知識份子成爲思想者的民間形式。在這種相對自由的空間中,青年詩人們有了感情交流的機會，也有了聆聽心靈傾訴的可能。由《中國知青詩抄》可知散落在民間的詩人似乎更多。“黃皮書”和“灰皮書”這些異文化文本，不僅帶給他們全新的語言感覺，而且更為重要的是有了可以依傍的思想文化資源。這樣，體制之外的寫作就出現了。思想之再生的不同方式決定了“文革”後期文學的不同走向。

值得注意的是，在有限的縫隙中出現了相對疏離主流意識形態的作品，“理念”與“生活”的衝突是這些作品的基本矛盾。我們必須強調這種疏離只是相對的。70年代初期批判極左思潮和70年代中期文藝政策調整所帶來的空間是有限的，對極左思潮的批判不久便夭折，文藝政策的調整也不是否定“文革”，文學創作者不可能在更廣泛的範圍內和更本質的問題上清算極左思潮對創作的影響，因此，那些相對疏離政治中心的話語也顯示出被主流意識形態話語鉗制的無可奈何。儘管這種疏離是相對的，但十分重要。

隨著知識份子思想的覺醒，和“文革”主流話語相對立、並且在不同程度上反對主流話語的民間話語（包括“地下文學”）開始出現。在相對自由的隨想空間中，由於文化背景和精神歷程的差異，民間話語的分層特徵是明顯的。在“地下文學”中，郭小川、穆旦、曾卓、牛漢、流沙河等人的詩歌，豐子愷的散文，食指、北島等青年詩人的詩作，以及在民間流傳的一些“手抄本”，都值得我們注意。當時公映的一些電影戲曲如《創業》、《海霞》、《三上桃峰》和《園丁之歌》等幾經挫折或在演出後再遭遇批判，顯示了文藝政策調整階段的特殊狀況。其中處於“潛流”狀態的一些創作（如“地下詩歌”）和思潮在浮出地表後，成了新時期文學的主潮之一。在“四五運動”中產生的“天安門詩歌”也在由“文革”到“新時期”的過渡中起到了特別的作用。

編選《“文革文學”大系》包含了我們對“文革文學”的這

些基本認識。大系共五卷十二冊：《小說卷》，《詩歌卷》，《散文報告文學卷》，《戲劇電影卷》及《史料卷》。以下是有關編選的幾點說明：

　　一、入選作品分為公開發表出版與未公開發表出版兩類。凡公開發表出版的原則上以初版為準。當時未公開發表出版的，一類是有影響的手抄本，進行甄別後入選那些為文學界認可的、確定創作於“文革”時期的作品；一類是確證創作於當時但未傳抄，直到新時期公開發表出版的，如穆旦等人的詩，豐子愷的散文等。考慮到“文革文學”的特殊性，有代表性的“陰謀文藝”也應入選而不應作為附錄處理。

　　二、作品的編排不以作品的內容分類，一律以作品發表出版的時間先後為序，同一作者如入選多篇作品，則集中歸於同一名下，也以發表出版的時間先後為序；當時未公開發表出版，但確證是“文革”期間的作品，收錄時也一律按創作時間的先後排序。

　　三、入選作品篇末均注明最初發表的報刊或出版的單位、時間，不能確定的則注明選自何處。原文有寫作時間的也照錄。

　　四、為方便讀者瞭解相關背景，對部分作品以“編者按”的形式加了題解式的注釋。

　　五、按照“文革”時期的習慣，凡“語錄”均仍然以黑體排出；入選作品中的政治批判性文字以及涉及到的一些具體人名均不作技術處理。

　　六、長篇小說作存目處理。

　　作為一個有深刻社會主義信仰的青年知識份子，我從 1990 年代初期開始關注“文革文學”及“文革”時期的思想文化，並在很長一段時間裡以此為研究工作的重點。最初的想法在 1998 年完成的博士論文《“文革文學”研究》中有比較充分的表達，其後我自己對這個時期文學及思想文化的認識也有若干重要變化。重視文獻的收集與整理是我在一開始研究時就注意到的，學界一些朋友甚至認爲這是我的研究特色之一。但這樣的工作，於整個研究界都是剛剛起步。我一方面意識到中國當代文學學科的成熟與文獻的收集、整理和認識有關，一方面又感到當代文獻整理的困難。

　　大概從 1990 年代中期開始，我便著手 "文革文學" 的史料收集工作，和當時在《文匯報》筆會工作的蕭關鴻先生曾經有過多次討論，並形成書面計畫，但最終未能落實出版。到了 1999 年年底，突然接到中國社會科學院文學研究所陳駿濤教授的電話，約我編選 1966～1976 年史料輯之《文學作品集》，作爲《中國新文藝大系》之一種。陳先生是我非常尊敬的學者，多年對我提攜有加，能有這樣合作的機會我當然珍惜，而且此事與我的學術理想吻合。我只是詢問有無出版的可能，陳先生告訴我已和中國文聯出版社簽約。此後我開始了緊張的編選工作，因爲有前面的基礎，依據手上的索引，重新翻閱了 1966～1976 年間的文學期刊、重要作品集、報紙副刊以及 "文革" 後出版的相關書籍，仔細篩選了大約三百萬字的作品。當時跟我讀研究生的谷鵬，幾乎承擔了全部的複印工作，並坐了火車把一大包稿子北上送到北京。 —— 這套書最終還是沒有出版。因爲研究和教學的需要，前年我不得不向出版社要回稿子，幾經周折，拿回了一份排版後的列印稿。今年五月，我去臺灣參加作爲東吳大學中文系建系五十周年活動，文史哲出版社的彭正雄先生和政治大學中文系的張堂錡博士特地到住所看我，相談甚歡。說到他們不久前幫我出版的論文集《"文革" 對 "五四" 及 "現代文藝" 的敍述與闡釋》，我又提及我曾經做過的 "文革文學" 作品的收集與整理工作，兩位先生認爲這是件有價值的工作，文史哲出版社可以出版。我回大陸後，即開始工作，在原有的基礎上，刪去了一部分作品而成小說、詩歌和散文報告文學卷，增加了戲曲電影及史料各一卷。隨我讀學位的博士生、碩士生利用暑假的時間幫我把書面文本轉成了電子文檔。

　　大系的編選是一項複雜而艱巨的工作，由於編者水準有限，又受資料限制，不免有失當之處，尚祈方家與讀者指正。如前所述，這項工作得到不少朋友的支援和幫助，在這套書即將付梓時，我要向陳駿濤先生，向關心和付出勞動的朋友們致謝，向彭正雄先生和張堂錡博士致謝。

2006 年 11 月於蘇州三槐堂

# "文革文學"大系
# 戲劇電影卷

## 總 目 錄

# "文革文學"大系
## 戲劇電影卷
### 卷一戲劇選

# 目　　錄

# 智取威虎山

## （京劇劇本）

## 上海京劇院集體編劇

人物表

楊子榮 ── 中國人民解放軍某部偵察排長。

參謀長 ── 中國人民解放軍某部團參謀長。

李勇奇 ── 鐵路工人。

常　寶 ── 獵戶女兒。

申德華 ── 中國人民解放軍某部偵察排副排長。

衛生員 ── 中國人民解放軍某部衛生員（女）。

小　郭 ── 中國人民解放軍某部戰士。

鐘志城 ── 中國人民解放軍某部戰士。

呂宏業 ── 中國人民解放軍某部戰士。

羅長江 ── 中國人民解放軍某部戰士。

戰士若干人。

常獵戶 ── 常寶的父親。

李　母 ── 李勇奇的母親。

張大山 ── 鐵路工人。

李　妻 ── 李勇奇妻。

群眾若干人。

座山雕一威虎山匪首、國民黨偽"濱綏圖佳保安第五旅旅長"。

欒　平 —— 乳頭山匪首許大馬棒的"聯絡副官"。

匪參謀長。

匪連長。

眾"金剛"、匪徒若干人。

# 第一場　乘勝進軍

〔一九四六年冬季。東北某地。

〔深山老林，皚皚白雪。

〔中國人民解放軍某部追剿隊全副武裝，紅旗前導，急馳上。

〔戰士們迎風踏雪，作行軍於山路的舞蹈。

羅長江　停止前進！

〔眾列隊。

羅長江　報告參謀長，來到三岔路口！

參謀長　原地休息。

羅長江　是。呂宏業！

呂宏業　到。

羅長江　警戒！

呂宏業　是。（下）

羅長江　原地休息！

眾戰士　是。

〔小郭遞地圖。參謀長看地圖，辨地形。

羅長江　司務長！原地休息！

〔內應："原地休息！"馬嘶聲。

〔眾踏腳取暖，抖掉身上的積雪。

參謀長　大家累了吧？

眾戰士　不累！

參謀長　好！同志們！

〔眾列隊。

參謀長　楊子榮、申德華同志到前站偵察，這裡就是會合的地點。團黨委遵照毛主席《建立鞏固的東北根據地》的指示，組成追剿隊，在牡丹江一帶發動群眾，消滅土匪，鞏固後方，配合野戰軍，粉碎美蔣進攻，這是有偉大戰略意義的任務。座山雕這股頑匪，逃進了深山老林，我們在風雪裡行軍已經有好幾天了，到現在還沒有找到。我們一定要發揚連續作戰的精神，（斬釘截鐵地、有力地）"下定決心，不怕犧牲，排除萬難，

參謀長

去爭取勝利。

眾戰士

〔呂宏業上。

呂宏業　報告，楊排長他們偵察回來了！

〔眾熱切地注視楊子榮來的方向。

〔參謀長將地圖交小郭。

〔楊子榮、申德華上，敬禮。

楊子榮　報告！

參謀長　子榮同志，你們辛苦了！

楊子榮　我們奉命化裝偵察，在偏僻的山坳裡，救了個啞巴孩子。經他父親指點，我們到了黑龍溝，搜集到一些情況，查出了座山雕的行蹤。

參謀長　好。

楊子榮　唱【西皮搖板】

這一帶常有匪出沒往返，

番號是"保安五旅第三團"。

昨夜晚黑龍溝又遭劫難，

【快板】

座山雕心狠手辣罪惡滔天。

行兇後紛紛向夾皮溝流竄，

據判斷這慣匪逃回威虎山。

參謀長　同志們！我們已經偵察到座山雕的下落，現在要緊緊跟蹤。羅長江！

羅長江　到。

參謀長　今晚到黑龍溝宿營！

羅長江　是。

參謀長　子榮同志！

楊子榮　到。

參謀長　我們還要進一步掌握敵情，你帶申德華，

申德華　到。

參謀長　鐘志城！

鐘志城　到。

參謀長　呂宏業！

呂宏業　到。

參謀長　繼續向前方偵察！

楊子榮　是。

參謀長　出發！

〔眾"亮相"。

—— 幕　閉

## 第二場　夾皮溝遭劫

　　〔黃昏。夾皮溝村頭，枯木斜立，深溝旁峭石雜陳。

　　〔國民黨"保安第五旅"座山雕匪幫潰退回山，路過夾皮溝。匪首座山雕向村中窺視。

　　匪副官長　三爺，這次回山，一道兒上撈到不少東西了；這夾皮溝就在咱家門口，別動它啦。

　　匪參謀長　是啊，"兔子不吃窩邊草"嘛！

　　座山雕　還管那些！給我多抓些窮棒子帶回去修築工事！男的、女的都要！

　　匪參謀長　（會意）明白啦。

　　〔匪參謀長率眾匪進村。匪副官正欲進村，被座山雕叫住。

　　座山雕　副官長，野狼嗥去找欒平，有十天了吧？

　　匪副官長　嗯，我也正為這件事著急哪。

　　座山雕　咱們回到威虎山，頭一件事就要趕快擴充實力。

　　匪副官長　是。只要野狼嗥能找著欒平，把許大馬棒的那張聯絡圖弄到手，這牡丹江一帶就都歸咱們啦。

　　座山雕　不過，侯專員也在到處找這張圖，可千萬別叫他弄了去！

　　匪副官長　三爺，您放心，野狼嗥跟欒平是把兄弟，聯絡圖飛不了。

　　座山雕　嗯！美國人明里拉著國共兩黨和平談判，暗裡幫著老蔣調兵遣將，聽說老蔣已到瀋陽，親自督戰，要在三個月之內，消滅關裡關外的共軍。我看時候到了！

　　匪副官長　好！等國軍一到，北滿的總司令就是您的啦！張大帥、滿洲國、老蔣，都少不了三爺您哪。哈哈哈哈！

　　座山雕　哈哈哈哈！

〔村內傳來犬吠聲。

〔村內火光四起，人聲雜亂："孩子！""土匪！""救命啊！"

〔匪副官長、座山雕衝進村去。小匪隨下。

李勇奇　內唱【西皮小導板】

火光衝天（持獵槍、提獵物，邊唱邊奔而上）人喧嚷，

【快板】

母叫子來兒喊娘。

土匪又來燒殺搶，

豁出性命拼一場！

〔李勇奇撂獵物。

〔眾匪強拉張大山、男女青壯村民，繩捆索綁上。李勇奇與匪扭打。

〔群眾被匪拴拽，下。張大山掙斷繩索，與匪格鬥，下。

〔李妻被拉上。李母抱嬰兒趕上，喊"媳婦！"李勇奇喊："娘，娘！"與匪格鬥，下。匪連長奪過嬰兒奔到深溝邊。李妻、李母大喊："孩子！"匪連長殘酷地將嬰兒摔于深溝裡。

〔李勇奇上，和李妻、李母同時驚呼："啊！"李勇奇怒極，與匪拼死格鬥，左膀挨一槍托，"搶背"倒地。

〔座山雕上，對準李勇奇開槍。

李　妻　（急呼）勇奇！

〔李妻以身遮護李勇奇，中彈亡。座山雕等下。

李勇奇　（急忙站起，悲憤地俯望著妻子）孩子他娘！孩子他娘！孩子他……（將妻子慢慢放于地上）

李　母　（撲過去，悲痛地）媳婦！

〔李勇奇悲憤至極，起身，疾步至深溝邊，俯視。

李勇奇　唱【西皮快板】

霹靂一聲災禍降，

熊熊怒火燒胸膛。

深仇大恨誓要報，

座山雕！

抓住你刀劈斧剁把血債償！

〔張大山被匪強拉上，喊：“勇奇！”李勇奇欲救；土匪衝上，縛住李勇奇。李勇奇奮力掙扎。

李　母　勇奇！

〔李勇奇被擄走。

李勇奇　娘！娘！娘！

〔李母追上，被匪推倒在地。

李　母　（起身，“橫蹉步”）勇奇！勇奇！勇奇！

—— 幕閉

## 第三場　深山問苦

〔午後。偏僻的山坳裡。窄小木屋，桌上碗筷狼藉。

〔常寶在屋裡收拾桌子，常獵戶向屋外眺望。

常　寶　爹，剛才來的那一男一女真不講理，把咱們家剛弄到的一點麅子肉，都吃光了。（氣憤地坐於木墩上）

常獵戶　（緊張地掩上門）常寶，你知道這一男一女是什麼人？

常　寶　那男的不是說，他是中國人民解放軍嘛！

常獵戶　哼！八年前我被拉上威虎山，在山上見過他，他叫野狼嗥，是土匪。

常　寶　（驚訝地）啊！

常獵戶　這兒待不住了！咱們趕緊收拾收拾，到夾皮溝你大山叔那兒去。

常　寶　噯。

〔二人收拾東西。

常獵戶　（自語）前幾天來的那倆皮貨商，說咱們老家來了共產黨，幫著窮人鬧翻身，不知是真是假？

常　寶　爹，那兩個皮貨商，可是好人，要不是他們在雪地裡救了我，我早就凍死了！

常獵戶　是啊！快！

常　寶　噯。

〔常獵戶打點好包裹，常寶從牆上取下皮子，隔窗見有人影。

常　寶　爹，又有人來了！

常獵戶　（急忙搖手示意）別說話啦！

〔二人凝神諦聽。

〔楊子榮、申德華、鐘志城、呂宏業身著白披肩，風帽蒙著軍帽上的紅星，機警地上。

楊子榮　唱【西皮散板】

緊跟蹤可疑人形跡不見，

申德華　老楊，這不是獵戶老常的家嗎？

楊子榮　對。

（接唱）

再訪問獵戶家解決疑難。

申德華、呂宏業同志！

申德華

到。

呂宏業

楊子榮　繼續向前搜索，得到情況，上這兒會合！

申德華

是。（跑下）

呂宏業

楊子榮　小鐘！警戒！

鐘志城　是。（跑下）

〔常獵戶、常寶正在藏皮子，楊子榮走到屋前敲門。

楊子榮　老鄉！

〔常獵戶示意常寶躲起，然後緊張地由屋內出來。

常獵戶　（打量楊子榮）你是……

楊子榮　不認識啦？我就是前幾天來過的皮貨商啊！

常獵戶　皮貨商？

楊子榮　啊。

〔常寶聞聲奔出，見身著軍裝的楊子榮，露出驚訝的神色。

楊子榮　（對常寶）小兄弟，你爹認不出我了。那天不是我送你回家的嗎？

常　寶　（又仔細打量，點點頭）……

楊子榮　好聰明的孩子！

常獵戶　（細看楊子榮，認出）哦！你是楊掌櫃的！

楊子榮　啊。

常獵戶　對，咱們還認過鄉親呢。

楊子榮　（微微點頭）……

常獵戶　屋裡坐，屋裡坐。

〔同進屋。常寶整炕讓坐；楊子榮邊脫手套，邊環視。

楊子榮　（關切地對常寶）你好點兒了吧？

常　寶　（欲語）……

常獵戶　（急忙把常寶拉在身後，搶過話頭）他是啞巴。

楊子榮　哦，對對對。

常獵戶　你又做買賣又當兵，到底是幹什麼的？

楊子榮　我本來就不是買賣人。（摘下風帽，露出紅星）我是中國人民解放軍！

常獵戶　（驚疑地）你也是中國人民解放軍？

楊子榮　是啊。您見過？

常獵戶　（掩飾地）哦，沒有，沒……沒有！

楊子榮　（覺察到常獵戶對自己的懷疑，坐在木墩上，親切地）上次來，沒跟您多說，我們就是從山東過來的，是毛主席、共產黨領導的隊伍。

〔楊子榮取斧欲劈柴。

常獵戶　哦。可老遠的，你們到這兒幹麼來了？

楊子榮　打土匪！（有力地將斧剁於木砧上）

常獵戶　（驚訝地）打土匪？能行？

楊子榮　（站起）我們的大部隊都在後頭哪！咱中國人民解放軍在東北打了好幾個大勝仗，牡丹江一帶全解放了。大股土匪已經打垮，剩下座山雕這些頑匪逃進了深山老林，我們一定儘快地把他們消滅掉！

常獵戶　（無限憤恨地）座山雕哇！……

楊子榮　老常，這一帶叫座山雕糟蹋得夠苦啦！你們爺兒倆躲進這深山老林，一定有深仇大恨哪！

常獵戶　（激憤地坐下，拔起斧頭）……

楊子榮　老常，說吧！

常獵戶　（不願觸及傷心事）八年了，別提它了！（摔下斧頭）

常　寶　（情不自禁地）爹！（撲向常獵戶）

常獵戶　（一驚）常寶，你……

〔常獵戶痛苦地坐在木墩上。常寶抽泣，緊依于常獵戶膝下。

楊子榮　（無限深情地）孩子！毛主席、共產黨會給我們作主的，說吧！

常　寶　叔叔！我說，我說！

唱【反二黃導板】

八年前風雪夜大禍從天降！

【快三眼】

座山雕殺我祖母擄走爹娘。
夾皮溝大山叔將我收養，
爹逃回我娘卻跳澗身亡。娘啊！
避深山爹怕我陷入魔掌，
從此我充啞人女扮男裝。
【原板】
白日裡父女打獵在峻嶺上，
到夜晚爹想祖母我想娘。
【垛板】
盼星星盼月亮，
只盼著深山出太陽，
只盼著能在人前把話講，
只盼著早日還我女兒裝。
只盼討清八年血淚賬，
恨不能生翅膀、持獵搶、飛上山崗、殺盡豺狼！
爹！（撲向常獵戶）
楊子榮　（激憤地）唱【西皮原板】
小常寶控訴了土匪罪狀，
字字血，聲聲淚，激起我仇恨滿腔。
普天下被壓迫的人民都有一本血淚賬，
要報仇，要伸冤，要報仇，要伸冤，血債要用血來償！
【流水】
消滅座山雕，人民得解放，
翻身作主人，深山見太陽。
從今後跟著救星共產黨，
管叫山河換新裝。
這一帶也就同咱家鄉一樣，
美好的日子萬年長！

〔鐘志城在屋外巡視而過。

常獵戶 （激動地）老楊！坐！

〔常獵戶激動地緊握楊子榮的手，熱情地讓楊子榮坐在靠門一邊的炕頭，遞煙袋。楊子榮謝辭。常寶遞水，楊子榮坐下，一飲而盡。常寶移木墩，靠近常獵戶坐下。

常獵戶 老楊，這話說到我心裡去了。

楊子榮 哈哈哈哈！

常獵戶 嘻，打座山雕可不易呀，他仗著九群二十七地堡，能攻、能守、又能溜，誰也摸不著他呀！

楊子榮 是啊，聽說上山這道兒就很難闖啊！

常獵戶 可不，前山明道只有一條，又高又陡，加上防守嚴密，誰上得去呀！

楊子榮 當年您是怎麼從山上下來的呢？

常獵戶 後山還有條險路。

〔楊子榮發現重要情況，移近獵戶，全神貫注地傾聽。

常獵戶 那兒是陡壁懸崖，沒人敢走，土匪也沒設防。八年前我從那兒下來，要不是落在一棵樹杈上，早就粉身碎骨了！

楊子榮 （興奮地）老常，您提供的情況很有用。只要咱們大家一條心，就沒有攻不破的山頭！

常獵戶 對！就盼著這一天哪！哈哈哈哈！

楊子榮 哈哈哈哈！

常獵戶 老楊，不是我拿你當外人吶，剛才這兒來了一男一女，那男的明明是土匪，可他也說是中國人民解放軍。

常　寶 我爹在威虎山見過他。他叫野狼嗥！

楊子榮 野狼嗥？他還說過些什麼？

常獵戶 他管那女的叫嫂子，還說是什麼……欒平的把兄弟。

楊子榮 欒平？（起身）

常獵戶　（起身）看樣子那女的是欒平的老婆。野狼嗥跟她大吵大鬧，爲了爭奪一張什麼圖？

常　寶　聯絡圖。

常獵戶　對。

楊子榮　（思考）聯絡圖？

〔鐘志城推門。

鐘志城　排長！老申他們回來了。

〔申德華、呂宏業上。進屋。

申德華　老楊，我們在東北方向的密林深處，發現一具女屍，身旁還有一隻血手套。（把手套遞給楊子榮）

呂宏業　因爲風雪太大，埋沒了腳印，不知兇手逃到哪兒去了。

楊子榮　老常，這只手套您見過吧？

常獵戶　（看手套思索）這手套好象是野狼嗥的。

楊子榮　（果斷地）一定是他殺了人，搶走了聯絡圖。同志們，這件案子很複雜，牽涉到咱們逮著的那個欒平。呂宏業！

呂宏業　到。

楊子榮　我們去捉兇手，你把情況向參謀長彙報。我建議提審欒平，追查聯絡圖！

呂宏業　是。（跑下）

楊子榮　老常，事情急迫，不能跟您多談了。來，這點乾糧給你們留下。

〔楊子榮解下乾糧袋交給常獵戶；申德華也解下糧袋交給常寶。

常獵戶　老楊！

申德華　收下吧！

常　寶　（感動地）叔叔……

楊子榮　再見吧！（轉身向屋門走去）

常獵戶　老楊，哪兒去？

楊子榮　追捕野狼嗥。

常獵戶　不行啊！野狼嗥準是奔威虎山去了。這裡的道兒本來就很難走，眼下大雪封山，生人就更摸不著了。來，我們爺兒倆給你們帶路！

楊子榮　（激動地走向常獵戶）老常，謝謝您！

常獵戶　走！

〔常獵戶持斧、常寶持槍，急奔屋門。眾"亮相"。

—— 幕閉

# 第四場　定　計

〔清晨。追剿隊宿營地黑龍溝。指揮所內，炭火正紅。

〔軍事掛圖前，參謀長佇立凝思。

〔門外狂風呼嘯，大雪飛舞，巍巍叢山，層層密林。

〔一哨兵持搶警戒，走動于叢樹旁。

參謀長　（從容地）唱【二黃導板】

朔風吹林濤吼峽谷震盪，

〔一陣風吹開屋門。參謀長走近門口，舉目遠望，心潮激蕩。

【回龍】

望飛雪漫天舞，巍巍叢山披銀裝，好一派北國風光。

【慢板】

山河壯麗，萬千氣象，

怎容忍虎去狼來再受創傷！

【原板】

黨中央指引著前進方向，

革命的烈焰勢不可當。

解放軍轉戰千里，肩負著人民的希望，

要把紅旗插遍祖國四方。

【垛板】

哪怕它美蔣勾結、假談真打、明槍暗箭、百般花樣，怎禁我正義在手、仇恨在胸、以一當十，誓把（那）反動派一掃光！

〔楊子榮上。

楊子榮　報告！

參謀長　（聞聲）老楊！

〔楊子榮進屋。參謀長急步上前。

參謀長　兇手抓到了？！

楊子榮　抓到了！這是從他身上搜出的一封信和一張聯絡圖。（把信和圖遞給參謀長）

參謀長　好！

楊子榮　這一帶的路很難找，多虧獵戶老常給我們帶路哇！兇手先還冒充咱們的偵察員，經過獵戶老常當面揭發，他才承認是威虎山的人，叫李充豪，外號叫野狼嗥。

參謀長　好哇！獵戶對我們的幫助很大。毛主席早就教導過我們：「革命戰爭是群眾的戰爭，只有動員群眾才能進行戰爭，只有依靠群眾才能進行戰爭。」咱們離開了群眾，就寸步難行啊！

楊子榮　是啊！獵戶老常還提供了兩條上山的道路。我根據他所指的方向，畫了一張草圖。（遞草圖）野狼嗥供認了山前這條明道，他說這兒沒工事，很容易上。

參謀長　哼！顯然是謊話。（略停）你們把獵戶父女都安置好了嗎？

楊子榮　我們把乾糧留給了獵戶，他們打算搬到夾皮溝去。

參謀長　好！嗳，老楊，過去欒平可沒交代過這張圖啊。

楊子榮　對。野狼嗥說，聯絡圖上標著乳頭山在東北各地的秘密聯絡點有三百處。這可是個重要問題呀！

參謀長　欒平已經押到，咱們立即提審，弄清聯絡圖！

楊子榮　好，我去帶欒平。（欲走）

參謀長　嗳，老楊，欒平是你的老對手，還是由你來審。

楊子榮　是。（走至門口，對放哨的戰士）小張！

小　張　到。

楊子榮　帶欒平。

小　張　是。（下）

〔參謀長拉上保密簾，進裡屋。

〔楊子榮把牆邊的板凳擺到靠門的地方。

〔小郭押欒平上，進屋。

〔楊子榮一指板凳，欒平坐下。

楊子榮　欒平！

欒　平　有。

楊子榮　這一向交代得怎麼樣了？

欒　平　我是願意坦白的，有什麼交代什麼。

楊子榮　你還有一樣東西沒交代。

欒　平　長官，除了身上穿的，我是一無所有！

楊子榮　（出其不意地）一張圖！

欒　平　圖！

楊子榮　一張聯絡圖！

欒　平　（一驚）呃！（故作鎮定）我，我想想……（裝作思考）哦，對，對，我想起來了，聽說許大馬棒是有一張秘密聯絡圖哇。

楊子榮　聽說！？

欒　平　長官，別誤會。這張圖是許大馬棒的至寶，我連見也沒見到過呀。

楊子榮　欒平，你應該懂得我們的政策！

欒　平　我懂，我懂！坦白從寬，抗拒從嚴。

楊子榮　我問你，你在乳頭山是幹什麼的？

欒　平　這您知道哇，我是聯絡副官。

楊子榮　哼哼！聯絡副官不交代聯絡點，也沒見過聯絡圖。看來，你是不想說實話！

〔欒平佯作無可奈何。

楊子榮　（示意小郭，猛然地）押下去！

小　郭　（會意）走！

欒　平　（驚恐地）不，不！我……（自打耳光）我姓欒的該死，我該死！我對不起長官，現在我說實話，是有一張秘密聯絡圖。上面畫著許大馬棒在東北各地的秘密聯絡點，有三百處哇！在我老婆手裡。這麼著，您把我放出去，找到她把那張圖要來，獻給長官，立功贖罪，爭取寬大處理。（鞠躬）

楊子榮　你除了聯絡這三百處，別處呢？

欒　平　別處？那就是座山雕了。不過，座山雕老想著獨霸北滿，跟許大馬棒面和心不和，我跟他很少聯絡。去年座山雕生日，請我吃百雞宴，我都沒去呀。

〔楊子榮機警地發現新情況。

楊子榮　你要老實交代！

欒　平　嗳，嗳！

楊子榮　把那些聯絡點的詳細情況都給我寫出來。

欒　平　是，是。

楊子榮　帶下去。

小　郭　走！（押欒平下）

〔參謀長由裡屋出。

楊子榮　這傢伙真狡猾！（把欒平坐的板凳放回原處）

參謀長　（風趣地）哼，狐狸再狡猾也鬥不過好獵手哇！有關聯絡圖的事兒，他的口供跟野狼嗥倒是一致的。

楊子榮　可是他無意中又說出了百雞宴。

參謀長　嗯！

楊子榮　這封信上座山雕又請他上山赴宴，我看這裡面還有問題呀。

參謀長　對。

〔申德華上。

申德華　報告！

參謀長　進來。

〔申德華進屋。

申德華　參謀長，同志們急著要打威虎山，都寫請戰書吶！

參謀長　是你帶的頭吧？

申德華　我……

楊子榮　哈哈哈哈！

參謀長　哈哈哈哈！（坐於炭盆旁）同志們的心情是可以理解的。現在兄弟部隊已經封鎖住牡丹江一帶的渡口要道，座山雕跑不了啦！不過，這個傢伙很不容易對付。大家不是討論過幾次了嗎？用大兵團進剿，等於拳頭打跳蚤，不行；把他們引下山來一口一口地吃掉，任務緊迫，也不行。這是一場特殊的戰鬥！咱們要記住毛主席的教導，在戰略上要藐視敵人，在戰術上要重視敵人！（略停）德華同志，再去召開一次民主會，根據新的情況，好好討論一下。

申德華　是。（下）

〔楊子榮欲下。

參謀長　噯！老楊，你有什麼想法？

楊子榮　我想再審野狼嗥，進一步弄清威虎山百雞宴的情況。

參謀長　好！我等著你拿出主意來！

楊子榮　是。（下）

參謀長　唱【西皮快三眼】

幾天來摸敵情收穫不小，

細分析把作戰計畫反覆推敲。

威虎山倚仗著地堡暗道，

看起來欲制勝以智取為高。

選能手扮土匪鑽進敵心竅，

方能夠裡應外合搗匪巢。

這任務重千斤派誰最好？（思考）

【原板】

楊子榮有條件把這副擔子挑！

他出身雇農本質好，

從小在生死線上受煎熬。

滿懷著深仇把救星找，

找到了共產黨走上革命的路一條。

【二六】

參軍後立誓把剝削根子全拔掉，

身經百戰、出生入死、屢建功勞。

他多次憑機智炸毀敵碉堡，

他也曾虎穴除奸救出多少戰友和同胞。

入林海他與土匪多次打交道，

擒欒平、逮胡標、活捉野狼嗥。

這一次若派他單入險要，

相信他心紅紅似火，志堅堅如鋼。

定能夠戰勝頑匪座山雕。

〔申德華上，進屋。

申德華　參謀長！

參謀長　德華同志，民主會開得怎麼樣？

申德華　大家仔細研究了敵情，認為我們只能智取，不能強
攻，必須派一個同志打進匪巢……

　　參謀長　對。咱們來談談！

　　〔楊子榮穿匪大衣急上，進門。參謀長打量他，申德華驚訝地望著。

　　楊子榮　胡標前來獻圖！（行匪禮）

　　參謀長　胡標？老楊！哈哈哈哈！

　　楊子榮　哈哈哈哈！（脫大衣，坐下）

　　參謀長　快說說你的想法。

　　楊子榮　參謀長，攻打威虎山，我看最好是智取。

　　參謀長　對。

　　楊子榮　敵人的百雞宴倒是個好機會。

　　參謀長　百雞宴的情況弄明白啦？

　　楊子榮　弄明白了。每年臘月三十晚上，爲座山雕慶壽，要用一百家的雞擺下筵席，這就叫百雞宴。（站起）我建議派一個同志打進敵人內部，把明堡暗道全弄清楚，然後利用百雞宴，把土匪全部集中在威虎廳裡，用酒灌醉……

　　參謀長　追剿隊出其不意插上威虎山，打他個措手不及！

　　楊子榮　對，參謀長，這個任務就交給我吧！

　　申德華　同志們也提議要老楊擔當這個任務！

　　參謀長　哦，好哇！德華同志，（遞聯絡圖）把這張圖拿去複製留底。噯，你通知下去，我們開個支部委員會。

　　申德華　是！（下）

　　參謀長　老楊，你改扮土匪，打進威虎山，有把握嗎？

　　楊子榮　我有三個有利條件。

　　參謀長　這一？

　　楊子榮　乳頭山許大馬棒剛垮臺，我可以扮作他的飼馬副官胡標，這個人現在我們手裡，座山雕沒見過他；我又熟悉土匪黑話，不會露出破綻。

　　參謀長　二呢？

楊子榮　我把聯絡圖帶給座山雕，作爲進見禮，必然取得他的信任。

參謀長　好。

楊子榮　這第三個條件最重要……

參謀長　就是中國人民解放軍對黨對毛主席的赤膽忠心！

楊子榮　（交心地）參謀長，你是瞭解我的！

參謀長　（深情地）老楊，這個任務不比往常啊！

楊子榮　參謀長！唱【西皮原板】

共產黨員時刻聽從黨召喚，

專揀重擔挑在肩。

一心要砸碎千年鐵鎖鏈，

爲人民開出（那）萬代幸福泉。

【二六】

明知征途有艱險，

越是艱險越向前。

任憑風雲多變幻，

革命的智慧能勝天。

【快板】

立下愚公移山志，

能破萬重困難關。

一顆紅心似火焰；

化作利劍斬凶頑！

參謀長　好！你騎上許大馬棒的青鬃馬，按照獵戶指引的路線，往東北方……

楊子榮　繞道上山。

參謀長　你走之後，追剿隊進駐夾皮溝，發動群眾，積極備戰，等候你的情報！

楊子榮　我把情報按照記號放在威虎山西南方松樹林中。

參謀長　我在本月二十六日派申德華去取情報。

楊子榮　我保證準時送出。

參謀長　好，追剿隊接到情報，立即出發，裡應外合，把座山雕這股頑匪殲滅在威虎山！

楊子榮　參謀長，這是一個完整的作戰方案，就這樣決定了吧！

參謀長　（激動地撫著楊子榮手臂。少頃）子榮同志！大膽、謹慎！

唱【西皮快板】

相信你定能夠完成重任，

這件事關係大舉足重輕。

還要開支委會討論決定，

用集體的智慧戰勝敵人。

〔楊子榮、參謀長緊緊握住雙手"亮相"。

—— 幕閉

## 第五場　打虎上山

〔幾天後。

〔威虎山麓。雪深林密。一株株挺直的棟樑松，高聳入雲；縷縷陽光，穿入林中。

楊子榮　內唱【二黃導板】

穿林海跨雪原氣衝霄漢！

〔楊子榮改裝揚鞭飛馬而上。作馬舞："騙右腿"、"蹬腿"、"橫蹉步"，以示下山坡；右轉身、甩大衣、"跨腿'、"抬腿"、"勒馬"、"大跨步"，以示上高嶺；"騰空撐叉"，以示越山澗；"直蹉步"、"右大跨腿"、"蹉步"、"左大跨

腿"、"蹉步",以示穿密林;轉身甩大衣、揮鞭、"橫蹉步",
縱橫馳騁。至台口,"抬腿"、勒馬、"蹬腿"、"小踮步",
"亮相"。眺望四方。

【回龍】

抒豪情寄壯志面對群山。

【原板】

願紅旗五洲四海齊招展,

哪怕是火海刀山也撲上前。

我恨不得急令飛雪化春水,

【散板】

迎來春色換人間!

【西皮快板】

黨給我智慧給我膽,

千難萬險只等閒。

為剿匪先把土匪扮,

似尖刀插進威虎山。

誓把座山雕,埋葬在山澗,

壯志撼山嶽,雄心震深淵。

待等到與戰友會師百雞宴,

搗匪巢定叫它地覆天翻!

〔遠處虎嘯。楊子榮作馬舞:"抬腿",勒馬,甩大衣,轉
身,"摔叉";虎嘯漸近,馬驚失蹄:躍起,轉身,勒馬,"前
騙腿",下馬,牽馬下。

〔複上。脫大衣,拔槍,擰"鏇子","亮相",機警地觀
察虎的動向,轉身隱蔽樹下,看準有利時機,敏捷躍起,連發數
槍,虎哀鳴死去。

〔遠處傳來槍聲。

楊子榮　　(立刻警覺)槍聲!土匪們下山來了。(鎮靜地)

剛剛打死了一隻,現在又來一群,叫你們同樣逃脫不了覆滅的下場!

〔匪參謀長內喊:"站住!"匪參謀長率眾小匪上。

〔楊子榮穿好大衣,挺身上前,行匪禮。

匪參謀長　蘑菇溜哪路?什麼價?

楊子榮　(昂首不答)……

小匪甲　(發現楊子榮打死的老虎,驚叫)虎!虎!虎!

〔眾小匪慌張後退。

楊子榮　哈哈哈哈!好大的膽子,那是隻死虎。

小匪甲　(略張望)好槍法!天靈蓋都打碎了!

匪參謀長　是你打死的?

楊子榮　它撞在我槍口上了。

匪參謀長　嗯,好樣兒的!是哪個山頭的?到這兒幹什麼來了?

楊子榮　(反問)看樣子,你們是威虎山的人啦?

匪參謀長　哼哼!那還用說。(自覺失言)嗯!你到底是哪個山頭的?

楊子榮　這個你別問。我要面見崔旅長,有要事相告。

匪參謀長　你怎麼連山禮山規都不懂,你不是個"溜子",是個"空子"!

楊子榮　要是個"空子",也不敢來闖威虎山哪!

匪參謀長　(威逼地)麼哈?麼哈?

〔楊子榮胸有成竹,昂然不答。

眾小匪　說!

楊子榮　(傲然地)不見到崔旅長,你們什麼也別想問出來!

匪參謀長　(無可奈何地)好!咱們走!你的傢伙呢?

楊子榮　(輕蔑地)哈哈哈哈!別害怕!

〔楊子榮把槍扔給小匪,又示意抬虎、牽馬。

匪參謀長　把虎搭著，牽著馬！

眾小匪　是！

〔楊子榮向台口作個急速的轉身，甩大衣，堅定、鎮靜、勇敢地"亮相"。

—— 幕徐徐閉

# 第六場　打進匪窟

〔緊接前場。

〔威虎廳內，陰森的山洞。懸掛著幾盞燈火。

〔座山雕坐於椅上。"八大金剛"雜亂地分立兩旁。眾小匪立于廳內左後方。

〔座山雕示意匪參謀長帶人。

匪參謀長　三爺有令，帶"溜子"！

眾小匪　帶"溜子"嘍！

〔楊子榮昂首闊步上。

楊子榮　唱【西皮快板】

雖然是隻身把龍潭虎穴闖，

千百萬階級弟兄猶如在身旁。

任憑那座山雕兇焰萬丈，

為人民戰惡魔我志壯力強。

〔楊子榮向前行匪禮。

座山雕　（突然地）天王蓋地虎！

楊子榮　寶塔鎮河妖！

眾金剛　麼哈？麼哈？

楊子榮　正晌午時說話，誰也沒有家！

座山雕　臉紅什麼？

楊子榮　精神煥發！

座山雕　怎麼又黃啦？

〔眾匪持刀槍逼近楊子榮。

楊子榮　（鎮靜地）哈哈哈哈！防冷塗的蠟！

〔座山雕用槍擊滅一盞油燈。楊子榮向匪參謀長要過手槍，敏捷地一槍擊滅兩盞油燈。眾小匪譁然："呵，一槍打兩個，真好，真好，……"被金剛制止。

座山雕　嗯，照這麼說，你是許旅長的人啦？

楊子榮　許旅長的飼馬副官胡標！

座山雕　胡標？那我問問你，什麼時候跟的許旅長？

楊子榮　在他當員警署長的時候。

座山雕　聽說許旅長有幾件心愛的東西？……

楊子榮　兩件珍寶。

座山雕　哪兩件珍寶？

楊子榮　好馬快刀。

座山雕　馬是什麼馬？

楊子榮　卷毛青鬃馬。

座山雕　刀是什麼刀？

楊子榮　日本指揮刀。

座山雕　何人所贈？

楊子榮　皇軍所贈。

座山雕　在什麼地方？

楊子榮　牡丹江五合樓！

座山雕　（略停）嗯，你既是許旅長的飼馬副官，上次侯專員召集開會，我怎麼只見到欒平欒副官，沒見到你呀？

楊子榮　崔旅長，我胡標在許旅長那兒，不過是個走卒而已，哪兒比得上人家欒副官，出頭露面全是人家呀！

座山雕　你來到威虎山打算怎麼辦？

楊子榮　投靠崔旅長，也好步步登高。今天初登門檻，各位老大就是這樣不信任我，可有點不仗義了吧？

座山雕　嘿嘿嘿嘿！這也是爲了山寨的安全嘛，哈哈哈哈！

眾金剛　哈哈哈哈！

〔座山雕接過一旁小匪遞上的煙袋。

座山雕　胡標，乳頭山何日失陷？

楊子榮　臘月初三。

座山雕　你怎麼走了這麼多日子？

楊子榮　崔旅長，我胡標這一趟來得可不容易呀。乳頭山被攻破，我在白松灣避了幾天風。

座山雕　白松灣？

楊子榮　就是欒平他三舅家。

座山雕　你見著欒平了？

楊子榮　見著了。

座山雕　那野狼嗥呢？

楊子榮　野狼嗥？

座山雕　啊。

楊子榮　不知道。

〔眾匪失望地面面相覷。

座山雕　胡標，你來了，那欒平呢？

楊子榮　欒平？

座山雕　啊。

楊子榮　嘻！別提啦！

座山雕　怎麼啦？

〔眾匪一齊擁上。

楊子榮　我……（環顧眾小匪向座山雕表示機密）

〔座山雕示意，眾金剛吆喝："去，去，去！"眾小匪被逐下。

座山雕　胡標，欒副官到底怎麼回事啊？

楊子榮　一言難盡！

唱【西皮小導板】

提起欒平氣難按，

座山雕　他怎麼啦？

楊子榮　【原板】

全不顧江湖中"義"字當先。

座山雕　噯，他怎麼不講義氣？

楊子榮　（接唱）

乳頭山被攻破我二人倖免，

我勸他改換門庭投靠威虎山。

〔眾金剛得意。

座山雕　嗯，他來不來呢？

楊子榮　（接唱）

人各有志不能強勉，

他不該……

他不該惡語傷人吐狂言。

座山雕　他說什麼？

楊子榮　他說……

座山雕　說什麼？

楊子榮　咳！

座山雕　（急不可待地）噯，老胡，你說，你快說呀！

楊子榮　他說，

（接唱）

座山雕也要聽侯專員……

座山雕　什麼？

楊子榮　（接唱）

調遣！

座山雕　（右腿跨椅子，轉身，暴跳地坐下）啊！什麼？我聽他的調遣！？

眾金剛　去他的，什麼玩意兒！

楊子榮　欒平他還有話呢！

眾金剛　他說什麼？

楊子榮　（接唱）

八大金剛無名鼠輩更不值一談。

眾金剛　（激怒地嚷叫）啊！這個兔崽子！

楊子榮　【流水】

他自稱鳳凰要把高枝占，

侯專員樹大根深是靠山。

眾金剛　去他的吧！

楊子榮　（接唱）

說話間掏出圖……

座山雕　圖？

楊子榮　（接唱）

一卷！

〔座山雕下位饞涎欲滴地跟在楊子榮身後團團轉。

座山雕　圖！

楊子榮　【搖板】

投專員獻寶圖定可升官。

座山雕　是那張聯絡圖嗎？

楊子榮　對，正是那張秘密聯絡圖。

座山雕　（焦急地）這麼說，他把那張圖獻給侯專員啦？

楊子榮　您別著急。

（接唱）

他得意洋洋（面帶諷刺的微笑）笑眯了眼，

座山雕　嗯！

楊子榮　（接唱）

從屋裡搬出

【流水】

酒一罎。

座山雕　嗯！

楊子榮　（接唱）

我一連灌他三大碗，

座山雕　喔！

楊子榮　【搖板】

欒平他醉成泥一灘。

眾金剛　哈哈哈……他醉了。

楊子榮　這個時候，我趁他醉得不省人事……

座山雕　嗯！

楊子榮　我就……

座山雕　宰了他！

楊子榮　不能啊，我們是多年的老朋友啦！

座山雕　呵呵，呵呵，呵呵呵呵！（自覺失言，很窘地改口）

對，對，對，友情為重，友情為重啊！哈哈哈哈！

眾金剛　（雜亂地）對，對，對！友情為重啊，夠朋友！

座山雕　老胡，你說下去！

楊子榮　他有他的打算，我有我的主意。

座山雕　你怎麼著？

楊子榮　我……

座山雕　嗯。

楊子榮　【流水】

我乘機把他這件衣服換，

跨上了青鬃馬，趁著漫天大雪，

一口氣跑上威虎山。

座山雕　　老胡，這麼說，聯絡圖在你手裡？！

楊子榮　　（輕輕地）哈哈哈哈！

【快板】

崔旅長抬頭請觀看，

寶圖獻到你面前。（展圖）

〔座山雕拂袖，率眾匪接圖、看圖。

座山雕　　唱【西皮散板】

聯絡圖我為你朝思暮想，

〔楊子榮機警地觀察著土匪。

座山雕　　【搖板】

今日如願遂心腸。

（狂喜）哈哈哈哈！

眾金剛　　老胡了不起！好漢子！哈哈哈哈！

楊子榮　　（雙關地）崔旅長，聯絡圖一到手，這牡丹江一帶可都是我們的啦！

座山雕　　對對對，老胡說得對。等國軍一到，我就是司令。你們都弄個師長、旅長幹幹。

眾金剛　　全仗三爺，哈哈哈哈！

楊子榮　　哈哈哈哈！

座山雕　　老胡，你給威虎山立了一大功，我封你為威虎山老九。

楊子榮　　謝三爺。

座山雕　　咱們是國軍，總得有個官銜呀！（略停）我委任你為"濱綏圖佳保安第五旅"上校團副。

楊子榮　　謝三爺提拔。（登上臺階）今後全靠各位老大多多包涵！

眾金剛　　好說，好說。

匪參謀長　　拿酒來！

眾金剛　拿酒，拿酒！

〔小匪上，分送酒。

匪參謀長　大家幹一碗，祝賀老九榮升！

眾金剛　祝賀九爺榮升！

座山雕　獻圖有功，勞苦功高！

楊子榮　（豪邁地）唱【西皮快二六】

今日痛飲慶功酒，

壯志未酬誓不休。

來日方長顯身手，

甘灑熱血寫春秋。

眾　匪　幹，幹！

〔楊子榮居高臨下，帶著勝利的微笑，一飲而盡。

楊子榮　（雄壯地）哈哈哈哈！

〔座山雕、匪副官長側目窺視楊子榮。

—— 幕閉

# 第七場　發動群眾

〔夾皮溝。李勇奇家內外。

〔中午。風雪交加。

李　母　唱【二黃搖板】

病纏身糧食盡呼兒不應，

咱窮人血淚仇何日能平！

〔張大山上。

張大山　大娘。

〔張大山推門進屋。

李　母　噢，是大山哪！

張大山　　噯。大娘，今兒個您的病好點了吧？

李　母　　早晨起來頭更暈了。

張大山　　大娘，這點高粱糠……（遞高粱糠）

李　母　　大山，你又……

張大山　　大娘，勇奇不在，還有我們大家呢！

〔張大山燒水。

〔李母無比感激，持高粱糠進內屋。

〔李勇奇額帶傷痕，棉衣破爛，氣喘吁吁急上。推門進屋。

張大山　　（一驚）勇奇！

李勇奇　　大山！

〔李母從內屋出。

李勇奇　　娘！

李　母　　（驚喜交集）勇奇！

唱【二黃散板】

難道說與孩兒相逢在夢境，

你這樣渾身傷痕叫娘怎不心疼。

李勇奇　　娘。

李　母　　（接唱）

你怎樣離虎口

【二六】

逃脫性命？

李勇奇　　（接唱）

從後山跳懸崖險路脫身。

李　母　　（接唱）

母子們得重逢悲喜交並，

越是喜越想念兒媳孫孫！

李勇奇　　唱【垛板】

多少仇來多少恨，

椿椿件件記在心。

滿腔仇恨化烈火，

來日奮力殺仇人！

〔群眾內喊："大兵進村嘍！""快走，快走！"

〔戰士內喊："老鄉別走！我們是自己人！"

張大山　啊，座山雕又來了？

李勇奇　追我來了！

張大山　你快躲一躲，我去看看。（拔出匕首下）

〔李母急忙關門。李勇奇欲衝，李母急阻。

李　母　孩子，你還是躲躲吧！

李勇奇　躲？娘，往哪兒躲呀？

〔鐘志城、呂宏業上。

李勇奇　我反正豁出去了！今天是拼一個夠本，拼倆賺一個！

李　母　勇奇，你……

呂宏業　（敲門）屋裡有老鄉嗎？

李勇奇　有！人還沒死絕哪！

〔李勇奇猛然把門打開。李母急忙阻攔。鐘志城、呂宏業進屋。李勇奇緊護李母。

呂宏業　老鄉！

鐘志城　大娘！

呂宏業　大娘，別害怕，我們是……

李勇奇　少囉嗦！

呂宏業　（對李勇奇）老鄉，我們是中國人民解放軍！

李勇奇　（打量對方）哼！這號"軍"，那號"軍"，我見得多啦，誰知道你們是什麼軍吶！想怎麼著，就直說吧！要錢，沒有！要糧，早被你們搶光了！要命……（剛欲舉起拳頭）

李　母　（急忙攔阻）勇奇！

鐘志城　老鄉，我們是工農子弟兵，是保護老百姓的！

李勇奇　說得好聽！

〔李母一陣暈眩。

李勇奇　娘！

呂宏業　（對鐘志城）大娘有病？我們找人來看看吧。

鐘志城　好。

李勇奇　得了吧！（攙李母進內屋）

〔呂宏業示意鐘志城，同出門。

〔參謀長、小郭上。

鐘志城　參謀長：

參謀長　情況怎麼樣？

呂宏業　這家有個老大娘病了！

參謀長　哦，快把衛生員叫來，讓她帶點糧食來！

呂宏業　是！（下）

鐘志城　這兒的群眾工作真難做呀！

參謀長　夾皮溝的老鄉對我們不瞭解，他們上過土匪的當，你忘了，野狼嗥不是還冒充過咱們的偵察員嗎？

鐘志城　是啊。

參謀長　小鐘，我們不發動群眾，就不能站穩腳跟，消滅座山雕；我們不把土匪打垮，群眾也不能真正發動起來。

鐘志城　（笑著）我明白。

參謀長　你去告訴大家，我們要關心群眾的疾苦，耐心宣傳黨的政策，嚴格執行三大紀律、八項注意，以實際行動打開局面！

鐘志城　是。（轉身欲下）

參謀長　嗳，順便打聽一下，獵戶老常來了沒有。

鐘志城　是。（下）

〔衛生員拿糧袋上。

衛生員　參謀長，病人呢？

參謀長　　在這家。（指李屋）

衛生員　　（走至門前）老鄉！

參謀長　　老鄉，我們的醫生來了。快開門吧！

〔李勇奇腰掖匕首怒沖沖地上；李母追上，勸阻。

李　　母　　勇奇，你可別……

李勇奇　　怕什麼？有這個也能跟他們拼！（把匕首猛紮桌上）

李　　母　　（大驚）勇奇，我，我求求你……（昏暈）

李勇奇　　（急扶）娘！娘！

〔參謀長用力推門，與衛生員、小郭同進。

〔李勇奇護著母親，對參謀長怒目而視。

參謀長　　趕快急救！

衛生員　　是！

〔參謀長迅速脫下大衣給李母披上。衛生員將李母攙進內屋；李勇奇、小郭隨入。

〔參謀長把乾糧袋內的糧食倒進鍋內少許，煮粥。

〔少頃。李勇奇從內屋出。參謀長進內屋。

李勇奇　　（發現鍋內的粥，感動，沉思）中國人民解放軍？

唱【二黃三眼】

這些兵急人難治病救命，

又噓寒又問暖和氣可親。

自古來兵匪一家欺壓百姓，

今日事卻叫人難消疑雲！

真是我們盼望的救星來了嗎？

李　　母　　（內呼）水！

〔李勇奇舀粥湯；小郭從內屋出，接粥復入。參謀長從內屋出。

參謀長　　老鄉，大娘醒過來了，你放心吧，啊！

李勇奇　……

參謀長　老鄉，你叫什麼名字？

李勇奇　李勇奇。

參謀長　不是本地人吧？

李勇奇　老家是山東。當年我爹在濟南做工，"四·一二"政變以後，有一次鬧罷工，被蔣介石殺害了……

參謀長　（憤慨地）咳！……（親切地）怎麼到這兒來了？

李勇奇　我爹死後，我娘帶著我闖關東來了。

參謀長　幹什麼活兒的？

李勇奇　鐵路工人。

參謀長　（異常興奮地）好哇，那更是自己人了！

李勇奇　（上下打量參謀長）你們到底是什麼隊伍？到深山老林幹什麼來了？

參謀長　（親切地）老鄉！

唱【二黃原板】

我們是工農子弟兵來到深山，

要消滅反動派改地換天。

幾十年鬧革命南北轉戰，

共產黨、毛主席指引我們向前。

一顆紅星頭上戴，

革命紅旗掛兩邊。

紅旗指處烏雲散，

解放區人民鬥倒地主把身翻。

人民的軍隊與人民共患難，

到這裡為的是掃平威虎山！

李勇奇　（春雷爆發般地傾吐內心的感情）唱【二黃碰板】

早也盼晚也盼望穿雙眼，

怎知道今日裡打土匪、進深山、救窮人、脫苦難、自己的隊伍來到面前！

（真摯地）【原板】

親人哪！我不該青紅不分皂白不辨，

我不該將親人當仇敵羞愧難言！（將紮在桌上的匕首按倒）

三十年做牛馬天日不見，

撫著這條條傷痕、處處瘡疤我強壓怒火，

掙扎在無底深淵。

鄉親們悲憤難訴仇和怨，

鄉親們切齒怒向威虎山。

只說是苦歲月無邊無岸，

誰料想鐵樹開花、枯枝發芽竟在今天！

【垜板】

從此我跟定共產黨把虎狼斬，

不管是水裡走、火裡鑽，粉身碎骨也心甘！

縱有千難與萬險，

掃平那威虎山我一馬當先！

〔呂宏業內喊："參謀長！"上。進屋。

呂宏業　參謀長，老鄉們都看你來啦！

〔群眾擁戰士上。

〔衛生員扶李母從內屋出。

群眾甲　長官⋯⋯

戰　士　老大爺，我們不興叫長官，叫首長。

參謀長　（緊接）叫同志。

鐘志城　參謀長，這就是老常。

參謀長　（迎上去，握常獵戶手）哦，老常，打山裡來的？

常獵戶　山窪裡住不下去了，我們爺兒倆又投奔她大山叔這兒來啦。

參謀長　好姑娘啊！

李勇奇　老常哥！

常獵戶　勇奇，可盼到救星啦！

張大山　首長，咱村裡人人心頭一團火，爭著去打威虎山哪！

參謀長　（高聲地）鄉親們！咱中國人民解放軍在前方打了大勝仗，牡丹江一帶也解放啦！

群　眾　好呀！

參謀長　座山雕沒處跑啦！

李勇奇　首長，快發給我們槍吧！

群　眾　對！快發給我們槍吧！

李勇奇　（激奮地）要是有了槍，夾皮溝哪一個也能對付他仨倆的！

群　眾　對！

參謀長　槍一定發給大家！不過，現在鄉親們身無禦寒衣，家無隔夜糧，還能到深山老林裡去打土匪嗎？

群　眾　那怎麼辦呢？

參謀長　夾皮溝藥材遍地，木材如山，只要小火車一開動，不就能換回衣服糧食嗎？

群　眾　對呀！

參謀長　大家再把民兵組織起來，小火車一定能夠通車；有吃有穿，打座山雕就更有勁啦！

李勇奇　什麼時候動手修鐵路？

參謀長　說幹就幹，咱們一起動手。

群眾甲　首長，這可是個力氣活呀！

鐘志城　老大爺，我們這些人都是苦出身，扛起槍能打仗，拿起傢伙能幹活呀！

李勇奇　（奔向參謀長，異常激動地緊緊握手）好哇！首長！咱們真是一家人哪！

唱【二黃垛板】

山裡人說話說了算，

一片真心可對天！

擒龍跟你

群　眾　（齊唱）

下大海，

李勇奇　（接唱）

打虎

群　眾　（齊唱）

隨你上高山。

李勇奇　（接唱）

春雷一聲天地動！

座山雕哇！

（持匕首）

群　眾

齊唱【散板】

眾戰士

看你還能活幾天！

〔軍民緊緊靠在一起，鬥志昂揚地構成雄壯威武的群像。

—— 幕閉

## 第八場　計送情報

〔拂曉。威虎山巔的一塊地方。峭石聳立，地堡成群，遠山起伏，遍地冰雪。右方為通往山下的要路。

座山雕　老九就常在這兒打拳嗎？

匪參謀長　是啊。

座山雕　他還到哪兒去過？

匪參謀長　五個山包都去轉了轉。

座山雕　什麼！你們連九群二十七地堡都讓他看了？

匪參謀長　自己弟兄，給他開開眼嘛！

座山雕　嗐！這幾天大局不妙，山下風緊，野狼嗥一去不回，早先咱們誰也沒見過胡標，他單在這個時候來，我不得不防！

〔匪副官長從右方上。

匪副官長　三爺，照您的吩咐，都準備好了。

座山雕　好，按昨兒晚上說的，給他個一針見血！

匪副官長　是。（從右方下）

〔座山雕、匪參謀長突然有所發現，急從左前方下。

楊子榮　內唱【二黃導板】

劈荊棘戰鬥在（上場）敵人心臟！

【回龍】

望遠方、想戰友、軍民攜手整裝待發打豺狼，

更激起我鬥志昂揚！

【慢板】

黨對我寄託著無限希望、

支委會上同志們語重心長。

千叮嚀萬囑咐給我力量，

一顆顆火紅的心暖我胸膛。

【快三眼】

要大膽要謹慎切記心上，

靠勇敢還要靠智謀高強。

黨的話句句是勝利保障，

毛澤東思想永放光芒。

【原板】

威虎山果然是層層屏障，

明碉堡暗地道處處設防。

領導上擬智取部署得當,

若強攻必招致重大傷亡。

七天來摸敵情瞭若指掌,

暗寫就軍事情報隨身藏。

趁拂曉送情報裝作閒逛,（有所發現）

爲什麼忽然間增哨加崗情況異常！

這情報,

這情報送不出,誤戰機,毀大計,對不起人民、對不起黨,

【二六】

除夕近萬不能猶豫徬徨。

刀叢劍樹也要闖,

排除萬難下山崗。

山高不能把路擋,

抗嚴寒化冰雪我胸有朝陽。

〔天空霞光四射,彩雲萬朵,一道晨光染紅峭石之尖。

〔內有人聲："嗨,快走哇！" "這不是來了嗎！" 楊子榮警惕地脫下大衣,打拳,以作掩護。

〔小匪乙、丙上,巡邏,與楊子榮打招呼。

小匪乙

哦,九爺,早,早！

小匪丙

楊子榮　早,早！

〔小匪乙、丙下。

〔楊子榮 "收式"。

〔槍聲。

楊子榮　槍聲！

〔遠處喊："衝啊！殺啊！" 近處喊："共軍來了！" "共

軍來了！”

〔槍聲緊。

楊子榮　什麼！同志們來了？（思考，立即判斷）不！參謀長接不到我的情報，在這個時候是不可能來的。

〔槍聲更緊，喊殺聲更近。

楊子榮　槍聲也不對！哼哼，又是試探！好，我給他個將計就計，把情報送出去。（對空鳴槍兩發，向左方喊）弟兄們！共軍來了，跟我出擊！

〔四小匪上。楊子榮　快，衝！

小　匪　衝啊！衝啊！（下）

〔座山雕、匪參謀長暗中急上。匪副官長迎上。

座山雕　老九，老九，慢著。

楊子榮　（向右方喊）站住！

匪副官長　（緊接）別打啦！別打啦！

〔小匪內應：“啊！”“別打啦！”

楊子榮　（向座山雕）怎麼？

座山雕　嘿嘿！這是我佈置的軍事演習。

楊子榮　噯，要不是您攔的快，我這一梭子打出去，準得撂倒他幾個。

座山雕　呵呵呵呵！

楊子榮　三爺，您佈置軍事演習，怎麼也不告訴我老九一聲！您這是……

座山雕　哎哎，老九啊，別多心吶。這場演習我誰也沒告訴，不信你問問他。（指匪副官長）

匪副官長　（裝腔作勢）呃，可不是嗎，我也真當是共軍來了呢。

座山雕　哈哈哈哈！

楊子榮　（雙關地）來了好啊，我這兒正等著他呢。

座山雕　老九，你真行！哈哈哈哈！

〔匪連長推小匪甲從右方上。

匪連長　走，快走！

〔小匪倒於地上。

匪連長　三爺，"溜子"在外頭撞牆了！

座山雕　什麼？

小匪甲　（嚇得發抖）三爺，我們奉命下山，老遠就看見小火車通了，還沒進夾皮溝就撞上了共軍啦！

座山雕　夾皮溝？（狐疑地）就回來你一個？

匪副官長　你八成叫共軍俘虜了放回來的吧？

小匪甲　沒有！沒有！沒有！

座山雕　（摸槍，直逼小匪甲）你個孬種！

楊子榮　（攔阻）爺，何必呢。他要是真叫共軍給俘虜過，諒他也不敢跑回來。

匪參謀長　是呀，誰都知道三爺最恨的是叫共軍逮住過的人！

楊子榮　（對小匪甲）還不快走，惹三爺生氣。

匪參謀長　（踢小匪甲）滾！

小匪甲　（走至一旁，輕聲地）咳，還是九爺好哇！（下）

匪參謀長　（對匪連長）吩咐下邊，加緊防山。

匪連長　是。（下）

座山雕　（沮喪地）咳！

匪參謀長　三爺，我馬上派人下山一趟，抓他一把，慶賀百雞宴。

座山雕　嗯，這次可要特別小心！

匪參謀長　知道了。（下）

楊子榮　三爺，咱們威虎山，要講防禦，是沒說的了。

座山雕　（自鳴得意地）哈哈哈哈！

楊子榮　可是咱們不能光等著人家來打咱們哪。

座山雕　對，依著你怎麼辦？

楊子榮　現在咱們就演習追擊。

座山雕　嗯。

楊子榮　把兵練得棒棒的。

座山雕　對。

楊子榮　等吃過百雞宴，進攻夾皮溝！

座山雕　（抓住楊子榮的手）你真是好樣的！老九，就派你率領弟兄們演習追擊。

楊子榮　是。

座山雕　嘿嘿嘿嘿！

〔座山雕、匪副官長下。

楊子榮　（輕聲，蔑視地）這個笨蛋！

唱【西皮快二六】

座山雕愚而詐又施伎倆，

反讓我有機可乘下山崗。

德華同志，

取情報這重任落在你身上，

等到那百雞宴痛殲頑匪凱歌揚！

〔敞懷"亮相"。

—— 幕閉

# 第九場　急速出兵

〔臘月二十九的上午。李勇奇家門外場坪。木柵門上貼著紅色對聯。一片翻身後的歡騰景象。

〔在火車汽笛長鳴聲中幕啓。

〔夾皮溝群眾背糧袋上。一小女孩喊："哺,小火車又開嘍!"眾目送火車遠去,歡悅地下。一個青年把幫李母背的糧袋放在門前。

李　　母　唱【西皮流水】

軍民一家心連心,

歡騰景象滿山村。

瑞雪紛飛人歡笑,

分衣分糧慶翻身。

〔參謀長上。

參謀長　大娘!

李　　母　首長!

參謀長　過年的東西都夠了嗎?

李　　母　夠啦,夾皮溝能過上這麼個好年,可做夢也沒想到哇!要不是你們來了啊,咳,這年還不知道怎麼過哪!

參謀長　好日子還在後頭哪!

李　　母　全托共產黨、毛主席的福哇!

〔參謀長背糧袋,預備給李母送進屋去,幕後傳來李勇奇帶領民兵操練聲。李勇奇喊:"一、二、三、四!"民兵喊:"一、二、三、四!"

李　　母　(讚歎地)嘻!民兵們勁頭十足啊!就是留下守村子的民兵可有意見啦!特別是常寶,說什麼也不願留下!

參謀長　這姑娘啊……(幕後民兵喊聲:"殺殺殺!")

〔參謀長、李母邊談邊下。

〔幕後民兵操練聲又起:"目標正前方,殺!殺!殺!"

〔常寶面朝民兵操練的方向,"後蹉步"上。

常　　寶　唱【二黃小導板】

聽那邊練兵場殺聲響亮,

【回龍】

看他們鬥志昂爲剿匪練兵忙，

急得我如同烈火燃胸膛！

【原板】

殺豺狼討血債日盼夜想，

披星戴月滿懷深仇磨槍。

風雪裡峻嶺上狼窩虎穴我敢闖，

爲什麼偏要留我守村莊！？

【垛板】

馬上去找參謀長，

再把心裡的話兒講。

堅決要求上戰場，

誓把頑匪消滅光。

〔衛生員上。

衛生員　常寶！

常　寶　姐姐，你幫我說說呀！走，咱們找參謀長去！

〔拉著衛生員欲走，參謀長從李屋出。李勇奇上。

參謀長　哎，你們倆在嘀咕什麼呢？

常　寶　叔叔，您還是讓我去吧！

參謀長　保衛村子也是咱民兵的責任哪！

常　寶　哼，我恨透了座山雕了，非親手砍了他不可。您要是不讓我去，那……那怎麼行啊！

參謀長　常寶！你還小啊！

常　寶　啊？！還小哪？

衛生員　參謀長，常寶有階級覺悟，滑雪滑得好，打槍打得準，還能幫助我照顧傷患，讓她去吧！

李勇奇　首長，這孩子苦大仇深，就讓她去吧！

參謀長　喔？你也這麼想，民兵隊長？

李勇奇　就這麼著吧。

參謀長　這麼說，你們是一個心眼兒嘍。好！就這樣定了！

常　寶　是！（歡跳下，衛生員跟下）

李勇奇　首長，把欒平、野狼嗥兩個犯人押走了，（機密地）看樣子，馬上就要打威虎山了吧？！

參謀長　怎麼？著急啦？

李勇奇　（憨笑）……

參謀長　哎，你說走後山那條險路，按我們的滑雪速度，需要多少時間才能趕到？

李勇奇　走後山雖比前山遠八十，我看最多一天一夜。

參謀長　好！民兵作好充分準備！

李勇奇　是！（下）

〔鐘志城、呂宏業上。

呂宏業　參謀長，咱們幹麼這麼老等著？同志們的滑雪速度已經達到了標準要求……

鐘志城　民兵也組織好了……

呂宏業　再說，上級又給我們派來了增援部隊……

鐘志城　我看，咱們趕快出發，保證能打勝！

參謀長　同志，在關鍵時刻更要防止急躁情緒。

唱【西皮散板】

耐心待命。

鐘志城　是！

〔鐘志城、呂宏業下。

參謀長　【原板】

我雖然勸他們，自己的心潮也難平。

殲敵日期已迫近，

申德華取情報不見回音。

倘若是生變故

【快板】

我另有決定，

百雞宴好時機絕不變更。

李勇奇提供後山有險徑，

出奇兵越險峰直搗威虎廳。

〔羅長江邊喊邊上。

羅長江　參謀長，老申回來！

〔申德華上。

參謀長　（趨前）德華同志！

申德華　（氣喘吁吁地遞情報）我沒耽誤時間吧？

參謀長　（接情報）沒有。快去休息！

〔羅長江扶申德華下。

參謀長　（急切地看情報）“……山后有險路，直通威虎廳，……以松樹明子為號……”（激動地）老楊，英雄啊！

〔天幕漸轉暗，下雪。

〔小郭內喊：“參謀長！”

〔小郭急上。張大山跟上。李勇奇上。

小　郭　報告參謀長，小火車開到西叉河，橋樑被破壞，我們下車搶修，突然遭到土匪襲擊，我們打退了敵人……

參謀長　那兩個犯人呢？

小　郭　野狼嗥被流彈打死。

參謀長　欒平呢？

小　郭　我們追擊土匪，欒平他跑了！

參謀長　欒平他跑了？（旁白）他要是跑上威虎山，必然給楊子榮同志造成危險，破壞我們的剿匪計畫！（回身對小郭、李勇奇）緊急集合！

小　郭

是！（下）

李勇奇

〔遠處傳來急促的敲擊鐵軌聲。

參謀長　大山同志！保衛村子由你和老常負責。

張大山　是！

〔追剿隊、民兵、常獵戶、李母、群眾上。

參謀長　同志們！

唱【西皮散板】

情況突變任務緊，

十萬火急分秒必爭。

同志們整行裝飛速前進！

出發！

〔暗轉。

〔風雪瀰漫。

〔追剿隊、民兵由李勇奇帶路，迎風破雪、飛速前進。

〔行至山前，眾脫滑雪板。一個戰士登山崖，滑下；另外兩個戰士持繩索攀上；其中一人又滑下，復攀上。

〔兩人拋下繩索，參謀長率眾勝利地攀繩而上。

〔下山斜坡，眾戰士有的翻下，有的騰躍而下，急速地英勇前進。

── 幕閉

## 第十場　會師百雞宴

〔除夕。威虎廳。

〔在"帶溜子嘍"聲中開幕。

〔一小匪押欒平上。

欒　平　三爺！

座山雕　欒平！

欒　平　有。

座山雕　欒副官！

欒　平　三爺。

座山雕　你來幹什麼？

欒　平　我……我是給三爺拜壽來了。嘿嘿嘿嘿！

座山雕　哼！你打哪兒來呀？

欒　平　我……

座山雕　嗯。

欒　平　我……

眾金剛　說呀！快說！

欒　平　我說，我說……我……從侯專員那兒來呀。

座山雕　噢，從侯專員那兒來。

欒　平　是。

座山雕　請老九！

小　匪　是，有請九爺。

〔楊子榮身掛紅色值勤帶上。

楊子榮　三爺，一切都安排妥當啦。

座山雕　老九，你看看誰來啦？

楊子榮　呃。（見欒平一驚，立即鎮定下來，抓住敵人虛弱的本質，機智地先發制人）噢！欒大哥，你怎麼上這兒來了？怎麼樣？這次投靠侯專員得了個什麼官？我胡標祝你高升！

〔欒平茫然。

眾金剛　（譏諷地）是呀，當上團長了吧？哈哈哈哈！

〔楊子榮鎮定地逼視欒平。欒平吃驚地認出了楊子榮，不知所措地。

座山雕　侯專員給你個什麼官啊？嗯！

欒　平　（奸笑）嘿嘿嘿嘿，好一個胡標！你……你不是……

楊子榮　（搶先一步）我不是？是我的不是，還是你的不是，我胡標夠朋友，講義氣！不像你姓欒的，當初我勸你投靠崔旅長，你硬拉我去投侯專員，這不能怪我不義氣！（威嚴地緊逼）快回三爺的話，今兒你到這兒來，有何公幹哪？

欒　平　（避開楊子榮）三爺，我是說……

楊子榮　別扯淡！今天是三爺的五十大壽，沒工夫聽你說廢話！

座山雕　對，少說廢話！我只問你幹什麼來了？

欒　平　投靠三爺，改換門庭。

座山雕　哼！

楊子榮　你不是到侯專員那兒討封去了嗎？

欒　平　（欲向座山雕辯解）……

楊子榮　姓欒的，侯專員派你來幹什麼？快說實話吧！

眾金剛　對對對，說！快說！

欒　平　我不是從侯專員那兒來！

匪參謀長　嘿，這小子剛才還說過，轉眼不認賬，真不是個玩意兒！

〔眾匪哄笑。

欒　平　（突然）別笑了！你們都中了奸計了！他不是胡標，他是共軍！

〔眾金剛掏出武器，對準楊子榮。

楊子榮　（鎮靜地）哈哈哈哈！好！你說我是共軍，就算我是共軍。現在，你當著三爺跟各位老大的面兒，就把我這個共軍的來歷談一談吧！

座山雕　對，你說他不是胡標，是共軍，你怎麼跟他認識的？

欒　平　（吞吞吐吐）他……他……

眾　匪　嘿！

欒　平　他……

楊子榮　三爺，姓欒的今兒個說話是吞吞吐吐，前言不搭後語，我看他心裡必有鬼胎！

　　匪參謀長　八成兒是叫共軍俘虜了，放出來的吧！

　　欒　平　沒有，沒有呀！

　　楊子榮　是共軍把你放了？還是共軍派你來的？

　　眾金剛　說！

　　欒　平　我……

　　匪副官長　對！是不是共軍派你來的？

　　欒　平　我…

　　眾金剛　說！說！快說！

　　欒　平　（瞠目結舌）……

　　楊子榮　三爺，咱們威虎山防守得嚴嚴實實，共軍這才打不進來。這小子一來，是一定有鬼！

　　欒　平　（急口分辯）沒有！沒有呀！

　　楊子榮　欒平！

　　唱【西皮快板】

　　反覆無常好陰險，

　　吞吞吐吐定藏奸。

　　踏破山門留腳印，

　　要把共軍引上山。

　　〔登上臺階。

　　三連長！

　　〔匪連長上，五小匪跟上。

　　匪連長　有！

　　楊子榮　（接唱）

　　加崗哨嚴密警戒，

　　無令不準撤回還！

　　座山雕　對，沒有老九的命令不準撤崗！

　　匪連長　是！（下）

〔眾金剛點頭贊許。

座山雕　（離開座位揬欒平於地）哼哼，你這條瘋狗！前天你拉著老九去投侯專員。

欒　平　三爺，他不是胡標，他真是共軍哪！

楊子榮　姓欒的，你真狠毒！（從臺階上奔下）你想借三爺的刀來殺我，我悔不該在白松灣喝酒的時候不一刀宰了你！

眾金剛　對，對，對！

楊子榮　三爺，我胡標一向不受小人欺。今兒個爲了您，才得罪了這條瘋狗，他才這樣窮兇極惡！您要是拿我當共軍，就立刻把我處置了！您要是拿我當胡標，就放我下山，今天是有他沒我，有我沒他，留他留我，三爺，您隨便吧！（摘下值勤帶，扔在地上）

〔座山雕茫然。

眾小匪　（低聲地）九爺不能走，九爺不能走！

匪參謀長　三爺，老九不能走啊！

眾　匪　對對對，老九不能走啊！老九不能走，不能走⋯⋯

眾小匪　九爺不能走啊⋯⋯

座山雕　哈哈哈哈，老九哇，你怎麼耍小孩子脾氣？來來來，戴上，戴上，三爺不會虧待你。

匪參謀長　（從座山雕手裡接過值勤帶）老九，戴上。（給楊子榮戴值勤帶）

欒　平　（情勢不利，上前央求）三爺⋯

座山雕　（拂袖）哼！

〔欒平驚恐倒地。座山雕回到座位上。

欒　平　（又央求）三爺！（見座山雕不理，爲了保命，無奈地撲到楊子榮腳下）胡⋯⋯胡標賢弟！

楊子榮　（挺立不理）⋯⋯

〔眾匪紛紛指點欒平。

欒　平　（自打耳光）我……我不是人，我該死。我不是人
吶我！

楊子榮　（對眾匪高喊）時間已到，準備給三爺拜壽！

眾小匪　準備給三爺拜壽噢！

匪參謀長　三爺五十大壽，可千萬別讓這條喪家犬給攪了。

匪副官長　不宰了這個喪門星，於山頭不利！

眾　匪　對，非宰了他不可！宰了他！宰了他！

欒　平　各位老大，胡標賢弟，各位老大……（爬跪在座山
雕面前）三爺……三爺！三爺饒命……

座山雕　（仰面獰笑）哈哈哈哈！

欒　平　（驚恐地）啊！三爺饒命啊！

〔座山雕擺手示意。

匪副官長　架出去！

楊子榮　交給我啦！

欒　平　九爺，九爺饒命……

〔楊子榮架出欒平。欒平癱瘓。

楊子榮　【西皮快板】

為非作歹幾十年，

血債累累罪滔天。

代表祖國處決你，

要為人民報仇冤。

〔楊子榮拽著欒平衣領"蹉步"拖下。槍聲。楊子榮復上。
匪連長跟上。

楊子榮　三爺，一切都安排妥當了，現在該給您拜壽啦。

座山雕　老九，你是值日官，你就吩咐嘛！

楊子榮　好，弟兄們！

匪連長　有。

楊子榮　廳裡掌燈，山外點明子，給三爺拜壽！

匪連長　是。（下）

眾　匪　給三爺拜壽啦！

〔眾匪給座山雕施禮拜壽。

〔匪連長上。

楊子榮　（登上木墩）弟兄們，今兒個來個猛吃猛喝，一醉方休！

眾　匪　對對對，一醉方休！

楊子榮　三爺，請入席。

座山雕　噯，弟兄們請啊！

楊子榮　今天是您的五十大壽，還是您先請。

眾金剛　對，對！還是三爺請。

座山雕　好，好，請，請！（得意忘形地大笑）哈哈哈哈！

眾　匪　三爺請！吃去，喝啊！哈哈哈哈！

〔眾匪進入內洞。

楊子榮　（走下木墩）三連長！

匪連長　到。

楊子榮　把放哨的弟兄們調回來，多喝幾杯啊。

匪連長　是！（下）

〔楊子榮環顧，扶椅欲看暗道。眾匪猜拳行令。

〔楊子榮上木墩。

楊子榮　唱【西皮快板】

除夕夜全山寨燈火一片，

（走下木墩）

我已經將信號遍山點燃。

按計劃佈置好百雞宴，

眾匪徒吃醉酒亂作一團。

盼只盼同志們即刻出現，

搗匪巢殲頑敵就在眼前。

心焦急覺得時光太慢，

戰友們卻爲何動靜遲然。

抑不住激動情出外察看，

（欲行又止）

〔眾匪雜亂的猜拳行令聲。

（鎮定地）【搖板】

緊急中要冷靜，我把住這暗道機關。

〔座山雕、匪參謀長等醉步跟蹌上。

座山雕　老九，老九，老九啊！你怎麼不來入席呀？弟兄們都等著敬你兩碗哪。

匪參謀長　是啊！

匪副官長　是啊！

楊子榮　今天是您的五十大壽，應當敬您哪。來來來。給三爺滿上，滿上。哈哈哈哈！

座山雕　來來來，滿上，滿上！老九，幹幹幹！

楊子榮　三爺，請！

〔眾喝酒。

〔機槍聲。眾匪驚慌地擲酒碗。

〔解放軍內喊：“繳槍不殺！”

〔金剛甲慌忙上。眾小匪狼狽跟上。

金剛甲　三爺，共軍的機槍把威虎廳給封住了！

座山雕　（大驚）啊！弟兄們，快！往外衝！

眾　匪　衝，衝，衝！

座山雕　老九啊，你趕快跟我從這暗道裡走吧！

〔解放軍內喊：“繳槍不殺！”

〔座山雕掀座椅，楊子榮把他推在一旁。

楊子榮　你走不了啦！

〔二戰士翻上，喊：“不許動！”

座山雕　（對楊子榮）你是……

楊子榮　我是中國人民解放軍！

座山雕　啊！

〔座山雕欲開槍，被楊子榮一腳將槍踢飛。

〔座山雕逃下。楊子榮擊斃金剛甲。

〔申德華率呂宏業、李勇奇、常寶、衛生員、戰士衝進洞內。

申德華　老楊！

楊子榮　同志們！（指臺階上座椅下暗道）這是暗道。救出老鄉，活捉座山雕！（追下）

申德華　同志們！衝啊！

〔眾戰士、民兵喊"殺！"分數路追下。

〔申德華守住暗道。匪金剛乙逃上，申德華猛喊殺聲截住。申德華和匪金剛乙相刺殺。匪金剛乙被刺中。

〔匪參謀長上，舉槍射申德華，申躲過，反將匪金剛乙擊斃。申德華與匪參謀長搏鬥。

〔羅長江上，將匪參謀長手槍踢掉。

〔匪金剛丙、丁上，加入混戰。申德華追一匪下。

〔匪參謀長掀座椅帔布，欲從暗道逃走。羅長江猛喊："不許動！"躍上座椅。匪參謀長嚇倒于地，羅繼續與匪金剛丙、丁搏鬥。

〔匪參謀長持匕首猛撲向椅上的羅長江。羅機警敏捷地從椅上"雲裡翻"落於階下。雙方繼續搏鬥。

〔常寶追匪金剛戊上。羅長江刺中匪參謀長左臂，匪參謀長負傷逃下。羅長江、常寶繼續與匪戰鬥，擒住二匪，喊"走！"常寶押匪下。

〔李勇奇、衛生員、戰士和民兵救出被擄上山的群眾，過場下。

〔羅長江示意李勇奇守住暗道，下。

〔李勇奇守住暗道。匪連長逃上，遇李勇奇，李喊"殺！"將匪擊斃。匪金剛已竄上，被李勇奇抓起摜地，活捉。

李勇奇　不許動！走！

〔一戰士押二匪上。李勇奇示意戰士守住暗道，押眾匪下。

〔一戰士守住暗道。匪副官長率二匪逃上、被戰士衝散，激烈混戰。

〔楊子榮上，二小匪爭向暗道逃走，被楊子榮連發兩槍擊斃。匪副官長逃下，戰士追下。

〔楊子榮迅速躍上臺階守住暗道。座山雕偷偷持刀向楊子榮背後砍去，楊機警地閃開，舉槍射座山雕左腿，但發現子彈已盡。座山雕得意獰笑。

楊子榮與座山雕格鬥，奪過戰刀，奮力砍殺；座山雕狼狽不堪地招架。

〔匪副官長逃上，舉槍欲射楊子榮；李勇奇趕上，將匪副官長手槍打落在地。楊子榮拾起手槍，連斃數匪，最後將匪副官長擊斃於座椅上。座山雕和眾匪就擒。

〔參謀長、申德華、李勇奇、衛生員、小郭等和眾民兵先後奔上。

〔常寶憤怒地刺殺座山雕，衛生員勸阻。

參謀長　（緊握楊子榮手，激動地）老楊！

楊子榮　參謀長！

〔參謀長把李勇奇介紹給楊子榮。二人緊緊握手。在勝利的雄壯的樂曲中眾"亮相"。

—— 幕閉

（劇終）

（原載《紅旗》雜誌 1969 年第 11 期）

# 紅 燈 記

## （京劇劇本）

## 中國京劇團《紅燈記》劇組集體編劇

人物表

李玉和 —— 鐵路扳道工人。中國共產黨員。

鐵　梅 —— 李玉和的女兒。

李奶奶 —— 李玉和的母親。

交通員 —— 八路軍松嶺根據地交通員。

磨刀人 —— 八路軍柏山遊擊隊排長。

慧　蓮 —— 李玉和家的鄰居。

田大嬸 —— 慧蓮的婆婆。

八路軍柏山遊擊隊隊長。

遊擊隊員若干人。

賣粥大嫂。

賣煙女孩。

勞動群眾甲、乙、丙、丁、戊。

鳩　山 —— 日寇憲兵隊隊長。

王連舉 —— 偽警察局巡長。原為秘密共產黨員，後叛變投敵。

侯憲補 —— 日寇憲兵隊憲補。

伍　長 —— 日寇憲兵隊伍長。

假交通員 ── 日寇憲兵隊特務。

皮　匠 ── 日寇憲兵隊特務。

日寇憲兵、特務若干人。

## 第一場　接應交通員

〔抗日戰爭時期。初冬之夜。

〔北方某地隆灘火車站附近。鐵道路基可見。遠處山巒起伏。

〔幕啓：北風凜冽。四個日寇憲兵巡哨過場。

〔李玉和手提號誌燈，朝氣蓬勃，從容鎮定，健步走上。

李玉和　（唱）【西皮散板】

手提紅燈四下看，

上級派人到隆灘。

時間約好七點半，

等車就在這一班。

〔風聲。鐵梅挎貨籃迎風而上。

鐵　梅　爹。

李玉和　哦。鐵梅！（覺得孩子冷，摘下圍巾給她圍上）今天買賣怎麼樣？

鐵　梅　哼！憲兵和狗腿子，借檢查故意刁難人，鬧得人心惶惶，誰還顧得上買東西。

李玉和　這一群強盜！

鐵　梅　爹，您也得多留點神哪！

李玉和　好。鐵梅，你回去告訴奶奶，說表叔就要來了。

鐵　梅　表叔？

李玉和　對。

鐵　梅　爹，今兒這個表叔是個什麼樣兒呀？

李玉和　小孩子，別老問這個啊。

鐵　梅　回去問奶奶。

李玉和　這孩子！

〔鐵梅下。

李玉和　（望著鐵梅背影，高興地）好閨女！

（唱）【西皮原板】

提籃小賣拾煤渣，

擔水劈柴也靠她。

裡裡外外一把手，

窮人的孩子早當家。

栽什麼樹苗結什麼果，

撒什麼種子開什麼花。

〔王連舉上。

王連舉　老李，我找你半天……

〔李玉和機警地制止王連舉講話，觀察四周。

王連舉　老李，鬼子的崗哨，今天佈置得很嚴密，看樣子好像有什麼事！

李玉和　我知道。老王，以後我們儘量少見面，有事我臨時通知你。

王連舉　好吧。

〔王連舉下。

〔遠處火車汽笛聲。李玉和下。燈暗。

〔火車轟鳴，飛馳而過。槍聲。

〔燈亮。交通員從坡上"搶背"下來，暈倒。

〔李玉和急上。

李玉和　（見狀自語）左手戴手套……

〔槍聲。王連舉返回。

王連舉　這是誰？

李玉和　自己人。我背走，你掩護！

王連舉　　好。

〔李玉和背交通員下。

〔日寇憲兵追喊聲、槍聲。王連舉朝李玉和走的相反方向放了兩槍。日寇憲兵將至，王連舉爲保自己，畏縮顫抖地朝胳膊打了一槍，倒地。

〔伍長帶日寇憲兵追上。

伍　　長　　（問王連舉）嗨！跳車的有？

王連舉　　啊？

伍　　長　　跳車的有？

王連舉　　哦！（手指李玉和下場的相反方向）在那邊。

伍　　長　　（驚慌地）臥倒！

〔眾日寇憲兵慌忙臥倒。

〔燈暗。

—— 幕閉

# 第二場　接受任務

〔緊接前場。

〔李玉和家內外：門外是小巷。屋內正中放著桌椅，窗戶上貼著一隻“紅蝴蝶”。右後方是裡屋，掛著門簾。

〔幕啟：北風呼嘯，四壁昏暗；李奶奶撚燈，屋中轉明。

李奶奶　　（唱）【西皮散板】

打漁的人經得起狂風巨浪，

打獵的人

【原板】

哪怕虎豹豺狼。

看你昏天黑地能多久！

革命的火焰一定要大放光芒。

〔鐵梅挎貨籃進屋。

鐵　梅　奶奶！

李奶奶　鐵梅！

鐵　梅　奶奶，我爹說：表叔馬上就要來了。（放下貨籃）

李奶奶　（自語，盼望地）表叔馬上就要來了！

鐵　梅　奶奶，我怎麼有那麼多的表叔哇？

李奶奶　哦。咱們家的老姑奶奶多，你表叔就多唄。

〔李奶奶補衣服。

鐵　梅　奶奶，那今兒來的是哪個呀？

李奶奶　甭問。來了你就知道了。

鐵　梅　嗯。奶奶，您不告訴我，我也知道。

李奶奶　知道？你知道個啥？

鐵　梅　奶奶，您聽我說！

（唱）【西皮流水】

我家的表叔數不清，

沒有大事不登門。

雖說是，雖說是親眷又不相認，

可他比親眷還要親。

爹爹和奶奶齊聲喚親人，

這裡的奧妙我也能猜出幾分。

他們和爹爹都一樣，

都有一顆紅亮的心。

〔李玉和背交通員急上，推門進屋，示意鐵梅關門，注意外邊。關切地扶交通員坐下，遞水給他喝。

交通員　（蘇醒）請問你此地可有個扳道的李師傅？

李玉和　我就是。

〔李玉和、交通員對暗號。

交通員　　我是賣木梳的。

李玉和　　有桃木的嗎？

交通員　　有。要現錢。

李玉和　　好，你等著。

〔李玉和示意李奶奶拿燈試探。

李奶奶　　（舉煤油燈看交通員）老鄉……

交通員　　（見暗號不對）謝謝你們救了我，我走啦！

李玉和　　（高舉號誌燈）同志！

交通員　　（激動地）我可找到你啦！

〔鐵梅接過號誌燈，看到了它的作用，驚悟。

〔李奶奶示意鐵梅提貨籃出門巡風。

交通員　　老李，我是松嶺根據地的交通員。（從鞋底取出密電碼）這是一份密電碼。

〔李玉和鄭重地接受。

交通員　　你把它轉送柏山遊擊隊，明天下午在破爛市粥棚，有個磨刀的人和你接頭。暗號照舊。

李玉和　　暗號照舊。

交通員　　老李，這個任務很艱巨呀！

李玉和　　放心吧，我一定完成任務！

交通員　　好。老李，時間緊迫，我得馬上回去。

李玉和　　同志，你的身體……？

交通員　　剛才是摔暈了，現在我能走了。

李玉和　　好。等一等，我給你換件衣服。

〔李玉和拿衣服給交通員換上。

李玉和　　（鄭重叮囑）敵人正在到處搜查，情況很緊，路上你要多加小心！

交通員　　老李，你放心吧！

李玉和　　同志……

（唱）【二黃快三眼】

一路上多保重 —— 山高水險，

沿小巷過短橋僻靜安全。

爲革命同獻出忠心赤膽 —— ，

〔送交通員下，鐵梅進屋。

（接唱）

烈火中迎考驗重任在肩。

決不辜負黨的期望我力量無限，

天下事難不倒共產黨員！

〔警車聲響，李玉和機智果斷，示意李奶奶吹燈。

〔李玉和持密電碼"亮相"。

〔燈暗。

—— 幕閉

## 第三場　粥棚脫險

〔次日下午。

〔破爛市粥棚。

〔幕啓：群衆丙坐著喝粥。群衆甲、乙走進坐下喝粥。

〔粥棚近處，坐著賣煙的女孩。群衆丁買煙下。

〔李玉和一手提號誌燈，一手提飯盒，沉著機警地走上。

李玉和　　（唱）【西皮搖板】

破爛市我把親人訪，

飯盒裡面把密件藏。

千萬重障礙

【垛板】

難阻擋，

定要把它送上柏山崗。

群眾丙　（站起）李師傅！

李玉和　哦。（關心地）老張啊，你的傷好了嗎？

群眾丙　好多了。

李玉和　哦。往後可要多加小心哪！

群眾丙　嗳。（自語）這年頭，碰上日本鬼子，坐車不給錢，還打人！這是什麼世道！

〔群眾丙下。

〔李玉和走進粥棚，把號誌燈掛在柱子上。

群眾甲

李師傅來了，這邊坐。

群眾乙

李玉和　（親切地）你們坐。

賣粥大嫂　李師傅您喝碗粥啊？

李玉和　好。大嫂，近來你的買賣怎麼樣啊？

賣粥大嫂　咳！湊合著吧。（盛粥遞給李玉和）

〔群眾戊上。

群眾戊　掌櫃的，給我來碗粥。（接過粥剛要喝）掌櫃的，這粥什麼味？都發了黴啦！

群眾甲　嘿！這是配給的混合麵！

賣粥大嫂　沒法子！

群眾乙　哎喲！（砂子硌牙，啐出）硌著了我啦！

群眾甲　這裡頭儘是砂子！

群眾乙　哼！真拿咱們不當人吶！

群眾甲　小聲點，別找倒楣呀！

群眾乙　這怎麼吃？沒法活呀！

李玉和　（感同身受）唱【西皮流水】

有多少苦同胞怨聲載道，

鐵蹄下苦掙扎仇恨難消，

春雷爆發等待時機到，

英勇的中國人民豈能夠俯首對屠刀！

盼只盼柏山的同志早來到 ——

〔磨刀人上。

磨刀人 （唱）【西皮搖板】

爲訪親人我四下瞧。

紅燈高掛迎頭照，

我吆喝一聲："磨剪子來搶菜刀！"

李玉和 （接唱）

磨刀人盯住紅燈注意看，

又對我揚起左手要找話談。

我假作閒聊對暗號 ——

〔正要與磨刀人接關係，突然警車聲響，日寇憲兵衝上，磨刀人爲掩護李玉和，故意把磨刀凳碰倒，將敵人引向自己。

李玉和 【散板】

他引狼撲身讓我過難關。

〔機智而鎮定地邊唱邊把喝剩的粥傾倒在飯盒裡。

李玉和 大嫂，再來一碗。

〔李玉和讓賣粥大嫂把粥盛在飯盒裡。

〔日寇憲兵搜完磨刀人，斥磨刀人下。轉而檢查李玉和。

〔李玉和趁機主動地把飯盒遞給日寇憲兵檢查，日寇憲兵嗅到黴味，推開，搜身畢，揮手讓走。

〔李玉和拿起飯盒和號誌燈，泰然自若，從容走至正場，微微一笑，誑過敵人；轉身，昂首邁開勝利的步伐。

〔燈暗。

—— 幕閉

# 第四場　王連舉叛變

〔下午。

〔鳩山辦公室。

〔幕啓：鳩山正接電話。

鳩　山　哦，哦！哦，怎麼，掐斷了？哦，請你放心，密電碼一定會弄到手裡，限期破案！是！是！（放下耳機。自語）好厲害的共產黨啊！司令部剛剛找到一點線索，很快地就被他們掐斷了！共產黨厲害呀！

〔伍長、侯憲補上。

伍　長　報告，各處搜查，跳車的沒有。抓來一些可疑分子。

鳩　山　哼！抓了一些可疑分子又有什麼用處？那個跳車人是共產黨的交通員，他身上帶著一份極其重要的密電碼，如果這份密電碼落到柏山遊擊隊手裡，於我們帝國是大大的不利！

伍　長　是！

鳩　山　王巡長？

侯憲補　他來了。

鳩　山　叫他進來。

侯憲補　是。（向內）王巡長！

〔王連舉挎著一隻受傷的胳膊走進。侯憲補下。

王連舉　隊長閣下！（敬禮）

鳩　山　哦！勇敢的年輕人，你吃苦了！我代表司令部授給你一枚三級勳章。（給王連舉戴上勳章）

王連舉　多謝隊長。

鳩　山　（唱）【西皮原板】

只要你忠心爲帝國賣力氣，

飛黃騰達有時機。

有道是：苦海無邊回頭是岸，

就看你知趣（冷笑）不知趣！

王連舉　隊長閣下，您的話我不明白。

鳩　山　哼！你應該明白！我問你：那個跳車人能夠距離你三公分開槍嗎？

王連舉　隊長閣下……

鳩　山　年輕人，快說實話吧。誰是你的同黨？

王連舉　（脫口而出）同黨！

鳩　山　對！事情很清楚，那個跳車人如果沒有他的同黨接應、同黨掩護，他能長翅膀飛走嗎？

王連舉　隊長閣下，當時我中了槍彈，跌倒在地，跳車人怎麼走的，我怎麼能知道啊？

鳩　山　你當然知道。如果你說你不知道，爲什麼自己打自己一槍？

〔王連舉一驚。

鳩　山　（步步逼近）年輕人，快講實話，誰是地下共產黨？誰是同黨接應人？交通員藏在哪裡？密電碼又落到誰的手裡？統統地講出來，我這裡勳章和獎金是大大的有啊。

王連舉　隊長閣下，您的話我怎麼越聽越糊塗。

鳩　山　哼……！這麼一說你應該清醒清醒啦！來！

伍　長　有。

鳩　山　帶下去清醒清醒！

伍　長　是。來人！

〔二日寇憲兵上。

伍　長　帶下去！

王連舉　（怕死求活）隊長閣下……

伍　長　（猙獰地）嘿！（踢倒王連舉）

〔二日寇憲兵摁住王連舉。

王連舉　我……冤枉！

鳩　山　打！

伍　長　帶走！帶走！

〔王連舉喊"冤枉"，被二日寇憲兵拉下。伍長隨下。

鳩　山　哼！用重刑撬開他的嘴，定叫他招出同黨人！

〔伍長上。

伍　長　報告隊長，他招了！

鳩　山　同黨人是誰？

伍　長　扳道夫李玉和。

鳩　山　（似曾見過）李玉和！？……

〔燈暗。

—— 幕閉

# 第五場　痛說革命家史

〔黃昏。

〔李玉和家內外。

〔幕啓：李奶奶在屋內，盼望李玉和。

李奶奶　（唱）【西皮搖板】

時已黃昏，玉和兒未回轉。

〔鐵梅從裡屋出。警車聲響。

鐵　梅　（唱）【垛板】

街市上亂紛紛，惦念爹爹心不安。

〔李玉和提著飯盒和號誌燈上，敲門。

李玉和　鐵梅。

鐵　梅　我爹回來啦！

李奶奶　快開門去！

鐵　梅　（開門）爹爹！

李奶奶　玉和。

李玉和　媽！

李奶奶　可回來啦！接上了嗎？（接過號誌燈和飯盒）

李玉和　沒有。（脫下大衣）

李奶奶　出什麼事了？

李玉和　媽！

（唱）【西皮流水】

在粥棚正與磨刀師傅接關係，

警車叫跳來下鬼子搜查急。

磨刀人引狼撲身掩護我，

抓時機打開飯盒藏秘密。

密電碼埋藏粥底搜不去 ——

鐵　梅　磨刀叔叔可真好！

李奶奶　玉和，密電碼哪？

李玉和　媽！（親切、秘密地接唱）

防意外我把它安全轉移。

鐵　梅　爹，您可真有辦法呀！

李玉和　鐵梅，這件事你都知道了，這可比性命還要緊，寧可掉腦袋，也不能露底呀！懂嗎？

鐵　梅　我懂！

李玉和　呵！懂！瞧這丫頭！

鐵　梅　爹……

李玉和　呵……

〔天色漸黑，李奶奶拿過煤油燈。

李奶奶　呵……瞧你們這爺兒倆……

李玉和　媽，我有事再出去一趟。

李奶奶　可要小心。早點回來！

李玉和　嗳，您放心吧。

鐵　梅　爹，給您戴上圍巾。（給李玉和圍好圍巾）爹，您
可要早點回來！

李玉和　（愛撫地）放心吧，啊。（出門）

〔李玉和下。

〔鐵梅關門。

〔李奶奶虔誠地擦著號誌燈。鐵梅凝神注視。

李奶奶　鐵梅，來，奶奶把紅燈的事講給你聽聽。

鐵　梅　嗳。（高興地走到桌旁，坐下）

李奶奶　（鄭重地）這盞紅燈，多少年來照著咱們窮人的腳
步走，它照著咱們工人的腳步走哇！過去，你爺爺舉著它；現在
是你爹舉著它，孩子，昨晚的事你知道，緊要關頭都離不開它。
要記住：紅燈是咱們的傳家寶哇！

鐵　梅　哦。紅燈是咱們的傳家寶？

〔李奶奶滿懷信心地望著鐵梅，走進裡屋。

〔鐵梅拿起號誌燈，端詳，深思。

鐵　梅　（唱）【西皮散板】

聽罷奶奶說【搖板】紅燈，

言語不多道理深。

為什麼爹爹、表叔【原板】不怕擔風險？

為的是：救中國，救窮人，打敗鬼子兵。

我想到：做事要做這樣的事，

做人要做這樣的人。

鐵梅呀！【垜板】年齡十七不算小，

為什麼不能幫助爹爹操點心？

好比說：爹爹挑擔有千斤重，

鐵梅你應該挑上八百斤。

〔李奶奶從裡屋出。

李奶奶　鐵梅，鐵梅！

鐵　梅　奶奶！

李奶奶　孩子，你在想什麼哪？

鐵　梅　我沒想什麼。

〔隔壁孩子哭聲。

李奶奶　是龍兒在哭吧？

鐵　梅　可不是嗎！

李奶奶　唉，又沒吃的了！咱們家還有點玉米麵，快給他們送去。

鐵　梅　嗳！（盛麵）

〔慧蓮上，敲門。

慧　蓮　李奶奶！

鐵　梅　慧蓮姐來了。

李奶奶　快給她開門去！

鐵　梅　嗳！（開門。慧蓮進）慧蓮姐。

李奶奶　（關切地）慧蓮哪！孩子的病怎麼樣了？

慧　蓮　唉！哪兒顧得上給孩子瞧病啊！這年頭，找我來縫縫補補、洗衣服的人越來越少了，家裡老是吃了上頓沒下頓，現在又揭不開鍋了。

鐵　梅　慧蓮姐，給你這個。（遞麵）

慧　蓮　（十分激動）……

李奶奶　快拿著。正要叫鐵梅給你送去哪。

慧　蓮　（接麵）您待我們太好啦！

李奶奶　別說這個。有堵牆是兩家，拆了牆咱們就是一家子。

鐵　梅　奶奶，不拆牆咱們也是一家子。

李奶奶　鐵梅說得對！

〔孩子的哭聲又大了。

田大嬸　（內喊）慧蓮！慧蓮！

〔田大嬸上，進屋。

鐵　梅　大嬸。

李奶奶　她大嬸，這邊坐。

田大嬸　不啦，孩子又哭啦，慧蓮，回家看孩子去。（見慧蓮手中麵，感動）……

李奶奶　先給孩子做點吃的。

田大嬸　可你們家也不富裕呀！

李奶奶　咳！（熱情地）咱們兩家不分你我，就不要說這些了！

田大嬸　我們回去啦。

李奶奶　別著急，慢走。

〔田大嬸、慧蓮下。

鐵　梅　（關門）奶奶，慧蓮姐一家可真夠苦的！

李奶奶　是啊。當初。她公爹是鐵路上的搬運工人，叫火車給軋死了！日本鬼子不給撫恤金，還把她丈夫抓了去做苦力。鐵梅，兩家是同仇共苦的工人，要盡力照顧他們。

〔假交通員上。敲門。

鐵　梅　誰呀？

假交通員　李師傅在這兒住嗎？

鐵　梅　找我爹的。

李奶奶　開門。

鐵　梅　嗳！（開門）

〔假交通員進屋，急忙關門。

李奶奶　你是……

假交通員　我是賣木梳的。

李奶奶　有桃木的嗎？

假交通員　有。要現錢。

鐵　梅　好，你等著！

〔假交通員轉身放下"捎馬子"。

〔鐵梅要拿號誌燈，李奶奶急攔，拿起煤油燈，試探對方，鐵梅恍然大悟。

假交通員　（回身見燈）哎呀，我找到你們了！謝天謝地，可真不容易呀！

〔鐵梅由吃驚變為憤慨，怒不可遏。

李奶奶　（識破奸計，鎮靜地）掌櫃的，快把木梳拿出來，讓我們挑挑哇！

假交通員　哎！老奶奶，我是來取密電碼的！

李奶奶　丫頭，他說的是什麼？

假交通員　哎！您別打岔呀！老奶奶，這密電碼是共產黨重要文件，有關革命的前途，您快給我吧！

鐵　梅　（怒逐之）哎呀，你囉嗦啥？你快走！

假交通員　咳，別別別……

鐵　梅　你走！

〔鐵梅推假交通員出門，狠狠地把"捎馬子"扔到他懷裡，猛地將門關上。

鐵　梅　奶奶！

〔李奶奶急忙制止鐵梅說話。

〔假交通員招來二便衣特務，示意監視李家，分下。

鐵　梅　奶奶，我差點上了他的當！

李奶奶　孩子，一定是出了叛徒，洩漏了機密！

鐵　梅　奶奶，那怎麼辦哪？

李奶奶　（秘密地）快把信號揭下來！

鐵　梅　什麼信號啊？

李奶奶　玻璃上那個"紅蝴蝶"！

鐵　梅　（驚悟）哦！（欲揭）……

李奶奶　鐵梅！開開門，用門擋住亮，你揭信號，我掃地掩護你。快，快！

　　〔鐵梅開門，李玉和一步跨進屋裡，關門。鐵梅震驚，李奶奶手中笤帚落地。

李玉和　（察覺發生意外）媽，出事啦？

李奶奶　外面有狗！

　　〔李玉和一無所懼，對敵情作出判斷。

李奶奶　孩子！孩子……

李玉和　媽，我可能被捕！（鄭重叮囑）密電碼藏在西河沿老槐樹旁邊的石碑底下。您要想盡一切辦法，把它交給磨刀師傅！暗號照舊！

李奶奶　暗號照舊！

李玉和　對。您要多加小心哪！

李奶奶　孩子，放心吧！

鐵　梅　爹……

　　〔侯憲補上，敲門。

侯憲補　李師傅在家嗎？

李玉和　媽，他們來了。

鐵　梅　爹！您……

李玉和　鐵梅，開門去！

鐵　梅　噯！

　　〔鐵梅開門，趁機揭去"紅蝴蝶"。

侯憲補　（進門）哦，你就是李師傅吧？

李玉和　是啊。

侯憲補　鳩山隊長請你去喝酒。（遞請帖）

李玉和　哦！鳩山隊長請我赴宴？

侯憲補　哎！

李玉和　哎呀，好大的面子！（蔑視地擲請帖於桌）

侯憲補　交個朋友嘛。李師傅，請吧！

李玉和　請！（對李奶奶，堅定而莊重地）媽，您多保重。我走啦！

李奶奶　等等！鐵梅，拿酒去！

鐵　梅　嗳！（進裡屋取酒）

侯憲補　嗐！老太太，酒席宴上有的是酒，足夠他喝的啦。

李奶奶　呵……窮人喝慣了自己的酒，點點滴滴在心頭。（接過鐵梅拿來的酒，對著李玉和，莊嚴、深情地爲李玉和壯別）孩子，這碗酒，你，你把它喝下去！

李玉和　（莊重接酒）媽，有您這碗酒墊底，什麼樣的酒我全能對付！（一飲而盡）謝，謝，媽！

（雄偉地）（唱）【西皮二六】

臨行喝媽一碗酒，

渾身是膽雄赳赳。

鳩山設宴和我交"朋友"，

千杯萬盞會應酬。

時令不好風雪來得驟，

媽要把冷暖時刻記心頭。

鐵　梅　爹！（撲向李玉和，哭）

李玉和　（親切地、含義深長地接唱）

小鐵梅出門賣貨看氣候，

來往"帳目"要記熟。

困倦時留神門戶防野狗，

煩悶時等候喜鵲唱枝頭。

家中的事兒你奔走，

要與奶奶分憂愁。

鐵　梅　爹！（撲在李玉和懷裡哭）

侯憲補　李師傅，走吧！

李玉和　孩子，不要哭，往後要多聽奶奶的話。

鐵　梅　噯！

李奶奶　鐵梅，開開門，讓你爹"赴宴"去！

李玉和　媽，我走啦。

〔李玉和與李奶奶緊緊握手，相互鼓舞，堅持鬥爭。

〔鐵梅開門。一陣狂風。李玉和昂首闊步，迎風而去。

〔侯憲補跟出。

〔鐵梅拿圍巾追出，喊："爹！"

〔特務甲、乙、丙衝上，攔住鐵梅。

特務甲　站住！回去！

〔將鐵梅逼回。眾特務進門。

鐵　梅　奶奶！……

特務甲　搜！不許動！

〔眾特務搜查，四處亂翻。一特務從裡屋搜出一本黃曆，翻看，扔掉。

特務甲　走！

〔眾特務下。

鐵　梅　（關好門，放下"卷窗"，環視屋內）奶奶！（撲到奶奶懷裡痛哭。少頃）

奶奶，我爹……他還能回來嗎？

李奶奶　你爹……

鐵　梅　爹……

李奶奶　鐵梅，眼淚救不了你爹！不要哭。咱們家的事應該讓你知道了！

鐵　梅　奶奶，什麼事啊？

李奶奶　坐下，奶奶跟你說！

〔李奶奶眼望圍巾，革命往事，閃過眼前；新仇舊恨，湧上心頭。

〔鐵梅搬小凳傍坐在奶奶身邊。

李奶奶　孩子,你爹他好不好?

鐵　梅　爹好!

李奶奶　可是爹不是你的親爹!

鐵　梅　(驚異)啊!您說什麼呀?奶奶!

李奶奶　奶奶也不是你的親奶奶!

鐵　梅　啊!奶奶!奶奶,您氣糊塗了吧?

李奶奶　沒有。孩子,咱們祖孫三代本不是一家人哪!(站起)你姓陳,我姓李,你爹他姓張!

(唱)【二黃散板】

十七年風雨狂怕談以往,

怕的是你年幼小志不剛,

幾次要談我口難張。

鐵　梅　奶奶,您說吧。我不哭。

李奶奶　【慢三眼】

看起來你爹此去難回返。

奶奶我也難免被捕進牢房。

眼見得革命的重擔就落在了你肩上,

【垛板】

說明了真情話,鐵梅呀,你不要哭,莫悲傷,

要挺得住,你要堅強,

【原板】

學你爹心紅膽壯志如剛!

鐵　梅　奶奶,您坐下慢慢他說!

〔鐵梅扶李奶奶坐下。

李奶奶　咳!提起話長啊!早年你爺爺在漢口的江岸機務段當檢修工人。他身邊有兩個徒弟:一個是你的親爹叫陳志興。

鐵　梅　我的親爹陳志興?

李奶奶　一個是你現在的爹叫張玉和。

鐵　梅　哦！張玉和？

李奶奶　那時候，軍閥混戰，天下大亂哪！後來，（站起）毛主席共產黨領導著中國人民鬧革命！民國十二年二月，京漢鐵路工人在鄭州成立了總工會，洋鬼子走狗吳佩孚硬不讓成立！總工會一聲號令，全線的工人都罷了工。江岸一萬多工人都上大街遊行呀！就在那天的晚上，天也是這麼黑，也是這麼冷。我惦記著你爺爺，坐也坐不穩，睡也睡不著，在燈底下縫補衣裳。一會兒，忽聽得有人敲門，他叫著："師娘，開門，您快開門！"我趕緊把門開開，啊！急急忙忙地走進一個人來！

鐵　梅　誰呀？

李奶奶　就是你爹！

鐵　梅　我爹？

李奶奶　嗯，就是你現在的爹。只見他渾身是傷！左手提著這盞號誌燈！

鐵　梅　號誌燈？

李奶奶　右手抱著一個孩子！

鐵　梅　孩子……

李奶奶　未滿周歲的孩子……

鐵　梅　這孩子……

李奶奶　不是別人！

鐵　梅　他是誰呀？

李奶奶　就是你！

鐵　梅　我？

李奶奶　你爹把你緊緊地抱在懷裡，他含著眼淚，站在我面前。他叫著："師娘！師娘！"他兩眼直瞪瞪地望著我，半晌說不出話來。我心裡著急，催著他快說。他……他說："我師傅跟我陳師兄都……犧牲了！這孩子是陳師兄的一條根，是革命的後代。我要把她撫養成人，繼承革命！"他連叫著："師娘啊！師娘！從此以後，我就是您的親兒子，這孩子就是您的親孫女。"
那時候，我……我就把你緊緊地抱在懷裡！

　　鐵　梅　奶奶！（撲在奶奶懷裡）
　　李奶奶　挺起來！聽奶奶說！
　　（唱）【二黃原板】
鬧工潮你親爹娘慘死在魔掌，
李玉和爲革命東奔西忙。
他誓死繼先烈紅燈再亮，
擦乾了血跡，葬埋了屍體，又上戰場。
到如今日寇來燒殺掠搶，
親眼見你爹爹被捕進牢房。
記下了血和淚一本賬，
　　【垛板】
你須要：立雄心，樹大志，
要和敵人算清賬，
血債還要血來償！
　　鐵　　梅　（唱）【二黃原板】
聽奶奶講革命英勇悲壯，
卻原來我是風裡生來雨裡長，
奶奶呀！十七年教養的恩深如海洋。
　　【垛板】
今日起志高眼發亮，
討血債，要血償，前人的事業後人要承擔！
我這裡舉紅燈光芒四放 ——
爹！
　　【快板】
我爹爹像松柏意志堅強，
頂天立地是英勇的共產黨，

我跟你前進決不徬徨。

紅燈高舉閃閃亮，

照我爹爹打豺狼。

祖祖孫孫打下去，

打不盡豺狼決不下戰場！

〔鐵梅和李奶奶高舉號誌燈，"亮相"。紅光四射。

〔燈暗。

—— 幕閉

## 第六場　赴宴鬥鳩山

〔緊接前場。

〔鳩山會客室。桌上擺著酒席。

〔幕啓：侯憲補上。

侯憲補　李師傅請吧。

〔李玉和從容鎮靜，堅定走上。侯憲補下。

李玉和　（唱）【二黃原板】

一封請帖藏毒箭，

風雲突變必有內奸。

笑看他刀斧叢中擺酒宴，

我胸懷著革命正氣、從容對敵、巍然如山。

〔鳩山上。

鳩　山　哦，老朋友，你好啊？

李玉和　哦，鳩山先生，你好啊？

〔鳩山要與李玉和握手，李玉和視若無睹，鳩山尷尬地將手
縮回。

鳩　山　哎呀！好不容易見面哪！當年在鐵路醫院我給你

看過病，你還記得嗎？

李玉和　噢，那個時候，你是日本的闊大夫，我是中國的窮工人，你我是"兩股道上跑的車"，走的不是一條路啊！

鳩　山　呃！不管怎麼說，我們總不是初交吧！

李玉和　（虛與周旋）那就請你多"照應"羅！

鳩　山　所以，請你到此好好地敍談敍談。來，請坐，請坐。老朋友，今天是私人宴會，我們只敍友情，不談別的，好嗎？

李玉和　（應對自若，探敵虛實）我是個窮工人，喜歡直來直去，你要說什麼你就說什麼！

鳩　山　痛快！痛快！來來來，老朋友，先幹上一杯。

李玉和　鳩山先生，你太客氣了。實在對不起呀，我不會喝酒！（推開酒杯，掏出煙袋，劃火抽煙）

鳩　山　不會喝？唉！中國有句古語："人生如夢"，轉眼就是百年哪！正所謂："對酒當歌，人生幾何？"

李玉和　（卑視地吹滅火柴）是啊，聽聽歌曲，喝點美酒，真是神仙過的日子。鳩山先生，但願你天天如此，"長命百歲"！（諷刺地擲火柴於地）

鳩　山　呃……（尷尬一笑）老朋友，我是信佛教的人，佛經上有這樣一句語，說是："苦海無邊，回頭是岸"。

李玉和　（反擊）我不信佛。可是我也聽說有這麼一句話，叫做："道高一尺，魔高一丈"！

鳩　山　好！講的好！老朋友，我們所講的，只不過是一種信仰。其實呢，最高的信仰，只用兩個字便可包括。

李玉和　兩個字？

鳩　山　對。

李玉和　兩個什麼字啊？

鳩　山　"爲我"。

李玉和　哦，爲你！

鳩　　山　　不，爲自己。

李玉和　　（佯裝不解）"爲自己"？

鳩　　山　　對。老朋友，"人不爲己，天誅地滅"呀！

李玉和　　怎麼？人不爲己，還要天誅地滅？

鳩　　山　　這是做人的訣竅。

李玉和　　哦！做人還要有訣竅？

鳩　　山　　做什麼都要有訣竅！

李玉和　　哎呀，鳩山先生，你這個訣竅對我來說，真好比：擀麵杖吹火，一竅不通！

〔鳩山一震。

鳩　　山　　老朋友，不要開玩笑了！就請你來幫幫我的忙吧！

李玉和　　我是個窮工人，能幫你什麼忙啊？

鳩　　山　　好啦，不必兜圈子了，快把那件東西交給我！

李玉和　　啥東西？

鳩　　山　　密電碼！

李玉和　　哈……什麼電馬電驢的，我就會扳道岔，從來沒玩過那個玩藝兒！

鳩　　山　　（威脅地）老朋友，要是敬酒不吃吃罰酒的話，可別怪我不懂得交情！

李玉和　　（從容地）那就隨你的便吧！

〔鳩山示意，王連舉上。

鳩　　山　　老朋友，你看看這是誰呀！

〔李玉和目光如電，王連舉龜縮膽顫。

〔鳩山示意王連舉向前勸降。

王連舉　　老李，你不要……

李玉和　　住口！

王連舉　　老李，你不要太死心眼兒了……

李玉和　　（拍案而起，奮臂怒斥）無恥叛徒！

（唱）【西皮快板】

屈膝投降真劣種，

貪生怕死可憐蟲。

敵人的威脅和利誘，

我時時向你敲警鐘！

你說道："既爲革命不怕死"，

爲什麼背叛來幫兇？

敵人把你當狗用。

反把恥辱當光榮，

到頭來，人民定要審判你，

變節投敵罪難容！

〔李玉和的革命正氣，使叛徒心驚膽顫，躲到鳩山背後。

鳩　山　（自以爲得意）呃！老朋友，不要發火。呵……（揮令王連舉下）老朋友，這張王牌我本不願意拿出來，可是你逼得我走投無路哇，所以，我是不得不這樣做呀！

李玉和　（迎頭痛擊）哼！我料定你會這樣做的！你這張王牌，不過是一條斷了脊樑骨的賴皮狗！鳩山，我不會使你滿意的！

鳩　山　（詭計失敗，兇相畢露）李玉和，我幹的這一行，你不會不知道吧？我是專給下地獄的人發放通行證的！

李玉和　（針鋒相對）哼！我幹的這一行，你還不知道嗎？我是專去拆你們地獄的！

鳩　山　你要知道，我的刑具是從不吃素的！

李玉和　（蔑視地）哼！那些個東西，我早就領教過啦！

鳩　山　（妄圖恐嚇）李玉和，勸你及早把頭回，免得筋骨碎！

李玉和　（壓倒敵人）寧可筋骨碎，決不把頭回！

鳩　山　憲兵隊裡刑法無情，出生入死！

李玉和　（斬釘截鐵，字字千鈞）共產黨員鋼鐵意志，視死如歸！鳩山！

（痛斥日寇）（唱）【西皮原板】

日本軍閥豺狼種，

本性殘忍裝笑容。

殺我人民侵我國土，

【快板】

說什麼“東亞共榮”不“共榮”！

共產黨毛主席領導人民鬧革命，

抗日救國幾億英雄。

你若想依靠叛徒起效用，

這才是水中撈月一場空！

鳩　山　來人！

〔伍長、二日寇憲兵上。

鳩　山　（唱）【西皮散板】

我五刑俱備叫你受用！

〔李玉和鬥志昂揚，敞懷“亮相”。

李玉和　（冷笑）哼……

伍　長　走！

李玉和　（接唱）

你只能把我的筋骨鬆一鬆。

伍　長　帶走！

〔二日寇憲兵拉李玉和。

李玉和　不用伺候！

〔李玉和略一揮臂，二日寇憲兵跟蹌後退。

〔李玉和從容扣鈕，拿起帽子，揮灰；轉身，背手持帽，以壓倒一切敵人的氣魄，闊步走下。

〔伍長、二日寇憲兵隨下。

鳩　山　（精神上被完全擊敗，無可奈何地）好厲害呀！

（念）【撲燈蛾】

共產黨人，為什麼比鋼鐵還要硬？

我軟硬兼施全落空。

但願得重刑之下他能招供 ——

〔伍長上。

伍　長　報告，李玉和寧死不講！

鳩　山　寧死不講？

伍　長　隊長，我帶人到他家再去搜！

鳩　山　算了。共產黨人機警得很，恐怕早就轉移了！

伍　長　是！

鳩　山　把他帶上來！

伍　長　帶李玉和！

〔二日寇憲兵拖李玉和上。李玉和身帶傷痕，血跡殷紅；英氣勃勃，逼近鳩山，"翻身"，扶椅挺立。

李玉和　（唱）【西皮導板】

狼心狗肺賊鳩山！

鳩　山　密電碼，你交出來！

李玉和　鳩山！

【快板】

任你毒刑來摧殘，

真金哪怕烈火煉，

要我低頭難上難！

哈……

〔英雄氣慨，令群敵心膽俱顫。

〔李玉和"亮相"。

〔燈暗。

—— 幕閉

## 第七場　群眾幫助

〔幾天以後。上午。

〔李玉和家內外。

〔幕啓：門外不遠處坐著特務假扮的皮匠，監視李家。

〔磨刀人遠處吆喝 "磨剪子來搶菜刀" 上；再吆喝，並機警地觀察，見信號撤去，又見特務，決定待機再接線。

〔同時，李奶奶、鐵梅聞聲從裡屋出，注視窗外。

〔磨刀人很自然地吆喝著下。特務窺視，未發現破綻。

李奶奶　鐵梅，這位磨刀師傅，說不定是來接關係的！

鐵　梅　奶奶，我拿著紅燈找他試探試探，看是不是自己人。

李奶奶　不行，門外有狗，你出不去呀！

鐵　梅　哎呀！是啊，我可怎麼出去哪？（思索）奶奶，我有主意了！我從慧蓮姐他們家出去！

李奶奶　孩子，你怎麼過去呀？

鐵　梅　前些日子，裡屋床底下牆根兒的那塊石頭活動了，幫我爹修的時候，我還挪開鑽過去玩兒過哪！

李奶奶　怎麼，你還鑽過去啦！

鐵　梅　過去就是慧蓮姐他們房子裡！

李奶奶　好！讓田家幫幫忙。就從那兒走！鐵梅，你爹說的暗號你記清楚了沒有？

鐵　梅　我記清楚了。

李奶奶　好。你要是追上那位磨刀師傅，對準了暗號，接上了關係，就到西河沿老槐樹旁邊的石碑底下去取密電碼！

鐵　梅　老槐樹旁邊的石碑底下？

李奶奶　孩子！你不是聽你爹講過嗎？可不能有一點馬虎哇！

鐵　梅　奶奶，您放心吧！

李奶奶　小心！

鐵　梅　噯。

〔鐵梅拿號誌燈，進裡屋，下。

〔皮匠抽煙無火，扔掉空火柴盒。上前敲門。

皮　匠　開門！

李奶奶　誰呀？

皮　匠　縫鞋匠。

李奶奶　等著！（開門）

皮　匠　（進門）老太太。

李奶奶　你要幹什麼？

皮　匠　借火使使。

李奶奶　櫃櫥上有。

皮　匠　噯。老太太，姑娘哪？（點煙）

李奶奶　病啦。

皮　匠　病了？在哪兒呢？

李奶奶　裡屋躺著哪。

皮　匠　哦！好，謝謝。（出門）

李奶奶　這條狗！

〔皮匠招二特務上，耳語。李奶奶正要關門，二特務推門進屋。

李奶奶　幹什麼的？

特務乙　查戶口！

特務甲　你孫女哪？

李奶奶　病啦。

特務乙　病了？在哪兒呢？

李奶奶　裡屋躺著哪。

特務乙　叫她起來！

李奶奶　孩子病了，讓她歇會兒。

特務乙　躲開！（拖開李奶奶欲掀門簾）

〔簾內聲："奶奶，誰呀？"

李奶奶　查戶口的！

〔二特務相對無奈，出門下。李奶奶關門，回身驚望。

〔慧蓮從裡屋出。

李奶奶　啊！慧蓮你怎麼過來啦？

慧　蓮　李奶奶！

（唱）【西皮流水】

鐵梅已從我家走，

我婆婆叫我送信免您擔憂。

過來時正遇特務盤問您，

騙敵人，我裝作鐵梅睡在床上頭。

鐵梅回來再從我家過，

有我掩護您就別發愁。

李奶奶　（感激地）你們幫了我們的大忙了！

〔鐵梅從裡屋出。

鐵　梅　奶奶，慧蓮姐！

慧　蓮　鐵梅，你可回來了！

李奶奶　要不是慧蓮，事情可就鬧大了。

慧　蓮　你回來就好了，我也該回去看看啦。

鐵　梅　謝謝你！

〔慧蓮進裡屋，下。

李奶奶　鐵梅，快把那兒收拾好！

〔鐵梅進屋裡。李奶奶掛好號誌燈，鐵梅複出。

李奶奶　孩子，追上那位磨刀師傅了嗎？

鐵　梅　唉！我找了好幾條街也沒追上。我怕時間太長了，被特務發現，就趕快回來啦！

李奶奶　哦！

〔侯憲補上。令皮匠離去。敲門。

鐵　梅　誰呀？

侯憲補　鳩山隊長看你們來了。

鐵　梅　奶奶！

李奶奶　鐵梅，我要是被捕，你要想盡一切辦法取出密電碼，上柏山！

鐵　梅　您放心吧！

侯憲補　開門哪！

李奶奶　開門去！

鐵　梅　嗯！（開門）

〔鳩山上，進屋，侯憲補隨進，侍立。

鳩　山　哦，老人家，你好哇！

李奶奶　你是鳩山先生？

鳩　山　不敢。鳩山。

李奶奶　請等一等，我收拾一下跟你走！

鳩　山　呃，我不是那個意思。老人家，李玉和講有件東西交給你啦。

李奶奶　啥東西？

鳩　山　密電碼！

李奶奶　丫頭，他說的是什麼？

鳩　山　就是一本書。

李奶奶　書？

鳩　山　對。

李奶奶　鳩山先生。

（唱）【西皮原板】

我一家饑寒交迫度時光，

三代人都不識字，哪裡有書在家中藏？

鳩　山　（接唱）

李玉和已講明，豈能把我誑？

鐵　梅　（接唱）

讓我爹爹自來取，何勞你空忙！

鳩　山　好啦，好啦！你們要是交出這本書，李玉和馬上可以回家，給他個副科長，我保你們富貴榮華。

李奶奶　哼！

（唱）【流水】

我看那富貴榮華如糞土，

窮苦人淡飯粗茶分外香。

你既然費盡心機來察訪 ——

（向鐵梅）給他找找看。

〔鐵梅進裡屋取出黃曆，交李奶奶。

李奶奶　（對鳩山）（唱）【原板】

免得你空手而回徒勞一場。

（遞"書"給鳩山）

鳩　山　不錯！就是它！就是它！黃曆？（翻看）要帶回去研究研究它。老人家，是不是去見見你的兒子！

李奶奶　好！鐵梅，好好看家！

鳩　山　不！小姑娘也一起去！

鐵　梅　奶奶，咱們走！

（唱）【西皮散板】

學爹爹渾身是膽萬難不怕 ——

〔李奶奶、鐵梅出門。

〔鳩山跟出。侯憲補令特務封門。

李奶奶　（接唱）

革命人經得起地陷天塌！

〔祖孫二人，一往無前。"亮相"。

〔燈暗。

—— 幕閉

# 第八場　刑場鬥爭

〔夜間。

〔日寇憲兵隊監獄一角。

〔幕啓：伍長、侯憲補侍立。鳩山上。

鳩　山　看來公開審訊，密電碼是得不到了！竊聽器？

侯憲補　安裝已畢。

鳩　山　好，等他們母子見面之後，聽他們講些什麼，或許可以得到一些線索。把老婆子帶上來！

侯憲補　是！（向內）走！

〔李奶奶上。

鳩　山　老人家，你知道這是什麼地方？

李奶奶　憲兵隊！

鳩　山　你的兒子，就要在這裡上西天了！老人家，當一個人犯了罪的時候，他的母親能夠救他的性命而不救，這樣的母親，未免的太殘忍了吧！

李奶奶　（義正詞嚴，審判凶頑）你這是什麼話！我的兒子，無緣無故地被你們抓起來了，你們還要殺害他。是你們犯罪！是你們殘忍！你們殺害中國人，難道還要中國人承當，難道還要我老婆子承當嗎？

鳩　山　好！請見見你的兒子去！

〔李奶奶毅然走下。鳩山示意侯憲補跟下。

鳩　山　把李玉和帶到那兒去！

伍　長　帶李 —— 玉 —— 和！

〔暗轉。

〔刑場一角：圍牆。高坡。勁松參天。遠處峻嶺入雲。

李玉和　（內唱）【二黃導板】

獄警傳似狼嗥我邁步 ──（上場，亮相）出監。

〔二日寇憲兵上前推搡，李玉和大義凜然，堅韌不拔。"雙腿橫蹉步"，變"單腿後蹉"，停；"單腿轉身"，"騙腿亮相"。無畏向前，逼退二日寇憲兵。

〔李玉和撫摸胸傷，蹬石揉膝。藐視鐵鏈，浩氣凌雲。

李玉和　【回龍】

休看我，戴鐵鐐，裹鐵鏈，

鎖住我雙腳和雙手，

鎖不住我雄心壯志衝雲天！

〔李玉和腿傷劇痛，"單腿後蹉"，揉腿，"騙腿亮相"。

李玉和　【原板】

賊鳩山要密件毒刑用遍，

筋骨斷體膚裂心如鐵堅。

赴刑場氣昂昂抬頭遠看：

我看到革命的紅旗高舉起，

抗日的烽火已燎原。

日寇，看你橫行霸道能有幾天！

但等那風雨過，

【慢三眼】

百花吐豔，

新中國如朝陽光照人間。

那時候全中國紅旗插遍，

想到此信心增鬥志更堅！

【原板】

我爲黨做工作很少貢獻，

最關心密電碼未到柏山。

王連舉他和我單線聯繫，

因此上不怕他亂咬亂攀。

我母親我女兒和我一樣肝膽。

【垛板】

賊鳩山，要密件，任你搜，任你查，

你就是上天入地搜查遍，也到不了你手邊；

革命者頂天立地勇往直前！

〔李奶奶上。

李奶奶　玉和！

李玉和　（回望）媽！

〔李奶奶撲過去扶住李玉和。

李奶奶　（唱）【二黃散板】

轉眼間十七年舊景重現！

階級仇民族恨湧上心間。

這這這日寇兇暴又奸險，

打得你遍體傷痕……兒啊！兒啊！

李玉和　媽，您不要心酸！

李奶奶　（接唱）

有這樣的好孩兒……娘不心酸！

李玉和　好媽媽！

（唱）【二黃二六】

黨教兒做一個剛強鐵漢，

不屈不撓鬥敵頑。

兒受刑不怕渾身的筋骨斷，

兒坐牢不怕把牢底來坐穿。

山河破碎，兒的心肝碎，

人民受難，兒的怒火燃！

革命的道路再艱險，

前仆後繼走向前！

孩兒雖死無遺憾，

只是那筆 "帳目"（以手式暗示密電碼）未還，兒的心不安。

恨不得變雄鷹衝霄漢，

乘風直上飛舞到關山，

要使那幾萬萬同胞脫苦難，

【散板】

為革命粉身碎骨也心甘！

〔侯憲補帶二日寇憲兵上。

侯憲補　老婆子，鳩山隊長請你去談談！

李奶奶　（對李玉和）孩子，他要說什麼媽都知道！

侯憲補　走吧！

〔李奶奶英勇走下。二日寇憲兵跟下。

侯憲補　帶李鐵梅！

〔鐵梅急上。

鐵　　梅　爹……

〔侯憲補下。

鐵　　梅　（唱）【二黃散板】

日夜盼望要見爹爹面，

你……這樣渾身血滿臉傷……爹爹呀！

李玉和　孩子，你不要哭！（撫愛地摸著鐵梅的頭髮，毅然地）孩子，挺起來！（攙起鐵梅，深切地）孩子！

（接唱）

有件事幾次欲說話又咽，

隱藏我心中十七年。

我……

鐵　　梅　（急攔）爹！您別說了，您就是我的親爹！（跪）

（唱）【二黃滾板】

爹莫說，爹莫談，

十七年的苦水已知源……

〔李玉和扶起鐵梅，心潮激蕩。

李玉和　（唱）【二黃原板】

人說道世間只有骨肉的情義重，

依我看階級的情義重於泰山。

無產者一生奮戰求解放，

四海為家，窮苦的生活幾十年。

我只有紅燈一盞隨身帶，

你把它好好保留在身邊。

鐵　梅　（唱）【二黃快三眼】

爹爹給我無價寶，

光輝照兒永向前。

爹爹的品德傳給我，

兒腳跟站穩如磐石堅，

爹爹的智慧傳給我，

兒心明眼亮永不受欺瞞；

爹爹的膽量傳給我，

兒敢與豺狼虎豹來周旋。

家傳的紅燈有一盞，

爹爹呀！你的財寶車兒載，船兒裝，

千車也載不盡，萬船也裝不完，

鐵梅我定要把它好好保留在身邊。

李玉和　（唱）【二黃散板】

萬里長江波浪翻！

我家紅燈有人傳。

（向鐵梅）

倘若你能回家轉，

投親友，度饑寒，

"還清賬目"（以手式暗示密電碼）我無掛牽。

〔眾日寇憲兵推李奶奶上。伍長上。

伍　　長　鳩山隊長給你們最後五分鐘的考慮，不交出密電碼，統統槍斃！（拉過鐵梅）小姑娘，這是最後五分鐘，你要交出密電碼，一家大小都能活呀！明白？說！

〔鐵梅堅定地走回親人身邊。

伍　　長　密電碼！

鐵　　梅　不，知，道！

伍　　長　統統槍斃！

眾日寇　嗨！

李玉和　別這麼張牙舞爪的！鐵梅，咱們攙著奶奶一塊走！

〔《國際歌》樂起。三人挽臂向前，勇敢堅定，昂首登上高坡。

〔鳩山上。

鳩　　山　慢！再給你們最後一分鐘，請你們再想一想！

李玉和　（動地驚天的氣概）鳩山！中國人民，中國共產黨人，是殺不完的！我要你，仔細想一想你們的下場！

鳩　　山　太可怕了！（對伍長）照計畫執行！

〔鳩山下。

伍　　長　槍斃！

〔在雄壯的《國際歌》樂聲中，三代人視死如歸，挺胸走下。

〔日寇憲兵跟下。

〔靜場。幕內李玉和高呼：“打倒日本帝國主義！”“中國共產黨萬歲！”三代人振臂齊呼：“毛主席萬歲！”

〔排槍聲。二日寇憲兵拉鐵梅上。推倒。

鐵　　梅　（站起，回身呼喚）爹！奶奶！

〔鳩山、侯憲補、伍長上。

鳩　　山　李鐵梅，密電碼你交出來！

侯憲補

　　說！

　　伍　長

　　〔鐵梅怒視鳩山。

　　鳩　山　把她放了！

　　侯憲補　是。走！

　　〔伍長推鐵梅下；日寇憲兵隨下。

　　侯憲補　隊長，怎麼把她放了？

　　鳩　山　這叫做放長線釣大魚！

　　侯憲補　是！

　　〔燈暗。


── 幕閉


# 第九場　前赴後繼


　　〔緊接前場。清晨。

　　〔李玉和家內外。

　　〔幕啓：鐵梅進屋，靠在門上；環視屋裡，想到爹爹、奶奶的犧牲，悲憤滿腔。

　　鐵　梅　爹！奶奶！（撲在桌上哭。少頃，徐徐抬頭，見號誌燈，急奔過去擎起）

　　奶奶、爹！你們爲什麼死的，我都明白了。我要繼承你們的遺志，我要做紅燈的繼承人！密電碼一定送到柏山，血海深仇一定要報！鳩山哪，鳩山！你抓，你放，雖由不得我，這要密電碼，可就由不得你！

　　（唱）【西皮導板】

　　提起敵寇心肺炸！

　　【快三眼】

強忍仇恨咬碎牙。

賊鳩山千方百計逼取密電碼，

將我奶奶、爹爹來槍殺！

【二六】

咬住仇，咬住恨，

嚼碎仇恨強咽下，仇恨入心要發芽！

不低頭，不後退，

【快板】

不許淚水腮邊掛，

流入心田開火花。

萬丈怒火燃燒起，

要把黑地昏天來燒塌！

鐵梅我，有準備；

不怕抓，不怕放，不怕皮鞭打，不怕監牢押！

粉身碎骨不交密電碼，

賊鳩山你等著吧 ——

【散板】

這就是我鐵梅給你的好回答！

走！（拿起號誌燈欲走）

〔慧蓮從裡屋出。

慧　蓮　鐵梅！

鐵　梅　慧蓮姐！（放燈，插門）

慧　蓮　我媽看你來啦！

〔田大嬸從裡屋出。

田大嬸　鐵梅！

鐵　梅　大嬸……（撲到田大嬸懷裡）

田大嬸　孩子，你爹跟你奶奶的事情，我們大家都知道啦！看那些吃人的野獸，能夠橫行到什麼時候！鐵梅，現在門口有人盯著你，你出不去，還是從我們家走吧！快把衣裳脫下來跟慧蓮換換。

　　鐵　　梅　　不！大孃，我不能連累你們哪！

　　田大孃　　孩子！

　　（唱）【西皮散板】（同時爲二人換衣服）

窮不幫窮誰照應，

兩顆苦瓜一根藤。

幫助姑娘脫險境，

逃出虎口奔前程。

　　鐵　　梅　　大孃，你們要出了事可怎麼辦哪？

　　田大孃　　孩子，我們兩家是多年同仇共苦的工人，我不管擔什麼風險，也要把你送出去！

　　鐵　　梅　　（感激地）大孃……

　　田大孃　　孩子，快走！，

　　慧　　蓮　　鐵梅，快走吧！

　　鐵　　梅　　姐姐，大孃，我永遠也忘不了你們！

　　田大孃　　快走！

　　〔鐵梅拿起號誌燈進裡屋，下。

　　田大孃　　慧蓮，多加小心！

　　〔田大孃進裡屋，下。

　　〔慧蓮圍好鐵梅的圍巾，遮住下半臉，挎貨籃出門，反手帶門下。

　　〔特務乙、丙從電線杆後閃出，跟蹤下。

　　〔燈暗。

—— 幕閉

# 第十場　伏擊殲敵

　　〔緊接前場。

〔通往柏山的路上。

〔幕啓：磨刀人率改扮農民的二游隊員上；鐵梅上，相遇。

鐵　　梅　　磨刀叔叔！（從籃內取出號誌燈，舉起）

磨刀人　　鐵梅！（向二遊擊隊員）警戒！

鐵　　梅　　叔叔，我可找到您了！我爹跟我奶奶……

磨刀人　　我們都知道了。鐵梅，別難過，把悲痛化爲力量，這個仇一定要報！密電碼哪？

鐵　　梅　　我帶來了！

磨刀人　　好哇。

鐵　　梅　　叔叔，多虧鄰居田慧蓮姐姐假扮我的模樣，把特務引走，我才能平安取出密電碼來到這兒！

磨刀人　　田慧蓮一家必然引起敵人的注意。（向遊擊隊員甲）老馮，你設法把田慧蓮一家速速轉移！

遊擊隊員甲　　是！

〔遊擊隊員甲下。警車聲響。

遊擊隊員乙　　老趙，敵人來了！

磨刀人　　你護送鐵梅上山。我們來對付他們！

〔遊擊隊員乙引鐵梅下。

〔王連舉內喊："站住！"鳩山、王連舉帶日寇憲兵追上；磨刀人阻擋。鳩山喊："帶走！"磨刀人奪過王連舉手槍，擊斃一日寇憲兵。拋出磨刀凳，砸向王連舉。

〔眾遊擊隊員躍出樹叢，"亮相"。

〔山岩上，一遊擊隊員擊斃一日寇憲兵。

〔鳩山、王連舉逃下。磨刀人、眾遊擊隊員追下。

〔眾遊擊隊員飛下山岩，追擊日寇。

〔一遊擊隊員手持紅纓槍，奮戰二日寇憲兵。二日寇憲兵先後逃竄。遊擊隊員追下。

〔磨刀人追擊王連舉上。二人格鬥。

〔鳩山、眾日寇憲兵上。一場短兵相接的搏鬥。遊擊隊盡殲日寇。處死叛徒。刀劈鳩山。

〔伏擊大捷。眾遊擊隊員威武"亮相"。

〔燈暗。

—— 幕閉

# 第十一場　勝利前進

〔緊接前場。

〔柏山。

〔幕啓：紅旗飄揚，天空明朗。遊擊隊長從山坡上走來。磨刀人引鐵梅上。

眾遊擊隊員齊上。鐵梅把密電碼莊重地交給遊擊隊長。眾揮舞刀槍，歡慶勝利。鐵梅高舉紅燈，光芒萬丈。

—— 徐徐閉幕

（劇終）

（原載《紅旗》雜誌 1970 年第 5 期）

# 沙　家　濱

## （京劇劇本）

### 北京市京劇團集體改編
### 汪曾祺、楊毓珉執筆

人物表

郭建光 ── 男，新四軍某部連指導員。

阿慶嫂 ── 女，中國共產黨黨員，黨的秘密工作者。

沙奶奶 ── 女，沙家濱群眾積極分子。

程謙明 ── 男，中國共產黨常熟縣委書記。

葉思中 ── 男，新四軍某部排長。

班　長 ── 男，新四軍某部班長。

小　淩 ── 女，新四軍某部衛生員。

小　王 ── 男，新四軍某部戰士。

小　虎 ── 男，新四軍某部戰士。

新四軍戰士林大根、張松濤等人。

沙四龍 ── 男，沙奶奶的兒子，沙家濱基幹民兵，後參加新四軍。

趙阿祥 ── 男，沙家濱鎮鎮長。

王福根 ── 男，沙家濱基幹民兵。

阿　福 ── 男，沙家濱革命群眾。

沙家濱群眾老幼男女若干人。

刁德一 ── 男，偽"忠義救國軍"參謀長。

胡傳魁 ── 男，僞“忠義救國軍”司令。

劉副宮 ── 男，僞“忠義救國軍”副官。

刁小三 ── 男，刁德一的堂弟。

僞“忠義救國軍”士兵若干人。

黑　田 ── 男，日寇大佐。

鄒寅生 ── 男，日寇翻譯。

日寇士兵數人。

# 第一場　接　應

〔抗日戰爭時期，半夜。江蘇省常熟縣地區，日寇設置的一條公路封鎖線。

〔幕啓：沙四龍由樹後撥開草叢上，偵察四周，腳下一絆，翻“小貓”，警惕地張望，向幕內招手。

〔阿慶嫂上，後隨趙阿祥、王福根。

阿慶嫂　（唱）【西皮搖板】

程書記派人來送信，

傷患今夜到鎮中。

封鎖線上來接應……

〔沙四龍吹葦葉爲聯絡暗號，無反應，沙四龍欲沿公路去尋找，阿慶嫂急忙制止。

阿慶嫂　（接唱）

須防巡邏的鬼子兵。

〔阿慶嫂拉著沙四龍，示意趙阿祥暫時隱蔽。王福根突然發現程謙明走來，急回身招呼阿慶嫂。

王福根　阿慶嫂，來了！

〔程謙明上。

程謙明　阿慶嫂！老趙同志！

阿慶嫂

程書記！

趙阿祥

阿慶嫂 傷患同志都來了嗎？

程謙明 同志們都來了。你看，郭指導員來了。

〔郭建光上，亮相。葉思中、小虎隨上。

郭建光 （向葉思中）警戒！（向程謙明）程書記！

程謙明 我來介紹一下：這是郭指導員。這是沙家濱鎮長趙阿祥，這就是阿慶嫂，她是這兒的黨支部書記，又是聯絡員，她的公開身份是春來茶館的老闆娘。她的丈夫阿慶，是我們黨的交通員。

阿慶嫂

郭指導員！

趙阿祥

郭建光 趙鎮長！阿慶嫂！（與二人熱情地握手）

程謙明 你們安心在沙家濱養傷，如果情況有變化，我會來跟你們聯繫。馬上通過封鎖線。

郭建光 葉排長，把同志們領過來。

葉思中 是！

小　虎 指導員！鬼子的巡邏隊！

郭建光 隱蔽！

〔軍民迅速隱蔽。

〔一支日本帝國主義的小分隊極其兇惡、狡猾地巡邏而過。

〔沙四龍從樹後出，矯健敏捷地翻"單蠻子"，急向日寇下去的方向窺視。回身向阿慶嫂等招手，眾上。沙四龍、趙阿祥等照顧傷患們通過封鎖線。郭建光、阿慶嫂與程謙明握手告別。

—— 幕閉

# 第二場 轉 移

〔前場十多天后。陽澄湖邊,沙奶奶家門前。垂柳成行,朝霞瑰麗。

〔幕啓:沙奶奶正在縫補衣裳。小淩整理繃帶、藥品。小王在摺口袋。

小 淩　小王,來換藥!

小 王　換藥?我不換!

小 淩　爲什麼?

小 王　小淩!咱們藥品這麼困難,應該先盡著重傷患用,我這傷很快就會好了。

小 淩　藥是不多了,可是咱們的流動醫院很快就要給咱們送藥來了。你的傷不算重,可也不算輕啊!

小 王　我是輕傷患!

小 淩　輕傷患?那指導員帶著輕傷患幫助老鄉收稻子,爲什麼不叫你去呀?

〔小王語塞。

小 淩　小王,來換藥吧!

小 王　我就不換!

小 淩　指導員叫你換的!

〔小王無可奈何地同意換藥。回身看見沙奶奶。

小 王

沙奶奶!

小 淩

沙奶奶　哎!小王,你們傷病員同志,就應該聽醫生、護士的話,可不能由著性子來!

〔小王順從地讓小淩爲他換藥。

小　凌　　瞧，沙奶奶都批評你了！

小　王　　哼！沙奶奶特別喜歡你，所以說話總向著你唄！

沙奶奶　　你說我向著她，我就向著她！人家姑娘說話辦事總站在理上，我就喜歡她嘛！

小　王　　那，趕明兒讓四龍跟我們走，把小凌給您留下，我們拿姑娘換您個小子！

沙奶奶　　那敢情好！沙奶奶這輩子養了四個兒子，還就是缺個女兒呀！

〔沙奶奶坐。小凌搬小凳坐沙奶奶身邊。

小　凌　　沙奶奶，您總說您有四個兒子，怎麼我們就看見四龍一個人哪？

沙奶奶　　（萬分感慨，階級仇恨湧上心頭）那都是過去的事，還提它幹什麼！

小　凌　　沙奶奶，我們都想聽聽。

小　王　　是啊，沙奶奶，您說給我們聽聽。

沙奶奶　　（滿腔仇恨，忍不住向親人控訴一生的苦難。唱）

【二黃三眼】

說來話長……

想當年家貧窮無力撫養，

四個兒子有兩個凍餓夭亡。

遭荒年背上了刁家的閻王賬，

爲抵債他三哥去把活兒扛。

【原板】

刁老財（站起，更加憤慨地控訴）蛇蠍心腸忒毒狠，

他三哥，終日辛勞，遭受毒打，傷重身亡。

四龍兒脾氣暴性情倔強，

闖進刁家論短長。

刁老財他說是夜入民宅，非偷即搶，

可憐他十六歲孩子也坐牢房。

新四軍打下沙家濱，

我的兒出牢房他得見日光。

共產黨就象天上的太陽一樣！

小　凌　沙奶奶，您說得對呀！

沙奶奶　（接唱）【二黃搖板】

沒有中國共產黨，

早已是家破人亡！

小　王　沙奶奶，有了共產黨，咱們窮人就不怕他們了！

沙奶奶　是啊！

〔阿福端一碗年糕上。

阿　福　沙奶奶！

沙奶奶　阿福。

阿　福　我媽叫我給指導員送點年糕來。

沙奶奶　我也蒸了一點。

阿　福　我媽說這是對咱們軍隊的一點心意啊！

沙奶奶　說得對！放在這籃子裡，呆會兒我炒一下給他們吃！

阿　福　小王，李大媽等著你拿口袋裝稻穀，好去藏糧食！

小　王　（一直沉湎在沙奶奶的痛苦的家史裡，忽然想起，要找刁老財去算帳）沙奶奶，您說的那個刁老財他在哪兒？

沙奶奶　怎麼，你還想著這件事哪？刁老財死了！哎，他還有個兒子，前兒年聽說在東洋念書，現在也不知道哪兒去了。

小　凌　沙奶奶，小王就是愛打破砂鍋問到底！（向小王）小王，李大媽還等著口袋藏糧哪！

小　王　哎！

阿　福　咱們一塊兒走。（與小王同下）

〔沙奶奶提籃子，要去洗衣裳，被小凌發現。

小　　淩　沙奶奶您又去洗衣裳！我去洗！

沙奶奶　唏！指導員連夜幫我們搶收糧食，我洗兩件衣裳，還不應該嗎？！

小　　淩　那我跟您一塊去。

沙奶奶　好！走！（與小淩同下）

〔郭建光與葉思中乘船上。把一籮一籮的稻穀搬下船。

葉思中　指導員，當心哪！

郭建光　好，葉排長，（指稻穀）把沙奶奶的稻穀趕快藏在屋後埋在地下的缸裡，堅壁起來！

葉思中　是。（將稻穀挑到沙奶奶家屋後）

〔郭建光順手拿起掃帚打掃場院。勞動之後，面對江南景色，他心情激動，思念戰友，渴望儘快重新奔赴戰場。

郭建光　（唱）【西皮原板】

朝霞映在陽澄湖上，

蘆花放稻穀香岸柳成行。

全憑著勞動人民一雙手，

畫出了錦繡江南魚米鄉。

祖國的好山河寸土不讓，

豈容日寇逞兇狂！

戰鬥負傷離戰場，

養傷來在沙家濱。

半月來思念戰友

（轉【二六】）

與首長，

【流水】

也不知轉移在何方。

【快板】

軍民們準備反"掃蕩"，

何日裡奮臂揮刀斬豺狼？！

傷患們日夜盼望身健壯，

爲的是早早回前方！

〔沙奶奶偕小淩上。

小　淩　指導員！

沙奶奶　指導員！

郭建光　沙奶奶！

小　淩　指導員，沙奶奶又給咱們洗衣裳了！

沙奶奶　這姑娘，洗兩件衣裳還不應該嗎！

郭建光　哈……哈……

沙奶奶　（向郭建光）同志們都回來啦？

〔小淩晾衣裳。

郭建光　回來啦。稻子全收完啦。把您的稻穀都給藏好了。

沙奶奶　好！累壞了！

郭建光　不累呀，沙奶奶！

沙奶奶　快坐這歇會兒！指導員，你看，這是阿福給你們送來的年糕。

郭建光　鄉親們待我們太好了！

〔沙四龍提了兩條魚和螃蟹、蝦米上。

沙四龍　媽！我摸了兩條魚，還有螃蟹、蝦米！

沙奶奶　四龍，剛幹完活就下湖去了？

沙四龍　好給指導員下飯哪！

郭建光　哈……哈……

沙奶奶　好啊，拿來，我拾掇去。

郭建光　我來吧。

沙四龍　媽，您甭管了，我去拾掇。（進屋）

郭建光　沙奶奶，您坐。

〔葉思中從屋後上。

葉思中　指導員，有幾個同志申請歸隊。（遞上申請書）

郭建光　都這麼性急！（看申請書）好，葉排長，我看，一部分同志傷已經好了，可以先走。

葉思中　是。

沙奶奶　走？上哪兒去？

郭建光　我們找部隊去呀！

沙奶奶　找部隊去？那哪兒成啊！

（唱）【西皮搖板】

同志們殺敵掛了花，

沙家濱就是你們的家。

鄉親們若有怠慢處，

說出來我就去批評他！

葉思中　沙奶奶……

〔郭建光用手一攔。

郭建光　沙奶奶。叫咱們提意見。提意見……沙奶奶，我給您提個意見哪！

沙奶奶　給我提意見？（爽朗地）好哇，提吧！

郭建光　好吧！沙奶奶，您聽著。

（接唱）

那一天同志們把話拉，

在一起議論你沙媽媽。

沙奶奶　（認真地）說什麼來著？

郭建光　（接唱）

七嘴八舌不停口……

沙奶奶　哦，意見還不少哪！

郭建光　（接唱）

一個個伸出拇指把你誇！

〔郭建光、葉思中、小淩同笑。

沙奶奶　我可沒做什麼事呀！

郭建光　沙奶奶。

（親切地，唱）【西皮流水】

你待同志親如一家，

精心調理真不差。

縫補漿洗不停手，

一日三餐有魚蝦。

同志們說：似這樣長期來住下，

只怕是，心也寬，體也胖，

路也走不動，山也不能爬，

怎能上戰場把敵殺！

沙奶奶　（向葉思中等）喲！你瞧他說的！

〔郭建光、葉思中、小凌同笑。

郭建光　（接唱）

待等同志們傷痊癒 ——

沙奶奶　（接唱）

傷痊癒，（親熱地）也不準離開我家。

要你們一日三餐九碗飯，

一覺睡到日西斜，

直養得腰圓膀又紮，

一個個像座黑鐵塔，

到那時，身強力壯跨戰馬 ——

郭建光　（接唱）

馳騁江南把敵殺。

消滅漢奸清匪霸，

打得那日本強盜回老家。

等到那雲開日出，家家都把紅旗掛，

再來探望你這革命的老媽媽！

〔阿慶嫂、趙阿祥、王福根、阿福匆匆上。沙四龍聞聲從屋裡出來。

阿慶嫂　指導員！

郭建光　阿慶嫂。

阿慶嫂　鬼子開始"掃蕩"了。進行得很快！縣委指示，要同志們到蘆蕩裡暫避一時，船和乾糧，我都準備好了！

郭建光　阿慶嫂，老趙同志！你們通知民兵，帶領鄉親們轉移出去，把餘下的糧食盡可能地趕快堅壁起來，來不及堅壁的，就帶著走！

阿慶嫂

好！

趙阿祥

阿慶嫂　指導員你放心吧。就到咱們看好的地方去，到時候我去接你們。沙奶奶，叫四龍、阿福送同志們去吧？

沙奶奶　好！（進屋取年糕、鍋巴）

沙四龍　船在哪兒？

阿　福　在鎮西北角。

郭建光　葉排長，鎮西北角集合！

葉思中　是！

〔小淩收了晾著的衣裳，與葉思中同下。

阿慶嫂　四龍啊！行船要隱蔽，千萬別讓任何人看見，啊！

沙四龍　哎！

〔沙奶奶提竹籃上。

沙奶奶　把這點鍋巴、年糕都帶上。（把籃子交給沙四龍）這蘆蕩無遮無蓋，傷患同志們怎麼受得住啊！

郭建光　沙奶奶，我們有毛主席英明領導，有紅軍爬雪山過草地的傳統，什麼也難不倒我們！

〔炮聲隆隆。

阿慶嫂　指導員，你們走吧！

郭建光　阿慶嫂，趙鎮長，沙奶奶，你們都要當心哪！

阿慶嫂

沙奶奶　我們知道。

趙阿樣

郭建光　阿福、四龍，咱們走吧。（與沙四龍、阿福下）

阿慶嫂　（向趙阿祥、王福根）按照指導員的佈置馬上行動！

趙阿樣　我帶領著鄉親們轉移出去。

王福根　我帶一部分人把沒有堅壁好的糧食藏起來。

阿慶嫂　要快！

趙阿祥

哎！（下）

王福根

阿慶嫂　沙奶奶，您趕快把東西收一收！我再看看同志們去！

沙奶奶　好！

〔阿慶嫂走上土坡。沙奶奶收拾茶具，走向屋裡。

〔燈光轉暗。炮聲、槍聲漸近，遠處火光起。燈光漸亮。阿慶嫂、趙阿祥扶老攜幼，佈置群眾轉移。日寇槍殺群眾，群眾憤怒地挺身反抗。王福根勇敢地砍死一日寇，背起受傷的鄉親；沙四龍奪得一支步槍，同下。日寇翻譯鄒寅生上。日寇大佐黑田帶日寇士兵上。

鄒寅生　報告！新四軍沒有，新四軍傷病員也沒有！

黑　田　你，去找"忠義救國軍"，新四軍傷病員，叫他們統統的抓到！

鄒寅生　是！

黑　田　開路！

—— 幕閉

# 第三場　勾　結

〔距前場三天。僞"忠義救國軍"司令部。

〔幕啓：刁德一與鄒寅生耳語。

刁德一　我看沒有什麼問題，這個土匪司令在新四軍和皇軍中間也混不下去了，他要想吃喝玩樂，不投靠皇軍是不行嘍。

鄒寅生　投靠皇軍，我看這位胡司令還沒拿定主意，現在這支隊伍還是他說了算哪！

刁德一　他說了算？用不了多久就得我說了算！

鄒寅生　你可真高明啊！

〔劉副官上。

劉副官　報告，司令到！

刁德一　好。

〔胡傳魁一副驕橫兇狠相，上。

胡傳魁　（唱）【西皮散板】

亂世英雄起四方，

有槍就是草頭王。

鉤掛三方來闖蕩；

老蔣、鬼子、青紅幫。

刁德一　我來介紹一下，這位就是新近改編的"忠義救國軍"的司令，胡傳魁，胡司令！司令，這位是日本皇軍黑田大佐的翻譯官鄒寅生先生。

胡傳魁　好！坐，坐，坐！

〔胡傳魁大大咧咧地與鄒寅生握手。

刁德一　司令，鄒先生帶來皇軍的意見。

胡傳魁　好，說吧！

鄒寅生　胡司令，上回我和刁參謀長說好了的，在掃蕩中，共同圍剿新四軍,這回沒有消滅他們,皇軍對於胡司令很不滿意!

胡傳魁　他不滿意怎麼著!新四軍是有胳膊有腿的,皇軍碰不著,那麼就應當我碰著嗎?跟你說,我不能拿著雞蛋往石頭上撞。這個隊伍,我當家!

鄒寅生　這個隊伍你當家,可是皇軍要當你的家!

刁德一　司令!黑田大佐要消滅咱們這支隊伍!多虧了鄒先生從中幫忙啊!

胡傳魁　幫忙!他也不能光用話甜和人哪,咱們這個隊伍,要錢,要槍,要子彈!

刁德一　這些,倒是都給咱們準備下了。

鄒寅生　咱們要是談妥了,皇軍命令你駐防沙家濱。

刁德一　司令,這可是個魚米之鄉啊!

胡傳魁　老刁,沙家濱是共產黨的地方,那新四軍可不好惹啊!

鄒寅生　司令!皇軍也不好惹啊!

刁德一　司令,有奶就是娘!背靠皇軍,咱們幹他一場!就看你有沒有這個膽量了!

胡傳魁　好!一言為定!(與鄒寅生握手)

鄒寅生　還有個小條件。

胡傳魁　(向刁德一,不滿地)他怎麼這麼些個條件哪!

鄒寅生　新四軍有一批傷患,原來隱藏在沙家濱,皇軍要求胡司令一定把他們抓到。

刁德一　這沒問題,我包下了!

胡傳魁　既然是一塊兒打共產黨嘛,這是個小意思。來人哪!

〔劉副官、刁小三上。

劉副官

有!

刁小三

胡傳魁　傳我的命令：今天下午，隊伍開進沙家濱！

劉副官

是！（下）

刁小三

刁德一　司令，您這回是明靠蔣介石，暗投皇軍，真是左右逢源，曲線救國呀！您可算得是當代的一位英雄！

胡傳魁　他明也好，暗也好，還不是你刁參謀長掛的鉤嗎！這回到了你的老家了，你可以重整家業，耀祖光宗。哎，就是我這強龍也壓不過你這地頭蛇！

鄒寅生　彼此，彼此……

鄒寅生

胡傳魁　哈哈哈哈……

刁德一

一幕閉

## 第四場　智　鬥

〔日寇在沙家濱鎮 "掃蕩" 了三天，已經過境。

〔春來茶館。設在埠頭路口。台的左右各有方桌一張，方凳兩個。日寇過後，桌椅茶具均遭破壞，屋外涼棚東倒西歪。地下有一些斷磚碎瓦，來茶館的招牌也被扔在地下。

〔幕啓：阿慶嫂扶老攜幼上。

阿慶嫂　您慢著點！

老大爺　阿慶嫂，謝謝你一路上照顧！

阿慶嫂　沒什麼，這是應當的。

老大爺　看，叫他們糟蹋成什麼樣了！

〔又一批群眾上。

群　眾　阿慶嫂！

阿慶嫂　你們回來了！

群　眾　回來了。

老大爺　我們大傢伙幫助收拾收拾吧！

阿慶嫂　行了，我自己來吧。

〔阿慶嫂從地下把招牌拾起，放在桌子上。眾扶起翻倒的桌凳，撿走破碎的茶具、磚瓦，支起涼棚。

少　婦　阿慶嫂，我回去了。

老大爺　阿慶嫂，我們也回去了。

阿慶嫂　你慢點走啊！

老大娘　我們也回去了。

阿慶嫂　（向小姑娘）攙著你媽點！

〔群眾下。

〔阿慶嫂揮淨招牌上的泥土，對著觀眾，亮出招牌上的字樣，然後掛起招牌，打開放置茶具的櫃子。

阿慶嫂　（唱）【西皮搖板】

敵人"掃蕩"三天整，

斷壁殘牆留血痕。

逃難的眾鄰居都回井，

我也該打雙槳迎接人。

〔沙奶奶、沙四龍迎面而來。

沙奶奶

阿慶嫂！

沙四龍

沙奶奶　你回來了。

阿慶嫂　回來了。

沙四龍　鬼子走了，該把傷病員同志們接回來了！

阿慶嫂　對！四龍，咱們這就走！

沙四龍　走！

〔內喊：“胡傳魁的隊伍快要進鎮子了！”

〔群眾跑上，告訴阿慶嫂：“胡傳魁來了！……”趕快跑下。

〔趙阿祥、王福根上。

趙阿祥　阿慶嫂，胡傳魁的隊伍快要進鎮了！

阿慶嫂　他來了！日本鬼子前腳走，他後腳就到了，怎麼這麼快呀？（向王福根）你瞧見他們的隊伍了嗎？

王福根　瞧見了，有好幾十個人哪！

阿慶嫂　好幾十個人？

王福根　戴的是國民黨的帽徽，旗子上寫的是“忠義救國軍”。

阿慶嫂　（思考）“忠義救國軍”？……國民黨的帽徽？……

趙阿祥　聽說刁德一也回來了。

沙奶奶　刁德一是刁老財的兒子！

阿慶嫂　（向王福根）你再看看去。

王福根　哎。（下）

阿慶嫂　胡傳魁這一回來，是路過，是長住，還不清楚，傷患同志們先不能接，咱們得想辦法給他們送點乾糧去。

趙阿樣　我去預備炒米。

沙四龍　我去準備船。

阿慶嫂　要提高警惕呀！

趙阿祥

哎！

沙四龍

〔沙四龍扶沙奶奶下，趙阿祥隨下。

〔阿慶嫂走進屋內。

〔內喊："站住！"

〔一婦女跑下。

〔內喊："站住！"刁小三追逐一挾包袱的少女上。

刁小三　站住！老子們抗日救國，給你們趕走了日本鬼子，你得慰勞慰勞！

〔刁小三搶少女包袱。

少　女　你幹嘛搶東西？！

刁小三　搶東西？我還要搶人呢！（撲向少女）

少　女　（急中生計，求救地喊）阿慶嫂！

〔阿慶嫂急忙從屋裡出來，護住少女。

阿慶嫂　得啦，得啦，本鄉本土的，何必呢！來，這邊坐會兒，吃杯茶。

刁小三　幹什麼呀，擋橫是怎麼著？！……

〔劉副官上。

劉副官　刁小三，司令這就來，你在這幹嘛哪？

阿慶嫂　哎，是老劉啊！

劉副官　（得意地）阿慶嫂，我現在當副官啦！

阿慶嫂　喔！當副官啦！恭喜你呀！

劉副官　老沒見了，您倒好哇？

阿慶嫂　好。

劉副官　刁小三，都是自己人，你在這鬧什麼哪？

阿慶嫂　是啊，這位兄弟，眼生得很，沒見過，在這兒跟我有點過不去呀！

劉副官　刁小三！這是阿慶嫂，救過司令的命！你在這兒胡鬧，司令知道了，有你的好嗎？

刁小三　我不知道啊！阿慶嫂，我刁小三有眼不識泰山，您宰相肚裡能撐船，別跟我一般見識啊！

阿慶嫂　（已經察覺他們是一夥敵人，虛與周旋）沒什麼！

一回生，兩回熟嘛，我也不會倚官仗勢，背地裡給人小鞋穿，劉副官，您是知道的！

劉副官　哎，人家阿慶嫂是厚道人！

阿慶嫂　（向少女）回去吧。

少　女　他還搶我包袱哪！

阿慶嫂　包袱？他哪能要你的包袱啊！（向刁小三）跟她鬧著玩哪，是吧？（向劉副官）啊？

劉副官　啊。（向刁小三）鬧著玩，你也不挑個地方！

〔刁小三無可奈何地把包袱遞給阿慶嫂。

阿慶嫂　（把包袱給少女）拿著，要謝謝！快回去吧！

〔少女下。

劉副官　刁小三，去接司令、參謀長。去吧，去吧！

刁小三　阿慶嫂，回見。

阿慶嫂　回見，呆會兒過來吃茶呀。

〔刁小三兇橫地、恨恨不滿地下。

劉副官　阿慶嫂，他是我們刁參謀長的堂弟，您得多包涵點呀！

阿慶嫂　這算不了什麼。劉副官，你請坐，待會兒水開了我就給您泡茶去，您是稀客，難得到我這小茶館裡來！

〔阿慶嫂欲進屋，劉副官從後叫住。

劉副官　阿慶嫂，您別張羅！我是奉命先看看，司令一會兒就來。

阿慶嫂　司令？

劉副官　啊，就是老胡啊！

阿慶嫂　哦，老胡當司令了？

劉副官　對了！人也多了，槍也多了！跟上回大不相同，闊多嘍。今非昔比，鳥槍換炮了！

阿慶嫂　哦。（下決心進行偵察）啊呀，那好哇！劉副官，一眨眼，你們走了不少的日子了。（一面擦拭桌面，一面觀察劉

副官）

　　劉副官　　啊，可不是嘛。

　　阿慶嫂　　（試探地）這回來了，可得多住些日子了？

　　劉副官　　這回來了，就不走了！

　　阿慶嫂　　哦！（斷定他們是長住了，就故意表示歡迎的態度）
那好啊！

　　劉副官　　要在沙家濱紮下去了，司令部就安在刁參謀長家
裡，已經派人收拾去了。司令說：先到茶館裡來坐坐。

　　〔內一陣腳步聲。

　　劉副官　　司令來了！

　　〔劉副官忙去迎接。阿慶嫂思考對策。

　　〔胡傳魁、刁德一、刁小三上。四個偽軍從上坡上走過。

　　胡傳魁　　嘿，阿慶嫂！

　　〔胡傳魁脫斗篷。劉副官接住。劉副官下。

　　阿慶嫂　　（回身迎上）聽說您當了司令啦，恭喜呀！

　　胡傳魁　　你好哇？

　　阿慶嫂　　好啊，好啊，哪陣風把您給吹回來了？

　　胡傳魁　　買賣興隆，混得不錯吧？

　　阿慶嫂　　托您的福，還算混得下去。

　　胡傳魁　　哈哈哈……

　　阿慶嫂　　胡司令，您這邊請坐。

　　胡傳魁　　好好好，我給你介紹介紹，這是我的參謀長，姓刁，
是本鎮財主刁老太爺的公子，刁德一。

　　〔刁德一上下打量阿慶嫂。

　　阿慶嫂　　（發覺刁德一是很陰險狡猾的敵人，就虛與周旋地）
參謀長，我借貴方一塊寶地，落腳謀生，參謀長樹大根深，往後
還求您多照應。

　　胡傳魁　　是啊，你還真得多照應著點。

刁德一　好說好說。

〔刁德一脫斗篷。刁小三接住。刁小三下。

阿慶嫂　參謀長，您坐！

胡傳魁　阿慶哪？

阿慶嫂　還提哪，跟我拌了兩句嘴，就走了。

胡傳魁　這個阿慶，就是腳野一點，在家裡待不住哇。上哪兒了？

阿慶嫂　有人看見他了，說是在上海跑單幫哪。說了，不混出個人樣來，不回來見我。

胡傳魁　對嘛！男子漢大丈夫，是要有這麼點志氣！

阿慶嫂　您還誇他哪！

胡傳魁　阿慶嫂，我上回大難不死，才有了今天，我可得好好的謝謝你呀！

阿慶嫂　那是您本身的造化。喲，您瞧我，淨顧了說話了，讓您二位這麼乾坐著，我去泡茶去，您坐，您坐！（進屋）。

刁德一　司令！這麼熟識，是什麼人哪？

胡傳魁　你問的是她？

（唱）【西皮二六】

想當初老子的隊伍才開張，

攏共才有十幾個人、七八條槍。

【流水】

遇皇軍追得我暈頭轉向，

多虧了阿慶嫂，她叫我水缸裡面把身藏。

她那裡提壺續水，面不改色，無事一樣，

〔阿慶嫂提壺拿杯，細心地聽著，發現敵人看見了自己，就若無其事地從屋裡走出。

胡傳魁　（接唱）

騙走了東洋兵，我才躲過了大難一場。（轉向阿慶嫂）

似這樣救命之恩終身不忘，

俺胡某講義氣終當報償。

阿慶嫂　（有意在敵人面前掩飾自己）胡司令，這麼點小事，您別淨掛在嘴邊上。那我也是急中生智，事過之後，您猜怎麼著，我呀，還真有點後怕呀！

〔阿慶嫂一面倒茶，一面觀察。

阿慶嫂　參謀長，您吃茶！（忽然想起）喲，香煙忘了，我去拿煙去。（進屋）

刁德一　（看著阿慶嫂背影）司令！我是本地人，怎麼沒有見過這位老闆娘啊？

胡傳魁　人家夫妻"八一三"以後才來這兒開茶館，那時候你還在日本留學，你怎麼會認識她哪？！

刁德一　哎！這個女人真不簡單哪！

胡傳魁　怎麼，你對她還有什麼懷疑嗎？

刁德一　不不不！司令的恩人嘛！

胡傳魁　你這個人哪！

刁德一　嘿嘿嘿……

〔阿慶嫂取香煙、火柴，提銅壺從屋內走出。

阿慶嫂　參謀長，煙不好，請抽一支呀！

〔刁德一接過阿慶嫂送上的煙。阿慶嫂欲為點煙，刁德一謝絕，自己用打火機，點著。

阿慶嫂　胡司令，抽一支！

〔胡傳魁接煙。阿慶嫂給胡傳魁點煙。

刁德一　（望著阿慶嫂背影，唱）【反西皮搖板】

這個女人不尋常！

阿慶嫂　（接唱）

刁德一有什麼鬼心腸？

胡傳魁　（唱）【西皮搖板】

這小刁一點面子也不講！

阿慶嫂　（接唱）

這草包倒是一堵擋風的牆。

刁德一　（略一想，打開煙盒請阿慶嫂抽煙）抽煙！

〔阿慶嫂搖手拒絕。

胡傳魁　人家不會，你幹什麼！

刁德一　（接唱）

她態度不卑又不亢。

阿慶嫂　（唱）【西皮流水】

他神情不陰又不陽。

胡傳魁　（唱）【西皮搖板】

刁德一搞的什麼鬼花樣？

阿慶嫂　（唱）【西皮流水】

他們到底是姓蔣還是姓汪？

刁德一　（唱）【西皮搖板】

我待要旁敲側擊將她訪。

阿慶嫂　（接唱）

我必須察言觀色把他防。

〔阿慶嫂欲進屋。刁德一從她的身後叫住。

刁德一　阿慶嫂！

（唱）【西皮流水】

適才聽得司令講，

阿慶嫂真是不尋常。

我佩服你沉著機靈有膽量，

竟敢在鬼子面前耍花槍。

若無有抗日救國的好思想，

焉能夠捨己救人不慌張！

阿慶嫂　（接唱）

參謀長休要謬誇獎，

捨己救人不敢當……

開茶館，盼興旺，

江湖義氣第一樁。

司令常來又常往，

我有心背靠大樹好乘涼。

也是司令洪福廣，

方能遇難又呈祥。

刁德一　（接唱）

新四軍久在沙家濱，

這棵大樹有陰涼，

你與他們常來往，

想必是安排照應更周詳！

阿慶嫂　（接唱）

壘起七星灶，

銅壺煮三江。

擺開八仙桌，

招待十六方。

來的都是客，

全憑嘴一張。

相逢開口笑，

過後不思量。

人一走，茶就涼……

〔阿慶嫂潑去刁德一杯中殘茶，刁德一一驚。

阿慶嫂　（接唱）

有什麼周詳不周詳！

胡傳魁　哈哈哈……

刁德一　嘿嘿嘿……阿慶嫂真不愧是個開茶館的，說出話來滴水不漏。佩服！佩服！

　　阿慶嫂　胡司令，這是什麼意思呀？

　　胡傳魁　他就是這麼個人，陰陽怪氣的！阿慶嫂別多心啊！

　　阿慶嫂　我倒沒什麼！（提銅壺進屋）

　　胡傳魁　老刁啊，人家阿慶嫂救過我的命，咱們大面兒上得晾得過去，你幹什麼這麼東一榔頭西一棒子，叫我這面子往哪兒擱！你要幹什麼，你？

　　刁德一　不是啊，司令，這位阿慶嫂眼觀六路，耳聽八方，膽大心細，遇事不慌。咱們要在沙家濱久住，搞曲線救國，這可是用得著的人啊，就不知道她跟咱們是不是一條心！

　　胡傳魁　阿慶嫂？自己人！

　　刁德一　那要問問她新四軍和新四軍的傷病員，她不會不知道。就怕她知道了不說。

　　胡傳魁　要問，得我去！你去，準得碰釘子！

　　刁德一　那是，還是司令有面子嘛！

　　胡傳魁　哈哈哈……

　　〔阿慶嫂機警從容，端著一盤瓜子從屋內走出。

　　阿慶嫂　胡司令，參謀長，吃點瓜子啊。

　　胡傳魁　好……（喝茶）

　　阿慶嫂　這茶吃到這會兒，剛吃出味兒來！

　　胡傳魁　不錯，吃出點味兒來了。——阿慶嫂，我跟你打聽點事。

　　阿慶嫂　哦，凡是我知道的……

　　胡傳魁　我問你新四軍……

　　阿慶嫂　新四軍？有，有！

　　（唱）【西皮搖板】

　　司令何須細打聽，

　　此地駐過許多新四軍。

胡傳魁　駐過新四軍？

阿慶嫂　駐過。

胡傳魁　有傷病員嗎？

阿慶嫂　有！

（接唱）西皮流水】

還有一些傷病員，

傷勢有重又有輕。

胡傳魁　他們住在哪兒？

阿慶嫂　（接唱）

我們這個鎮子裡，

家家住過新四軍。

就是我這小小的茶館裡，

也時常有人前來吃茶、灌水、涮手巾。

胡傳魁　（向刁德一）怎麼樣？

刁德一　現在呢？

阿慶嫂　現在？

（接唱）

聽得一聲集合令，

浩浩蕩蕩他們登路程！

胡傳魁　傷病員也走了嗎？

阿慶嫂　傷病員？

（接唱）【西皮散板】

傷病員也無蹤影，

遠走高飛難找尋！

刁德一　哦，都走了？！

阿慶嫂　都走了。要不日本鬼子"掃蕩"了三天，把個沙家濱象蓖頭髮似地蓖了這麼一遍，也沒找出他們的人來！

刁德一　日本鬼子人地生疏，兩眼一抹黑。這麼大的沙家濱，要藏起個把人來，那還不容易嗎！就拿胡司令來說吧，當初不是被你阿慶嫂在日本鬼子的眼皮底下，往水缸裡這麼一藏，不就給藏起來了嗎！

阿慶嫂　噢，聽刁參謀長這意思，新四軍的傷病員是我給藏起來了。這可真是呀，聽話聽聲，鑼鼓聽音。照這麼看，胡司令，我當初真不該救您，倒落下話把兒了！

胡傳魁　阿慶嫂，別……

阿慶嫂　不……

胡傳魁　別別別……

阿慶嫂　不不！胡司令，今天當著您的面，就請你們弟兄把我這小小的茶館，裡裡外外，前前後後，都搜上一搜，省得人家疑心生暗鬼，叫我們裡外不做人哪！（把抹布摔在桌上，撣裙，雙手一搭，昂頭端坐，面帶怒容，反擊敵人）

胡傳魁　老刁，你瞧你！

刁德一　說句笑話嘛，何必當真呢！

胡傳魁　哎，參謀長是開玩笑！

阿慶嫂　胡司令，這種玩笑我們可擔當不起呀！（進屋）

刁德一　（看著隔湖蘆蕩，轉身向胡傳魁）司令，新四軍傷病員沒有走遠，就在附近！

胡傳魁　在哪兒呢？

刁德一　看！（指向蘆葦蕩裡）很有可能就在對面的蘆葦蕩裡！

胡傳魁　蘆葦蕩？（恍然大悟）不錯！來人哪！

〔劉副官、刁小三上。

胡傳魁　往蘆葦蕩裡給我搜！

刁德一　慢著！不能搜，司令，你不是這裡的人，還不十分瞭解蘆葦蕩的情形。這蘆葦蕩無邊無沿，地勢複雜，咱們要是進去這麼瞎碰，那簡直是大海裡撈針。再者說，咱們在明處，他們在暗處，那可淨等著挨黑槍。咱們要向皇軍交差，可不能做這賠本的買賣！

胡傳魁　那依著你怎麼辦呢？

刁德一　我叫他們自己走出來！

胡傳魁　大白天說夢話！他們會自己走出來？

刁德一　我自有辦法！來呀！

劉副官

有！

刁小三

刁德一　把老百姓給我叫到春來茶館，我要訓話！

劉副官

是！（下）

刁小三

胡傳魁　你叫老百姓幹什麼？

刁德一　我叫他們下陽澄湖捕魚捉蟹！

胡傳魁　捕魚捉蟹，這裡頭有什麼名堂？

刁德一　每只船上都派上咱們自己的人，叫他們換上便衣。那新四軍要是看見老百姓下湖捕魚，一定以為鎮子裡頭沒有事，就會自動走出來。到那個時候各船上一齊開火，豈不就……

胡傳魁　老刁，你真行啊！哈哈哈……

〔內響起群眾的聲音，由遠而近。劉副官、刁小三上。

劉副官

老百姓都來了！

刁小三

刁德一　好，我訓話。

〔內群眾抗議聲。

劉副官

站好了！……嘻！站好了！

刁小三

刁小三　參謀長訓話！

刁德一　鄉親們！我們是"忠義救國軍"，是抗日的隊伍。我們來了，知道你們現在很困難，也拿不出什麼東西來慰勞我們，也不怪罪你們，叫你們下陽澄湖捕魚捉蟹，按市價收買！

〔內群眾抗議聲。王福根："長官，我們不能去，要是碰見日本鬼子的汽艇，我們就沒命了！"……

刁小三　別吵！

刁德一　大家不要怕，每只船上派三個弟兄保護你們！

〔內群眾抗議聲："那也不去！不敢去！"……

胡傳魁　他媽的！誰敢不去！不去，就槍斃！

〔胡傳魁、刁德一、劉副官、刁小三下。

〔阿慶嫂急忙由屋內走出。

阿慶嫂　（唱）【西皮散板】

刁德一，賊流氓，

毒如蛇蠍狠如狼，

安下了鉤絲布下網，

只恐親人難提防。

漁船若是一舉槳，

頃刻之間要起禍殃。

〔內群眾抗議聲。

阿慶嫂　（接唱）

鄉親們若是來抵抗，

定要流血把命傷。

恨不能生雙翅飛進蘆蕩，

急得我渾身冒火無主張。

〔內刁小三叫喊："不去？不去我就要開槍了！"

阿慶嫂　開槍？

（唱）【西皮流水】

若是鎮裡槍聲響，

槍聲報警蘆葦蕩，

親人們定知鎮上有情況，

蘆葦深處把身藏。（欠身瞭望，看到斷磚、草帽，靈機一動）

要沉著，莫慌張，

風聲鶴唳，引誘敵人來打槍！

〔阿慶嫂拿起牆根的斷磚，上覆草帽，扔進水中，急忙躲進屋裡。

〔刁小三跑上。

刁小三　有人跳水！

〔胡傳魁、劉副官急上。

〔劉副官、胡傳魁開槍。刁德一聞聲急上。

刁德一　不許開槍……唉！不許開槍！

〔阿慶嫂走到門旁觀察。

胡傳魁　為什麼呀！

刁德一　司令！新四軍聽見槍聲，他們能夠出來麼？

胡傳魁　你怎麼不早說哪！刁小三！

刁小三　有！

胡傳魁　把帶頭鬧事的給我抓起幾個來！

刁德一　劉副官！

劉副官　有！

刁德一　所有的船隻都給我扣了，我都把他們困死！

〔胡傳魁、刁德一下。劉副官、刁小三隨下。

〔阿慶嫂走到門外，思考，考慮下一步的戰鬥。亮相。

── 幕閉

# 第五場　堅　持

〔緊接前場，蘆葦蕩裡。天色陰暗，大雨將至。

〔幕啓：郭建光和戰士們在注視著沙家濱鎮的情況。一戰士上。

一戰士　報告，槍響以後沒有什麼情況。

郭建光　還要監視沙家濱的方向。

一戰士　是。（下）

郭建光　同志們，先去把蘆棚修理好，叫重傷患住進去。告訴葉排長，我到前邊去看看。

眾戰士　是！

〔郭建光下。

林大根　同志們，沙家濱打槍，到底是怎麼回事？

一戰士　槍一響，準是有敵人，不是鬼子就是漢奸。

小　虎　那沙家濱的鄉親們又要吃苦了！

張松濤　沙家濱要是還有敵人，咱們暫時就出不去，可是現在乾糧、藥品都沒有了，這可是大問題呀！

〔郭建光上，觀察戰士的情緒。

小　虎　咱們幹嘛上這兒來呀？那會兒還不如留在沙家濱跟敵人拼一下子哪！

眾戰士　對！

班　長　你們這些想法，都是蠻幹。要拼，也得等待命令！指導員不是叫咱們修蘆棚嗎？走，先修蘆棚去。

眾戰士　走！修蘆棚去！（下）

〔郭建光目送戰士下，轉身，思索。

郭建光　（唱）【二黃導板】

聽對岸響數槍聲震蘆蕩……

【回龍】

這幾天，多情況，勤瞭望，費猜詳，不由我心潮起落似長江。

【慢三眼】

遠望著沙家濱雲遮霧障，

湖面上怎不見帆過船航，

為什麼阿慶嫂她不來探望？

這徵候看起來大有文章。

日、蔣、汪暗勾結早有來往，

村鎮上鄉親們要遭禍殃。

【快三眼】

戰士們要殺敵人，冒險出蕩，

你一言，我一語，慷慨激昂。

這樣的心情不難體諒，

階級仇民族恨燃燒在胸膛。

要防止焦躁的情緒蔓延滋長，

要鼓勵戰士，察全局，觀敵情，堅守待命，緊握手中槍。

【原板】

毛主席黨中央指引方向，

鼓舞著我們奮戰在水鄉，

要沉著冷靜，堅持在蘆蕩，

【垛板】

主動靈活，以弱勝強。

河湖港汊好戰場，

大江南自有天然糧倉。

漫道是密霧濃雲鎖蘆蕩，

遮不住紅太陽（叫散）萬丈光芒。

〔小虎內喊：“指導員！”急上。

小　虎　小王同志昏過去了！

〔班長背小王，葉思中、眾戰士同上。

眾戰士　小王！小王……

郭建光　小凌，快！看看他的傷口是不是惡化了！

小　凌　指導員，剛才看過了，傷口有點惡化，不要緊。他主要是打擺子，發高燒，再加上餓的。

郭建光　給他吃過藥了嗎？

小　凌　奎寧沒有了！

郭建光　重傷患怎麼樣？

小　凌　傷口都有點惡化，藥也快沒有了！

葉思中　指導員，藥品和乾糧可是個大問題！

郭建光　是啊，我們一定要想辦法。

眾戰士　小王，小王！你好點了嗎？

小　王　同志們，你們看，我這不是很好嘛！（跟蹌地走了幾步）

班　長　小王，你是餓了。我這有塊年糕，你吃了吧。

小　王　不！

眾戰士　小王，你就吃了吧！

小　王　（激動地）同志們，指導員把乾糧都省給重傷患吃了，指導員，你吃了吧。

郭建光　小王！（用手一擋，帶著深厚的階級友愛勸小王吃下年糕）同志們，藥品和乾糧都是個大問題呀，我相信地方黨會千方百計地想辦法，群眾也會來支援我們。看來目前黨和群眾都有困難，不能馬上來幫助我們，那我們怎麼辦？難道說我們這支有老紅軍傳統的部隊，就被這小小的困難嚇倒了嗎？

眾戰士　不！

班　長　我們的紅軍爬雪山，過草地，那樣的困難都戰勝了。我們也一定能堅持下去！

眾戰士　對！

郭建光　對！

〔汽艇聲。一戰士上。

一戰士　報告！湖面上發現汽艇！

郭建光　哦！繼續監視！

〔一戰士下。

郭建光　葉排長，帶兩個同志到前邊警戒！

葉思中　是！跟我來！

〔葉思中、張松濤、一戰士下。

郭建光　你們兩個人照顧重傷患！

班　長

是！（下）

小　淩

郭建光　同志們！

眾戰士　有！

郭建光　作好戰鬥準備！

眾戰士　是！

〔眾注視著汽艇聲音方向，汽艇聲漸漸轉弱。

〔葉思中、張松濤、一戰士上。

葉思中　指導員，汽艇往沙家濱開去了。

郭建光　根據情況判斷，鬼子是撤退了，剛才響了一陣槍，現在又發現汽艇……

葉思中　汽艇，只有日本鬼子才有啊。

郭建光　我看先派兩個人過湖去偵察一下。

葉思中　對！

眾戰士　我去！我去！

郭建光　林大根、張松濤！你們兩個人划船過去，找沙四龍或者阿福，不要去找阿慶嫂。她的處境一定有困難。瞭解敵情以後，順便弄些草藥。你們要小心謹慎地進去，悄悄地回來！

（唱）【西皮二六】

你二人改裝划船到對岸，

鎮西樹下把船拴。

尋來草藥醫病患，

弄清敵情就回還，

同志們滿懷信心將你們盼，

盼望著勝利歸來的偵察員。

【流水】

掌握敵情作判斷，

我們就有主動權，

進退出沒都靈便，

好與敵人巧周旋。

傷癒歸隊再請戰，

回兵東進把敵殲，

戰鼓驚天紅旗展，

一舉收復大江南。

林大根

堅決完成任務！

張松濤

郭建光　準備去吧！

林大根

是！

張松濤

〔林大根、張松濤下。

〔班長內喊："指導員！"持蘆根、雞頭米跑上。小淩、一

戰士隨上。

班　長　指導員你看，這蘆根、雞頭米不是可以吃嗎？

郭建光　是可以吃呀！同志們，只要我們大家動腦筋想辦

法，天大的困難也能夠克服！毛主席教導我們：往往有這種情形，有利的情況和主動的恢復，產生於"再堅持一下"的努力之中。同志們！

（唱）【西皮散板】

困難嚇不倒英雄漢。

紅軍的傳統代代傳。

毛主席的教導記心上，

堅持鬥爭，勝利在明天。

同志們！（縱身躍上土台）這蘆葦蕩就是前方，就是戰場，我們要等候上級的命令，堅持到勝利！

眾戰士　對！我們要等待命令，不怕困難，堅持到勝利！

〔風雨驟起。

小　虎　大風雨來了！

郭建光　（英雄豪邁地鼓舞鬥志，慷慨激昂地唱）【嗩吶西皮導板】

要學那泰山頂上一青松！

〔電閃雷鳴，郭建光跳下土台，和戰士共同與暴風雨搏鬥。

眾戰士　（邊舞邊齊唱）

要學那泰山頂上一青松，

挺然屹立傲蒼穹。

八千里風暴吹不倒，

九千個雷霆也難轟。

烈日噴炎曬不死，

嚴寒冰雪鬱鬱蔥蔥。

那青松逢災受難，經磨歷劫，

傷痕累累，瘢跡重重，

更顯得枝如鐵，幹如銅，

蓬勃旺盛，倔強崢嶸。

崇高品德人稱頌，

俺十八個傷病員，要成爲十八棵青松！

〔戰士們頂風抗雨，巍然屹立，構成一組集體的英雄塑像。


—— 幕閉


# 第六場　授　計


〔前場次日。春來茶館。

〔暴雨才過，陰雲鬱結。

〔幕啓：茶館門外空無一人，屋裡時時傳來打麻將洗牌的聲音。

〔阿慶嫂由屋內走出。

〔一青年上。

青　年　阿慶嫂，你找我？

阿慶嫂　趙鎮長和四龍他們回來了嗎？

青　年　沒看見哪！

阿慶嫂　四龍要是回來，叫他來一趟。

青　年　哎。（下）

〔劉副官上。

阿慶嫂　劉副官。

劉副官　阿慶嫂，刁參謀長在裡頭嗎？

阿慶嫂　在裡頭看打牌哪。

劉副官　哦。

〔劉副官逕自往屋裡走，阿慶嫂略一思索，機警地隨下。

〔劉副官、刁德一從屋內走出。

刁德一　什麼事？

劉副官　鄒翻譯官找您。

刁德一　哦！

劉副官　皇軍來電話問新四軍傷病員的事。

刁德一　真逼命！咱們抓來的那些老百姓，都是一問三不知，新四軍傷病員，太難找了！

劉副官　我看那個王福根……

刁德一　王福根？

劉副官　那天帶頭鬧事的就是他！

刁德一　對！就在他身上打主意。

劉副官　您快去吧！鄒翻譯官馬上要走，汽艇都準備好了。

刁德一　哎，你在這一帶盯著，我一會就回來、

劉副官　參謀長，我還是躲著點好。這兩天司令老是愛跟我發脾氣，今兒手氣又不好，回頭再跟我來一通……

刁德一　你當司令發脾氣是衝你嗎？！我心裡有數，有我哪！

劉副官　（諂媚地）哎，我聽參謀長的！

刁德一　到裡頭伺候著去！

劉副官　是！

〔刁德一下，劉副官進屋。

〔阿慶嫂從屋內走出，看天望水，心情沉重。

阿慶嫂　刁德一出出進進的，胡傳魁在裡頭打牌。我出不去，走不開。老趙和四龍給同志們送炒麵，到現在還沒回來。同志們在蘆蕩裡已經是第五天了。有什麼辦法，能救親人脫險哪！

（深沉地思考，唱）【二黃慢三眼】

風聲緊，雨意濃，天低雲暗，

不由人一陣陣坐立不安。

親人們糧缺藥盡消息又斷，

蘆蕩內怎禁得浪激水淹！

【快三眼】

他們是革命的寶貴財產。

十八個人和我們骨肉相連。

聯絡員身負著千斤重擔，

程書記臨行時托咐再三。

我豈能遇危難一籌莫展，

辜負了黨對我培育多年。

昨夜裡趙鎮長與四龍去送炒麵，

爲什麼到如今不見回還？

我本當去把親人來見，

怎奈是，難脫身，有鷹犬，

那刁德一他派了崗哨又扣船。

怎麼辦，怎麼辦，怎麼辦？

事到此間好爲難……

〔耳旁仿佛響起《東方紅》樂曲，信心倍增。

阿慶嫂　　（接唱）

毛主席！

有您的教導，有群眾的智慧，

我定能戰勝頑敵度難關。

〔沙奶奶、沙四龍上。

沙四龍

阿慶嫂。

沙奶奶

阿慶嫂　　（一驚）四龍，你們回來了！炒麵送到了嗎？

沙四龍　　沒有。昨兒晚上我和鎮長剛划船出去，就被敵人發現了，我們倆就跳水跑了，船也被他們給扣了。

阿慶嫂　　鎮長呢？

沙四龍　　鎮長一下水，就發了擺子，再加上感冒，正在發高燒，起不來，他叫我先來向你報告一下。

沙奶奶　阿慶嫂，你看該怎麼辦？

阿慶嫂　還是得想辦法弄條船，給同志們送點乾糧去！

沙四龍　要不今兒晚上，我去搞一條……

阿慶嫂　（聽見腳步聲，急忙制止沙四龍的話。從腳步聲中判定來的是劉副官）劉副官來了，叫四龍裝病，跟他借條船，就說送四龍到城裡看病。

〔沙四龍伏桌上裝病。劉副官從屋內走出。

阿慶嫂　劉副官。

劉副官　阿慶嫂。（看見沙四龍）哎，這是誰呀？

阿慶嫂　沙奶奶的兒子。

劉副官　在這兒幹什麼哪？

阿慶嫂　病了。

沙奶奶　劉副官，這孩子病了，想跟您借條船，帶孩子到城裡看看病去。

劉副官　借船？那哪兒行啊！

沙奶奶　阿慶嫂，您給求個人情吧！

阿慶嫂　是啊，劉副官，您瞧這孩子病成這樣，咱們這兒又沒有大夫，您就行個方便吧！

劉副官　阿慶嫂，不是我駁您的面子，我可作不了這個主。船，有的是，就在那邊，一條也不能動，這是刁參謀長的命令，阿慶嫂，您可少管這路閒事，免得招惹是非。

阿慶嫂　唉，這孩子怪可憐的！

〔內串鈴聲。一偽軍喊："站住，幹什麼的？"

〔內程謙明答："我是看病的大夫！"

〔阿慶嫂、沙奶奶喜出望外，然而不形於色。

沙奶奶　哦！大夫來了！

阿慶嫂　這就好了！該著這孩子的病好。（向內）可別叫大夫走哇。（向劉副官）劉副官，就讓那位大夫給孩子看病吧！

劉副官　不行！

沙奶奶　劉副官，既然您不肯借船，應請大夫給孩子看看病吧。

劉副官　不行！

阿慶嫂　是啊，劉副官，既然那位大夫來了，還真的讓他走嗎？就給孩子看看吧！

劉副官　阿慶嫂，您是知道的，我在刁參謀長面前不好交代。參謀長說了，這個地方不準閒人來！

阿慶嫂　嗨！這有什麼大不了的事，別說參謀長啦，就是胡司令，這點面子也是肯給的！

劉副官　那好哇，司令在裡頭哪，您去跟他說說去。

阿慶嫂　這麼點小事，就別去驚動他了。

劉副官　可是我作不了這個主啊！

〔胡傳魁從屋內走出。

胡傳魁　什麼事啊？

劉副官　司令！來了個大夫。阿慶嫂說，要讓那位大夫給這孩子看看病。

胡傳魁　看病？

阿慶嫂　噢，是這麼回事：這孩子有病，正趕上那位大夫打這兒路過，我就多了一句嘴，說讓那位大夫給孩子看看。劉副官說，胡司令這點面子是肯給的，就怕刁參謀長知道了，要讓司令為難。他這麼一說，嚇得我也不敢求您了！

胡傳魁　（向劉副官）刁參謀長放個屁也是香的，拿著雞毛當令箭！

阿慶嫂　其實呀，也沒劉副官什麼事。劉副官還說，司令心眼好，為人厚道。我是怕真要是刁參謀長較起真兒來，我覺得怪對不住司令的，那麼，就叫那位大夫……

胡傳魁　看！

劉副官　是！（向內）嗨！請大夫過來！

阿慶嫂　我替孩子謝謝司令了！

沙奶奶　謝謝司令。

〔程謙明上。

阿慶嫂

大夫！

沙奶奶

程謙明　你們好啊？

阿慶嫂

好！

沙奶奶

沙奶奶　大夫，請過來診脈吧！

程謙明　好好好。

〔程謙明與胡傳魁相遇，胡傳魁打量程謙明。程謙明態度十分安詳。

阿慶嫂　（有意分散胡傳魁的注意力）胡司令，這會兒手氣怎麼樣啊？

胡傳魁　背透了，四圈沒開和，出來遛遛。

阿慶嫂　您這一遛躂，手氣就來了，待會兒坐下，我管保您連和三把滿貫！

胡傳魁　好，借你的吉言，和了滿貫我請客！

阿慶嫂　那您這客算請定了，快進去吧，都等著您扳莊哪！

胡傳魁　哦，哈哈哈……（進屋）

劉副官　（向程謙明）你是哪來的？

程謙明　（沉著地）常熟城裡，三代祖傳世醫。

劉副官　有"良民證"嗎？

程謙明　有。

劉副官　拿來看看。

〔程謙明取“良民證”交劉副官。

〔阿慶嫂取過兩杯茶。

阿慶嫂　劉副官，你們這兩天真夠辛苦的，沿湖一帶派了崗，扣了船，不許老百姓下湖捕魚，究竟出了什麼事了？

劉副官　沒什麼、沒什麼，聽說蘆蕩裡有新四軍……

阿慶嫂　新四軍？那怎麼不派兵去搜啊？

劉副官　參謀長說了，蘆葦蕩那麼大，上哪兒搜去！不談這個；不談這個。（回頭向程謙明）快瞧病，快瞧病。

阿慶嫂　大夫，這孩子的病……

程謙明　病家不用開口，便知病情根源。說得對，吃我的藥。說得不對，分文不取。

劉副官　嗨嗨嗨，你先別吹，今兒我倒要看看你有多大本事！

程謙明　這個病是中焦阻塞，呼吸不暢啊。

劉副官　等等。（沙奶奶）他說得對嗎？

沙奶奶　是啊，剛才還說胸口堵得慌哪！

劉副官　哦，他還有兩下子！

程謙明　看看舌苔。（看沙四龍舌苔）胃有虛火，飲食不周。

沙奶奶　缺食啊！

程謙明　肝鬱不舒，就容易急躁。

沙奶奶　是啊，著急著哪！

劉副官　嗨！頭疼腦熱的，著什麼急呀！

程謙明　不要緊，我開個方子，吃上一劑藥，就會好的！

〔劉副官注視程謙明，阿慶嫂、沙奶奶很著急。阿慶嫂想了想，走進屋內。

程謙明　（唱）【西皮二六】

病情不重休惦念，

心靜自然少憂煩。

家中有人勤照看……

〔阿慶嫂從屋內走出。

阿慶嫂　劉副官，看什麼哪？

劉副官　我對醫道很有興趣。（向程謙明）快開方！

程謙明　好了！

（接唱）

草藥一劑保平安。

劉副官　拿來！（取過藥方）

程謙明　見笑，見笑。

〔一偽軍由屋內走出。

偽　軍　劉副官，司令叫。（下）

劉副官　哎。（把藥方放回桌上）阿慶嫂，替我盯著點，我這就來。

阿慶嫂　哎。

〔劉副官進屋。阿慶嫂急命沙四龍、沙奶奶注意敵人的動靜。程謙明與阿慶嫂小聲交談。

阿慶嫂　有不少鄉親被捕。

程謙明　哦！據我們得到的情報，胡傳魁已經是死心塌地地投靠日寇了。

阿慶嫂　那該怎麼辦？

程謙明　一定要拔掉這個釘子！我們的主力部隊馬上要過來了。

阿慶嫂　好。

程謙明　你瞭解一下敵人的兵力部署情況，過兩天我派人來取情報。

阿慶嫂　傷病員同志怎麼辦？

程謙明　立刻轉移紅石村！

阿慶嫂　是！

〔沙四龍咳嗽。劉副官從屋內走出。

劉副官　阿慶嫂，司令贏錢了，說你讓他請客，叫我買東西去。

阿慶嫂　那好哇。

劉副官　（向程謙明）哎，你怎麼還沒有走啊？

程謙明　（收拾藥箱）這就走。藥要早吃，可不能過了今天晚上。

劉副官　快走，快走。

程謙明　這就走，這就走。

沙奶奶　大夫，天陰下雨，小心路滑！

阿慶嫂　是啊，坑坑窪窪的，要多加小心！

程謙明　不怕，你們照顧病人要緊哪！

劉副官　快走！

〔程謙明下。劉副官隨下。

阿慶嫂　縣委指示，要同志們轉移紅石村，現在還得想辦法弄條船哪。

沙四龍　我倒有個主意。

沙奶奶　你有什麼主意。

沙四龍　我溜下水去，砍斷纜繩，推出一條船，不撐篙不使槳，船上沒人，動靜不大。只要推出半里路，大湖之中，煙霧瀰漫，就更看不清了。到現在只能麼辦了。

沙奶奶　阿慶嫂，他有一身好水性，讓他去吧。

阿慶嫂　事到如今，也只好按他的辦法去做了。四龍，你順著那條小道找個僻靜地方下水，可千萬要小心哪！

沙四龍　阿慶嫂！

（唱）【西皮快板】

四龍自幼識水性，

敢在滔天浪裡行。

飛越湖水把親人接應 ——

媽！阿慶嫂！

你們放寬心！

〔沙四龍、沙奶奶下。阿福上。

阿　　福　阿慶嫂！

阿慶嫂　（一驚，回身）阿福，有事嗎？

阿　　福　昨兒晚上指導員派林大根、張松濤到我家裡來過。

阿慶嫂　他們幹什麼來了？

阿　　福　瞭解胡傳魁的情況，弄了點草藥就走了。

阿慶嫂　你沒給他們弄點乾糧？

阿　　福　弄了，他們都帶走了。

阿慶嫂　好，你先回去吧！

阿　　福　哎。（下）

〔阿慶嫂瞭望湖面。

阿慶嫂　（唱）【西皮散板】

看小船破霧穿雲漸無影，

同志們定能轉移紅石村。

〔阿慶嫂進屋，劉副官上。

劉副官　阿慶嫂，東西買來了。（追進屋）

〔刁德一、刁小三上。劉副官又從屋裡走出。

劉副官　參謀長，鄒翻譯官哪？

刁德一　走了。劉副官，司令要結婚了。

劉副官　結婚？女家是誰呀？

刁德一　鄒翻譯官的妹妹。

劉副官　不用說，是參謀長的大媒嘍。

刁德一　嗨，派你一椿美差，到常熟城裡辦點嫁妝。

劉副官　（萬分感激）是！多謝參謀長！

〔刁德一若有所思，走向湖邊高坡。用望遠鏡望了湖面。

刁德一　（急叫）哎！這水面上仿佛是有條船！

劉副官　（大驚）船？刮了一天大風，恐怕是把纜繩刮斷了，空船漂出來了。

刁德一　不對！空船斷纜是順風順水而來，怎麼會逆風逆水而去哪？船底下一定是有人！

劉副官　有人？

刁德一　來！給我追這條船！

劉副官　是！

—— 幕閉

# 第七場　斥　敵

〔前場後不久。刁德一家的廳堂。

〔幕啓：內劉副官、刁小三刑聲："快說，快說，說！"

〔胡傳魁煩躁地喝著酒，刁德一敞領挽袖，神色兇狠狠，手提皮鞭、踉蹌而上。

刁德一　（念）新四軍平安轉移出蘆蕩，

胡傳魁　（念）這皇軍督催逼命可怎麼搪！

〔內行刑拷問聲。

刁德一　（念）抓來一些窮百姓，拷問他們誰是共產黨，

胡傳魁　（念）問了半天，也沒問出個名堂！有一個招口供的沒有？

〔內劉副官、刁小三答："沒有。"

胡傳魁　我說老刁啊，咱們不會槍斃他幾個？

刁德一　我正琢磨著拿誰開刀呢。來呀，把王福根給我帶上來！

〔劉副官、刁小三答："是！"

〔劉副官、刁小三架王福根上。

胡傳魁　說！新四軍的傷病員哪兒去了？

刁德一　只要你說出來這鎮上誰是共產黨，馬上就放了你。

〔王福根怒指胡傳魁、刁德一。二人驚恐後退。

王福根　你們這些騎在人民頭上的漢奸！走狗！

胡傳魁　來呀！當著那些個窮百姓把他槍斃了！

王福根　漢奸！走狗！打倒日本帝國主義！打倒漢奸、走狗！

〔王福根被押下。

〔內王福根高呼口號：“中國共產黨萬歲！”“毛主席萬歲！”

〔排槍聲。

〔內劉副官、刁小三嚎叫：“你們瞧見沒有？不說就像他這樣子 —— 槍斃你們！快說！說！”

刁德一　刁小三，把那個新四軍的家屬劉老頭槍斃！

〔內刁小三嚎叫：“劉老頭出來！”

〔內高呼：“打倒漢奸賣國賊！”群眾憤怒高呼口號。

〔排槍聲。

胡傳魁　來人哪！

〔刁小三上。

胡傳魁　把那沙老太婆拉出去一塊槍斃！

刁德一　慢著！把她給關起來！

刁小三　是！（下）

刁德一　司令！就是這沙老太婆不能斃，皇軍點著名要她的口供，不要她的老命。留著她為的是追問出在幕後活動的共產黨！

胡傳魁　共產黨！只怕是共產黨坐在咱們對面，咱們也認不出來！

刁德一　司令，有一人很值得懷疑。

胡傳魁　誰？

刁德一　那天，劉副官冒冒失失地打了陣槍，在哪兒？扣下的船丟了一隻，又在哪兒？都離春來茶館不遠！

胡傳魁　你是說……

刁德一　阿慶嫂！

胡傳魁　……

刁德一　太可疑了！

胡傳魁　怎麼？抓起她來？

刁德一　哪裡哪裡！司令的恩人哪能抓呀！司令不是派人請她去了嗎？

胡傳魁　我是請她幫著我辦喜事的。

刁德一　等她來了，咱們問問她。

胡傳魁　問問？怎麼問？——"你是共產黨嗎？"

刁德一　哪能這麼問！（耳語）怎麼樣？

胡傳魁　好，依著你！——來人！

〔一偽軍上。

胡傳魁　阿慶嫂來了，馬上報告！

一偽軍　是！（下）

〔胡傳魁、刁德一下。

〔一偽軍內報："阿慶嫂到！"

〔阿慶嫂上，觀察周圍環境。

阿慶嫂　（唱）【西皮散板】

新四軍反"掃蕩"回兵東進，

沙家濱即將要重見光明。

胡傳魁投敵寇把鄉親們踩躪，

【流水】

這一筆血債要記清。

奉指示探敵情十有九穩，

唯有這司令部尚未查清，

借題目入虎穴觀察動靜……

〔胡傳魁、刁德一更衣整容上。

胡傳魁　阿慶嫂！

阿慶嫂　胡司令！參謀長！

（接唱）【散板】

恭喜司令要成親！

胡傳魁　你全知道了？

刁德一　真是消息靈通！

阿慶嫂　滿鎮上都知道了，劉副官通知各家各戶"自願"送禮了。

刁德一　好，坐，泡茶！

〔一偽軍送茶上，即下。

阿慶嫂　胡司令！聽說新娘子長得很漂亮啊？

胡傳魁　哦！你也聽說過？

阿慶嫂　聽說過！常熟城裡有名的美人嘛。人品出眾，才貌超群，真是百裡挑一呀！

胡傳魁　哈哈哈……阿慶嫂你可真會說話。我今天找你就為請你幫助我辦喜事的，到了那天你可得多幫忙啊！

阿慶嫂　沒什麼，理當的。到了日子我一早就來，什麼燒個茶遞個水的，我都行啊…

胡傳魁　不！不！那些個粗活兒，哪能叫你幹哪。你就等花轎一進門，給我張羅張羅，免得出錯。

阿慶嫂　行啊，行啊，花轎一進門，您就把新娘子交給我啦，我讓她該應酬的都應酬到了，親戚朋友決挑不了眼去。胡司令你儘管放心。

胡傳魁　那好極了，他們家的老親多，還愛挑個眼，有你當提調，那我就放心了。

阿慶嫂　新房在哪兒啊？

胡傳魁　就在後院。明天東西置辦齊了，我一定派人去請你。

阿慶嫂　好，我一定來！

胡傳魁　早點來！

刁德一　（以香煙筒擊案，厲聲而問）那個沙老太婆招了沒有？

〔內劉副官、刁小三答："沒招！"

刁德一　把她帶上來！

阿慶嫂　胡司令，您這兒有事，我在這兒不方便，我走啦。

〔阿慶嫂轉身欲下，刁德一攔住。

刁德一　阿慶嫂，我們辦我們的事，你坐你的！

胡傳魁　既然是參謀長留你，那你再坐坐！

阿慶嫂　好吧，（向胡傳魁）那我就再坐坐。

〔阿慶嫂略一思索，胸有成竹，沉著地走向桌邊，端然穩坐。

刁德一　把她帶上來！

沙奶奶　（內唱）【西皮導板】

且喜親人已脫險……

〔沙奶奶上。

〔阿慶嫂、刁德一、胡傳魁以不同的心情，不同的表情看著沙奶奶。

〔劉副官、刁小三上。

沙奶奶　（唱）【西皮散板】

粉身碎骨也心甘。

挺身來把仇人見 ──（見阿慶嫂坐在一邊，心中一驚）

阿慶嫂為何在堂前？（略一思索，有所解悟）

只怕是敵人把她來試探，

我必須保護她，把天大的事一身擔！

胡傳魁　沙老太婆，你到底招不招？

沙奶奶　你要我招什麼？

胡傳魁　蘆葦蕩裡的新四軍是不是你兒子送走的？

沙奶奶　不知道！

胡傳魁　那麼你兒子哪兒去了？

沙奶奶　不知道！

胡傳魁　你跟你兒子幹的這些事，誰的主謀？誰的指使？

沙奶奶　我不知道！

胡傳魁　他媽的，一問三不知，今天叫你嘗嘗我的厲害！

〔胡傳魁舉鞭欲打沙奶奶。刁德一制止。

刁德一　司令，何必著急哪！坐，坐。嘿嘿嘿……沙老太，你受委屈了，坐坐坐，聽我跟你說！

（唱）【西皮搖板】

沙老太休得要想不開，

聽我把話說明白。

你不出鄉里年紀邁，

豈能夠出謀劃策巧安排？

定是有人來指派，

她在幕後你登臺。

到如今你受苦刑難忍耐，

她袖手旁觀穩坐在釣魚臺。

只要你說出她的名和姓，

刁德一我保你從此不缺米和柴！

怎麼樣，想明白了沒有？

〔沙奶奶昂首不理。

刁德一　阿慶嫂，你勸她幾句！

阿慶嫂　我？

刁德一　啊，你跟她是街坊，勸她幾句嘛！（向胡傳魁）啊？

胡傳魁　對，阿慶嫂，你過去勸她幾句。

阿慶嫂　好吧。既是刁參謀長這麼看得起我，那我就試試看。不過這老太大的脾氣，我是知道的，恐怕也是要碰釘子的。（垂手走過去，邊走邊想主意，走到沙奶奶身邊，雙手往胸前一搭）沙奶奶，參謀長說，你的兒子給新四軍送船，是真的嗎？

〔沙奶奶怒視三人。

阿慶嫂　沙奶奶，你就這麼一個兒子，真捨得讓他走嗎？

沙奶奶　孩子大了，要走哪條路，由他自己挑！

胡傳魁　你說，新四軍對你有什麼好處啊？

沙奶奶　好！我說！我說！

（痛斥敵人，唱）【二黃原板】

"八・一三"，日寇在上海打了仗，

江南國土遭淪亡，

屍骨成堆鮮血淌，

滿目焦土遍地火光。

新四軍共產黨來把敵抗，

歷盡艱辛，東進江南，

深入敵後，解放集鎮與村莊，

紅旗舉處歌聲朗，

百姓們才見天日光。

你們號稱"忠義救國軍"，

為什麼見日寇不發一槍？

我問你救的是哪一國？

為什麼不救中國助東洋？

為什麼專門襲擊共產黨？

你忠在哪裡？義在何方？

你們是漢奸走狗賣國賊，

少廉無恥，喪盡天良！

胡傳魁　住口！

劉副官

胡說！

刁小三

沙奶奶 （接唱）

你有理，敢當著百姓們講，

縱然把我千刀萬剮也無妨！

沙家濱總有一天會解放！

且看你們這些走狗漢奸（叫散）好下場！

胡傳魁 拉出去，槍斃！

劉副官

走！

刁小三

〔刁德一急忙暗示刁小三，不能執行。刁小三領會。

〔沙奶奶昂首走下。劉副官、刁小三隨下。

阿慶嫂 胡司令！

刁德一 慢動手！阿慶嫂有話說！

阿慶嫂 （款款地站起身來，若無其事地）……我該走啦。

〔刁德一、胡傳魁垂頭喪氣。

阿慶嫂 您這是公事，我們可不敢隨便插嘴呀！

胡傳魁 不，不，今天要聽聽你的主意！

刁德一 是啊，司令要槍斃沙老太太，你跟她是街坊，能夠見死不救嗎？

阿慶嫂 沙奶奶會有人救的。

胡傳魁 誰啊？

阿慶嫂 她兒子四龍給新四軍送船，他就不救他的媽媽嗎？再說新四軍也一定會救奶奶的！

胡傳魁 我馬上槍斃了她，看他們救誰！

阿慶嫂 是啊，您要是槍斃了她，誰也就不來了。沒人來救沙奶奶，您可誰也就逮不著了！

胡傳魁　哦！你是說要我放長線釣大魚，叫他們上鉤？

刁德一　照你這麼說，還是不斃沙奶奶的好哇？

阿慶嫂　槍把子在您手裡，主意您自己拿，我不過是替司令著想啊！

胡傳魁　對對對！

刁德一　好啊，阿慶嫂真是自己人。這麼辦，我們打算馬上放了沙老太太，請你把她送回去，你看好不好？

阿慶嫂　參謀長這麼信得過我，我一定照辦。

刁德一　那好，來啊！把沙老太婆放了！

〔內劉副官："是。走！"

〔沙奶奶上。劉副官隨上。

沙奶奶　要殺就殺，不用搞鬼！

胡傳魁　老太婆，放你回去，別不識抬舉！

刁德一　沙老太，沒有你的事了。阿慶嫂，送她回去吧。

阿慶嫂　沙奶奶，走吧！

〔沙奶奶下。阿慶嫂隨下。

刁德一　（向劉副官）盯著她們，看她們說些什麼！

劉副官　是！（下）

胡傳魁　老刁，你這裡頭變的是什麼戲法呀，

刁德一　只要她們一熱火，就證明是一起的，馬上抓回來，一塊審問！

〔內劉副官喊："報告！"急上。

劉副官　報告！參謀長，打起來了！

刁德一　誰跟誰打起來了？

劉副官　沙老太婆跟阿慶嫂打起來了。

胡傳魁　把沙老太婆給我抓回來關起來！

劉副官　是！（下）

〔阿慶嫂上,頭髮略微散亂,一隻鞋子被踏落。

阿慶嫂　哎呀!哎呀!好厲害的老太婆呀!出了門就跟我打起來啦。嘴裡"漢奸"、"走狗"一個勁地罵,喏,衣裳也撕破了,(坐)牙也打出血來了!看哪!(提上被踏落的鞋子)

胡傳魁　老刁,別自作聰明了,這你明白了吧?阿慶嫂,打得不要緊吧?那麼你幫我辦喜事⋯⋯

阿慶嫂　喜事儘管辦!哼,瞎了眼的,她倒想算計我,那老太婆哪是我的對手,早就被我打得落花流水了!

刁德一　阿慶嫂,你多心了吧?

阿慶嫂　哼!我要是多心哪,就不在多心人面前管閒事了!

〔阿慶嫂以手絹撢鞋,昂首而坐。胡傳魁瞪著刁德一,刁德一垂頭喪氣。

—— 幕閉

## 第八場　奔　襲

〔前場三日後,黎明之前。野外。

〔幕啓:沙四龍、葉思中偵察,下。

郭建光　(內唱)【西皮導板】

月照征途風送爽⋯⋯⋯⋯

〔郭建光上,撫槍亮相,英氣勃勃,目光四射,巡視周圍,轉身招手,側身亮相。突擊排戰士隨上。

郭建光　(唱)【西皮原板】

穿過了山和水、沉睡的村莊。

支隊撒下包圍網,

要消滅日寇、漢奸匪幫。

組成了突擊排兼程前往,

【快板】

飛兵奇襲沙家濱。

將尖刀直插進敵人心臟，

打他一個冷不防。

管叫他全線潰亂迷方向，

好一似湯澆蟻穴，（叫散）火燎蜂房！

〔沙四龍、葉思中上。

葉思中　敵人的巡邏隊！

小　虎　幹掉他！

郭建光　（制止小虎，下令）隱蔽！

〔眾隱蔽。

〔偽軍巡邏隊走過。

〔沙四龍、葉思中立起，巡視後，招手，郭建光等從土坡後"虎"躍出。郭建光　葉排長，沙四龍！

沙四龍

有！

葉思中

郭建光　你們看！（"跨腿"，"踢腿"，側身亮相）前面就是沙家濱，命你二人繼續偵察！

沙四龍

是！（下）

葉思中

郭建光　前進！

〔突擊排戰士整裝。

郭建光　（唱）【西皮快板】

說什麼封鎖線安哨布崗，

我看他只不過紙壁蒿牆。

眼見得沙家濱遙遙（叫散）在望，

此一去搗敵巢擒賊擒王！

〔郭建光走"掃堂腿"、"鏇子"，與眾戰士組成前進塑像。

—— 幕閉

## 第九場　突　破

〔緊接前場，刁德一家後院牆外。

〔幕啓：一偽軍在站崗。

偽　軍　司令結婚，請來皇軍，叫我們加崗，唉！倒楣了！

〔葉思中等上，將偽軍擒獲，拉下。

〔郭建光、阿慶嫂同上，後隨突擊排戰士、民兵。

阿慶嫂　指導員，翻過了這道牆，就是刁德一的後院！

（唱）【西皮快板】

敵兵部署無更變，

送去的情報圖一目了然。

主力都在東西面，

前門只有一個班。

民兵割斷電話線，

兩翼不能來支援。

院裡正在擺喜宴，

他們猜拳行令鬧翻天。

你們越牆直插到當院，

定能夠將群醜（叫散）一鼓聚殲！

郭建光　沙四龍！

（唱）【西皮散板】

你帶領火力組繞到前院，

消滅敵人的警衛班！

〔沙四龍帶二戰士下。

郭建光　（接唱，向阿慶嫂）

你迎接主力部隊到鎮邊……

〔阿慶嫂帶民兵下。

〔郭建光上牆，瞭望，回身招手，翻下。

〔眾戰士越牆。

—— 幕閉

# 第十場　聚　殲

〔緊接前場。

〔刁德一家院內。

〔幕啓：黑田、胡傳魁、刁德一上。二日寇士兵隨上。鄒寅生迎面上。

鄒寅生　汽艇準備好了。

黑　田　電話不通，情況不好，小心！

〔炮聲。

黑　田　哪裡打炮？

胡傳魁　不知道！

〔一偽軍上。

一偽軍　報告，新四軍打到後院了！

黑　田　頂住！頂住！（倉皇逃下）

〔開打，突擊排消滅日偽軍。郭建光彈無虛發，連斃敵眾，最後把黑田踩在腳下，亮相。

〔突擊排戰士押俘虜過場。

〔程謙明率主力部隊戰士上。

〔阿慶嫂、趙阿祥率民兵上。

〔郭建光上,與程謙明、阿慶嫂等握手。

〔戰士押黑田、鄒寅生、胡傳魁、刁德一上。

〔沙四龍扶沙奶奶上。

〔沙家濱群眾和被救出的鄉親們上。

〔鄉親們看見胡傳魁、刁德一,怒不可遏,舉銬欲打,郭建光攔阻。

郭建光　鄉親們!我們要把這些民族敗類,交給抗日民主政府審判!

阿慶嫂　對!我們一定要公審他們。

胡傳魁　你是……?

阿慶嫂　我是中國共產黨黨員!你們這些日本帝國主義者!民族敗類!

郭建光　把他們押下去!

〔胡傳魁、刁德一、黑田、鄒寅生頹喪地低頭,被押下。

〔郭建光、阿慶嫂等與沙奶奶會見。沙家濱鎮的人民在毛主席和中國共產黨的領導下,清除敵偽,重見光明。


—— 幕閉

(劇終)

(原載《紅旗》雜誌 1970 年第 6 期)

# 《海　港》

## （京劇劇本）

## 上海京劇團《海港》劇組集體編劇

人物表

方海珍 —— 裝卸隊黨支部書記。

高志揚 —— 裝卸組長，黨支部委員。

馬洪亮 —— 退休裝卸工人。

趙震山 —— 裝卸隊長，黨支部委員。

韓小強 —— 青年裝卸工人。

小　丁 —— 青年裝卸工人。

小　陶 —— 青年裝卸工人。

小　洪 —— 女，拖車司機。

男工甲、乙。

女工甲、乙。

男女工人若干。

錢守維 —— 調度員。

## 第一場　突擊搶運

〔一九六三年夏，某天上午。

〔黃浦江邊。上海港某裝卸區碼頭。千輪萬船,紅旗招展,江水奔流,陽光燦爛。掛著"總路線萬歲"標語的鐵塔高聳入雲。

〔氣笛聲中幕啓,工人們在高志揚的指揮下裝卸貨物。吊車起落,車輛往返,一派繁忙景象。

〔高志揚和小丁、小陶把用"網路"裹住的幾包稻種卸在平車上,然後用掛鈎將地上另一"網路"吊走。

〔幕內哨聲。小丁、小陶先後隨平車跑下。

〔一隊工人舞蹈過場。

〔一工人向來方向招手。兩工人拉出纜繩。

〔韓小強拉老虎車上。高志揚攔住韓小強,示意注意安全,遞毛巾給他擦汗。

〔三工人上,騰空越過纜繩,作拉纜舞:翻身,"前弓後箭","探海","跨腿",轉身。"騙腿","亮相";轉身掛纜繩於纜樁上。

〔韓小強拉車跑下。眾工人下。

〔一隊男女工人跑步過場。

〔一隻裝著出口機械的木箱,橫空而過。

〔幕內哨聲,遠處有人喊:"休息啦!"

〔一女工推汽水車過場。

高志揚　（展視港灣,滿懷豪情）真是個 ——

（唱）【西皮散板】

裝不完卸不盡的

【原板】

上海港!

千輪萬船進出忙。

裝卸工,左手高舉糧萬擔;

右手托起千噸鋼。

爲革命,哪怕那山高海闊來阻擋,

定要把這深情厚誼，送往那四面八方。

〔小丁、小陶內喊：“組長！”跑上。

小　丁　老高，今天支部書記老方一動員，大夥一加油，運往非洲的稻種⋯⋯

小　陶　（搶說）只剩下八千包啦！

高志揚　好哇，小陶！咱們一定要爭取今天裝完。小丁，走！（欲走）

〔趙震山、錢守維上。

趙震山　老高，快把你們組的人力和機械都集中起來。

小　丁　（高興地）隊長，又有新任務了？

趙震山　老錢，你說吧！

錢守維　到那邊去搶運北歐船的玻璃纖維。

高志揚　（一怔）搶運玻璃纖維？這不行吧？！

趙震山　怎麼？

高志揚　這批稻種是幫助非洲人民自力更生。按照那裡的播種季節，一定要趕在他們的“獨立節”以前運到。只能提前，不能拖後。

趙震山　這我知道。你們的計畫不是後天裝完嗎？

錢守維　是啊！大夥兒幹勁這麼大，後天裝完不成問題。這樣，既能按期完成裝運稻種的計畫，又能替國家增加外匯收入⋯⋯

趙震山　對，生產指標咱們完成得不錯，利潤指標也要跟上嘛！

高志揚　支委會討論過，裝運這批稻種是我們的國際主義義務。你這樣改變計畫，跟老方商量過沒有？

趙震山　老方在黨委開會呢。

錢守維　（故作焦急狀）時間很緊，我看這個事你們倆就做決走吧！

高志揚　那不行。

趙震山　（略一猶豫）我看，咱給老方打個電話吧！

錢守維　（忙附和）對，對對。

趙震山　（拉高志揚）走，走哇！

〔高志揚勉強隨趙震山下。小丁、小陶隨下。

錢守維　（陰險地）找方海珍？！（風聲。不安地）最近天氣時常變化，政治氣候也不大對勁。一定是他們又要搞什麼政治運動了！（一聲悶雷。仇恨地）好吧！颱風一到，你們的稻種就不能按時啓航；雷陣雨一來，我放在露天的這兩千包出國小麥……（咬牙切齒）哼哼！（欲下，見方海珍從遠處走來，急裝鎮靜，轉身下）

方海珍　（內唱）【西皮導板】

突擊搶運（執裝卸計畫表，疾步上；摘安全帽，轉身"亮相"）到江岸，

【原板】

霹靂閃電劃長天。

〔遠雷隆隆。

忽報氣象情況變，

援非任務要提前。

稻種裝船

【流水】

是關鍵，

五洲風雷緊相連。

組織人力同心幹，

爭分奪秒攻難關。

〔趙震山、高志揚內喊："老方！"上。

高志揚　老方，老趙說爲了完成利潤指標，叫我們先去突擊北歐船。

趙震山　這可是一舉兩得呀！

方海珍　老趙，裝運這批援非稻種，是個重大的政治任務。區黨委召開了緊急會議，要求今天全部裝完。（遞裝卸計畫表給趙震山）

趙震山　啊？（看圖）去非洲的外輪不是後天才啟航嗎？

方海珍　區裡接到海洋氣象臺的通知，有一股強大的颱風，正在海面形成。外輪必須明天一早啟航，趕在颱風前面。要是拖延一天，就要耽擱十幾天哪！

高志揚　耽擱十幾天？那就趕不上農時啦！

方海珍　誤了農時，就要影響一年的收成。

方海珍　（疑惑地）怎麼？他不知道？（看場地，有所發現）雷陣雨就要來了，怎麼把兩千包出國小麥放在露天呢？

趙震山　（著急地）哎呀！怎麼搞的？快拿油布蓋上。（欲下）

方海珍　（果斷地）不行，這是援外物資，絕對不能馬虎，趕快搬運進倉！

高志揚　這任務交給我們。

趙震山　什麼？八千包稻種，再加兩千包小麥⋯⋯

高志揚　沒問題。

方海珍　領導決定調動科室同志前來助戰。

趙震山　那機械就調配不過來了。

高志揚　機械裝運稻種。

趙震山　小麥呢？

高志揚　我帶領青年組扛！

趙震山　扛？

高志揚　為了支援世界革命，咱們中國工人階級上刀山，下火海都不怕，扛幾個包算得了什麼？！

趙震山　（猶豫不決）老方，這⋯⋯

方海珍　這樣的特殊情況，難得碰上一次，鍛鍊鍛鍊也好嘛！

　　趙震山　　（勉強地）好吧！（下）

　　高志揚　　（向內喊）青年組集合！

　〔工人們內喊："集合嘍！"跑上，列隊。

　　工人們　　（齊聲）組長！

　　高志揚　　同志們！雷陣雨就要來了，稻種和小麥要同時搶運。機械讓給科室同志裝運稻種，這兩千包小麥，我們扛！

　　工人們　　對，我們扛！

　　方海珍　　（豪邁地）同志們，這稻種和小麥，每一包都與非洲人民的反帝鬥爭緊密相連；他們的鬥爭對我們也是有力的支援。現在北歐船正在裝運危險品玻璃纖維。搶運的時候要特別注意。時間緊，任務重。我們是用馬列主義毛澤東思想武裝起來的中國工人階級，困難何所懼，眾志能移山！

　　高志揚　　我們保證……

　　工人們　　（齊聲）破包不進倉，散包不上船！

　　方海珍　　好！

　（唱）【西皮流水】

　　同志們爭先挑重擔，

　　抖擻精神磨雙拳。

　　心雄志壯渾身膽，

　　千包萬袋煉鐵肩。

　　保證品質齊奮戰，

　　完成任務，搶在雷雨前！

　　工人們　　（齊唱）【散板】

　　搶在（"亮相"）雷雨前！

　　方海珍　　（揮手）上！

　〔眾解搭肩布，轉身，側身"前弓後箭"，斜轉身，抖搭肩布披上肩，作斜坡式隊形"亮相"；昂首闊步，高聲朗誦："下定決心，不怕犧牲，排除萬難，去爭取勝利。"下。

— 幕急閉

## 第二場　發現散包

〔當日下午二時前後。

〔碼頭一角。電線杆上掛有"全世界無產者，聯合起來！"
的紅色標語牌。現場邊緣有涼棚、工具箱、茶水桶和鹽汽水。

〔幕啓：馬洪亮肩搭包裹，手拿草帽，興高采烈地走上。

馬洪亮　　（唱）【西皮原板】

自從退休離上海，

時刻把碼頭掛心懷。

眼睛一眨已六載，

馬洪亮探親我又重來。（放下草帽與包裹）

【排板】

看碼頭，好氣派，

機械列隊江邊排。

大吊車，真厲害，

成噸的鋼鐵，它輕輕地一抓就起來！（大笑）

【原板】

大躍進把碼頭的面貌改，

看得我熱淚盈眶心花開。（喜悅地拭淚）

〔韓小強喝汽水上，發現馬洪亮，速放汽水瓶，奔過去仔細
打量。

韓小強　　（驚喜地）噯呀！舅舅！

馬洪亮　　（一愣，認出韓小強）是小強！

韓小強　　舅舅！

馬洪亮

哈……

韓小強

馬洪亮 （仔細端詳，讚賞地）嗯，像個裝卸工的樣子啦！記得我走的時候（以手勢比劃）你才這麼高。那年國慶日的晚上，我帶你到碼頭上看焰火，還生怕把你給擠丟了呢。

韓小強 是啊！（追憶往事，情不自禁地）記得那一天，江岸人山人海，碼頭燈火輝煌，天空五彩繽紛，江心巨輪成行。

馬洪亮 到底是高中生了，說話都文縐縐的。

韓小強 （充滿幻想地）後來，我就下定決心，要當個新中國的海員，駕駛著我們自己造的遠洋巨輪，乘風破浪，飄洋過海，周遊世界……

馬洪亮 （詫異地）什麼？周遊世界？

韓小強 爲國爭光嘛！（看看手上的搭肩布，失望地）唉！沒想到當了個裝卸工。（心煩地踢開腳下的一顆石子）

馬洪亮 你不想當裝卸工？

韓小強 我是說，我的崇高理想沒有實現。

馬洪亮 （誠摯地）小強，你想的跟我想的不一樣啊！你看，咱們這碼頭 ——

（唱）【西皮散板】

天地廣闊前程遠，（手撫韓小強，走向江邊）

〔方海珍上。

方海珍 （接唱）

迎千輪送萬船重任在肩。（忽見馬洪亮，喜出望外）

老馬師傅！（親熱地走上前去）

馬洪亮 （意外的）海珍？！哈哈哈……

韓小強 舅舅，海珍同志現在是我們隊的支部書記了。

馬洪亮 哦！不在三隊了？什麼時候來的？

方海珍　有半年多了。

馬洪亮　（興奮地）好哇！過去的鍬煤女工，現在挑起這麼重的擔子來了。

方海珍　要是沒有毛主席的領導，同志們的幫助，我這副肩膀早就壓塌羅！

韓小強　舅舅，我幹活去了。（欲走）

方海珍　（叫住）小韓！

韓小強　啊！

方海珍　（關懷地）第一次扛包，思想要集中啊！

韓小強　哎！（跑下）

方海珍　老馬師傅，農村怎麼樣？

馬洪亮　（滿懷喜悅地）自從去年黨召開了八屆十中全會，農村的形勢越來越好啦！

〔突然喇叭聲響。一輛裝有稻種的平車退下。

〔司機小洪匆匆走上。

方海珍　小洪！

小　洪　哎！

方海珍　拖車怎麼停在這兒？

小　洪　（焦急地）我正要找你呢。調度室把稻種、玻璃纖維、出口的成套設備，都擠在一條運輸線上，把路給堵死了。

方海珍　（果斷地）這批稻種決不能拖延。你馬上去找隊長，想辦法叫別的貨物趕快讓路。

小　洪　好。（下）

馬洪亮　海珍哪！這是往哪兒運的稻種？

方海珍　是支援非洲的。

馬洪亮　哦！

方海珍　老馬師傅，帝國主義早就下過結論，說那個地方根本不能種水稻，吃飯問題，只能靠進口糧食解決。可咱們的同志去了才兩年，就和那兒的人民一道，把水稻試種成功了。現在他們要大面積推廣，需要大批的稻種啊！

馬洪亮　　（興奮地）好啊！（想起）海珍，你提起支援，我倒想起一件事來。在抗美援朝的時候，也是這種颱風季節，也是因爲調度室有人攪亂了運輸線路，一批重要的援朝物資耽誤了裝運時間，結果全給大雨淋濕了。

方海珍　　哦？調度室？（回憶地）那個時候我在三隊，也聽說過這回事。（向馬洪亮）到底是誰幹的？

馬洪亮　　查了很久，一直沒查出來！

方海珍　　（思索片刻）這樣吧，我先送您去歇會兒，下了班咱們再細談。（拿起馬洪亮的包裹）

馬洪亮　　嗳，海珍！來……（搶過包裹）你有事先忙你的去，我找熟人聊聊，碼頭上看看，回頭再來找你。

方海珍　　也好。您可要注意安全呐！

馬洪亮　　你放心吧，（詼諧地）我是個老碼頭啦！（背上包裹，搧著草帽，樂呵呵地走下）

方海珍　　（目送馬洪亮下。沉思）

（唱）【西皮慢二六】

援非任務不容緩，

爲什麼忽然突擊北歐船？

明知今日有雷雨，

爲什麼竟把小麥放露天？

【快二六】

運輸線，又攪亂，

樁樁件件非偶然。

調度室問情況再作判斷，

【散板】

行船時須提防暗礁險灘。

〔方海珍下。

〔錢守維拿簸箕、笤帚,從平車後上。

錢守維 （望著方海珍的背影,仇恨而得意地）姓方的,我把運輸線路給你們堵死啦!看你們這批稻種怎麼按時裝船?!（手一揮,簸箕裡的玻璃纖維撒在地上,急忙掃起,悻悻地）哼!科室人員還要參加勞動,撒點玻璃也得我來掃,（邊說邊走近涼棚）簡直把我當臭苦力!（放下簸箕、笤帚）這是什麼社會?!（開茶水桶龍頭洗手）

〔遠處傳來勞動號子聲:"嗨喲呵……"

〔小陶內喊:"小韓,你掉隊啦!"

錢守維 （向內喊）小韓!小韓!（招手）別跑!來!

〔韓小強扛麥包上,將包擱在平車上。忽然發現茶水桶的龍頭開著,急忙關好。

錢守維 （從上衣袋裡掏出電影票）電影票給你買來了、三點一刻開演,《乘風破浪》,反映海員生活的片子。

韓小強 太好了,（掏出工作證,欲夾電影票,見工作證,感慨地）工作證呀,工作證,什麼時候才能把你換成海員證啊?（將票夾於工作證內）

錢守維 （虛偽地）算了!碼頭工作也不錯嘛!

韓小強 我的理想是當海員,可現在 ——（示搭肩布,煩惱地）是個裝卸工。

錢守維 （假裝否定地）噯!這種思想可不對啊!

〔韓小強披搭肩布,走向平車欲扛包。

錢守維 （假裝惋惜地）不過,話又說回來了,唉!高中生當了個裝卸工,是有點大材小用。這種活,過去誰瞧得起?人家叫"臭苦力"!

韓小強 "臭苦力"?

錢守維 （煽動地）見人都矮三分!

韓小強　啊！（猛受刺激，衝向台口。麥包跌散）

錢守維　（望了一下簸箕，計上心來，趁機恫嚇地）哎呀！你怎麼把麥包跌散啦？這可不得了哇！

〔韓小強急忙扶起散包，欲捧散麥。

錢守維　還不快去拿絞包線！

〔韓小強轉身走向工具箱，找絞包線。

〔錢守維四下窺視，趁韓小強不注意，將散麥掃入簸箕，連同玻璃纖維一起倒進麥包內。

韓小強　（遞絞包線給錢守維）錢師傅！

〔錢守維絞包。韓小強將簸箕、笤帚放回原地。

韓小強　（自言自語地）唉，真倒楣！有機械不用，偏偏要扛。

錢守維　嗳！（偽裝正經地）你可不能這樣講，現在已經有很多人在說了……

韓小強　說什麼？

錢守維　靠咱們這號人還能管好碼頭！

韓小強　（一愣）……

錢守維　（忙掩飾）好了，好了，快走吧！你還要看電影呢。八小時以外是咱們的自由！

韓小強　錢師傅，幫我搭一把。

錢守維　（轉念，解開車上繩子。指麥包）這個我來。其實散個把包，一點小事。（示意韓小強將平車上的稻種包扛走）

韓小強　（感激地）錢師傅，你真好！（扛包下）

錢守維　好？（喜形於色）好就好在叫你們兩頭錯包，到處丟臉！（狠毒地）看你們的國際主義高調怎麼唱？！（用腳搓地上散麥，欲將麥包搬上平車）

〔女工甲內喊："哎！小洪！"

〔小洪內應："幹什麼？"

〔錢守維驚惶失措，急忙丟下麥包，欲溜；猛想起……又回身拿起簸箕、笤帚，故作鎮靜地下。

〔小洪和女工甲上。

女工甲　他們幹勁真大，兩千包小麥都快扛完了！（從工具箱中拿工具）

小　洪　（突然發現）咦？這包……

女工甲　哎呀，怎麼掉下來了？

小　洪　真是越忙越打岔！

〔二人將麥包搭上平車。小洪下。

女工甲　（邊紮繩子邊說）小洪，外輪明天能不能啓航，就看你們的啦！（揚起手中工具）開車！

〔平車開走。女工甲下。

〔高志揚擦汗上。

高志揚　（唱）【西皮搖板】

完成任務心舒展，

檢查現場到江邊。（突然發現地上散麥，震驚地）

小麥？有人散了包！不好，出事故了！

（唱）【西皮快板】

一見小麥地上散，

又急又氣我心不安。

出國的品質高標準，

怎容散包混過關！（向內喊）

小丁！

〔小丁內應：“噯！”

〔高志揚取下毛巾，捧起散麥，包好。

〔小丁上。

小　丁　組長！

高志揚　通知全組，馬上開班後會！

〔"亮相"。切光。

—— 幕急閉

# 第三場　追查事故

〔緊接前場。

〔碼頭江邊，綠化地帶；花台裡龍柏挺立，冬青籬中，美人蕉鮮豔多彩。

〔藍天一角，濃雲漸增。巨輪桅端，紅旗飄揚。

〔幕啟：韓小強換洗一新，興沖沖地跑上。

韓小強　（唱）【西皮流水】

下班好似馬脫韁，

海鷗展翅要飛翔。

電影票勾起我航海理想，

我要去"乘風破浪"遠涉重洋！

〔高志揚上。

高志揚　小韓！

韓小強　（止步）啊？

高志揚　你怎麼沒參加班後會？

韓小強　我托人請過假了。

高志揚　小韓，參加工作了，要關心集體呀！

韓小強　（咕噥地）集體？我哪點兒不關心啊？

高志揚　我們組出事故啦！

韓小強　（一驚）啊，出事故了？

高志揚　有人散了包。

韓小強　（馬上又鬆弛地）哦，散了個包，一點小事嘛。

高志揚　啊，小事？裝卸工作保證品質，你忘啦？

韓小強　怎麼忘得了？！我一天到晚，耳朵裡聽的都是“破包不進倉”！“散包不上船”！這碼頭工作還不是那一套，裝裝卸卸；搬搬運運……

高志揚　（耐心地）小韓，你想想，咱們國家進出貨物，哪一件不靠我們工人裝裝卸卸，搬搬運運呢？

韓小強　（不耐煩地）好啦，好啦，這些大道理誰不懂呀！（看看電影票，焦急地）對不起，我得走了。

高志揚　事故還沒查出來，你怎麼能走呢？

韓小強　八小時以外，是我的自由！

高志揚　（氣憤）你 ──（又抑制下來）這種話像咱們無產階級說的嗎？

韓小強　什麼？我，碼頭工人的兒子，紅旗下長大，你說我不像無產階級，難道我像資產階級呀？！

高志揚　呃！小韓！

韓小強　幹嗎？

高志揚　你……（克制）

韓小強　我怎麼啦？

高志揚　你這種態度，像個工人嗎？

韓小強　工人？什麼工人？（蔑視地）裝卸工啊！

高志揚　裝卸工怎麼樣？

韓小強　見人矮三分！

高志揚　（激憤地）你，你有這種思想，就幹不好這份裝卸工！

韓小強　幹不好？我還不想幹呢！

高志揚　什麼？

韓小強　裝卸工，一天幹到晚夠辛苦了，還要扛。怪不得有人在說……

高志揚　說什麼？

韓小強　　"靠咱們這號人還能管好碼頭？！"（氣沖沖跑下）

高志揚　　（激怒，深沉地思索）"靠咱們這號人還能管好碼頭？！"（怒不可遏）

"靠咱們這號人還能管好碼頭？！"

（唱）【二黃散板】

一石激起千層浪，

我心中好似這奔騰的黃浦江。

眼前的事，勾起我把往事回想，（面對浦江，心潮翻滾）

黃浦江啊！黃浦江啊！

【回龍】

你千年流，萬年淌，淌不盡我們仇滿懷來恨滿腔！

【慢原板】

解放前，星條艦、花旗輪橫行江上，

給碼頭，留下了斑斑血淚、累累創傷！

【原板】

幸喜得解放軍大炮轟響，

轟散了烏煙瘴氣出太陽。

粗大的手，把革命大印來執掌，

黨號召碼頭工自力更生，奮發圖強，

立足海港，為國爭光！

竟有人惡意挑動，出言誹謗，

頓使我怒火萬丈燃胸膛。

同志們為事故心情焦急，

查不出那散包，對不起人民，對不起黨，

哪怕是針落海底，我也要倒海翻江！

〔方海珍上。小陶、小丁隨上。

方海珍　老高，問題嚴重了。散包的場地上，發現了玻璃纖維。

　　高志揚　（驚異）啊？！運糧食的場地上，哪兒來的玻璃纖維呢？

　　方海珍　你掃起的散麥？

　　〔高志揚遞裹著散麥的毛巾給方海珍。

　　方海珍　（打開一看）不好，散包小麥裡也有玻璃纖維了！（對高志揚）你看！你看！

　　〔眾看。

　　〔天空漸暗。

　　高志揚　糟了！這小麥要是運出國外……

　　方海珍　人吃了，沾在腸子上，就有那 ——

　　（唱）【西皮散板】

　　生命危險，

　　政治影響大如天，大如天！（向高志揚）

　　散包查問過啦？

　　高志揚　班後會上都說沒散過。

　　方海珍　（思索片刻）問題很複雜。現場我都看過了，只有散包的地方有玻璃纖維。看來決不是一般的責任事故！

　　〔高志揚點頭。

　　〔烏雲密佈，電閃雷鳴。

　　方海珍　（果斷地）老高，鎖好倉庫，保護現場，等候檢查！

　　高志揚　好。

　　方海珍　咱們一定要發動群眾，追根尋源！

　　〔眾“亮相”。

　　〔霹雷閃電，大雨傾盆。切光。


——幕急閉

## 第四場　戰鬥動員

〔緊接前場。

〔裝卸隊黨支部辦公室。正面懸掛著毛主席像，牆上貼著一幅裝卸圖表和月曆。牆角倚著一糧杠棒。

〔室外，堆貨場地。從茂密樹叢中，可見高大倉庫一角。遠處停泊著萬噸巨輪。

〔雨過天晴，白雲朵朵，藍天彩虹，相映生輝。

〔幕徐啟：方海珍坐在桌前閱讀中共八屆十中全會公報。桌上放著《毛澤東選集》、電話機和裹著散麥的毛巾。

方海珍　（閱罷公報，心潮澎湃）

（唱）【西皮寬板】

細讀了全會的公報激情無限，

望窗外雨後彩虹飛架藍天。

江山如畫宏圖展，

怎容妖魔舞翩遷！

【二六】

任憑他詭計多瞬息萬變，

我這裡早已經壁壘森嚴！

〔趙震山匆匆上。

趙震山　老方，區黨委怎麼說？

方海珍　領導非常重視，要我們認真追查。

〔方海珍到茶水桶前，倒了一杯水。

趙震山　（煩躁地）真傷腦筋！（摘下安全帽）今天搶運小麥，要是不扛，也不會出這樣的事故。（坐下）

方海珍　我看不是扛不扛的問題。（遞水給趙震山）這個散包的背後，說不定是一場尖銳複雜的階級鬥爭。

趙震山　階級鬥爭？

方海珍　突擊北歐船的主意，誰出的？

趙震山　錢守維呀！

方海珍　兩千包出國小麥放在露天，誰幹的？

趙震山　誰？

方海珍　（加重語氣）也是錢守維！後來他又攪亂運輸線路，差一點影響了援非任務。這一連串的事情，難道是偶然的嗎？！

趙震山　（站起來，不以為然地）噢！突擊北歐船，我也同意過；颱風的消息，大家都不知道嘛！（邊說邊走向桌前）

方海珍　你不知道，錢守維也不知道嗎？

趙震山　咱們不能總拿眼光看人！聽調度室的同志們說，解放後經過幾次運動，他已經老實多了。這個人，業務上有一套，工作也還積極嘛！

方海珍　（凝視趙震山，沉默片刻）老趙，咱們都是共產黨員，又是老戰友。我覺得你近來階級鬥爭的觀念淡薄了。

〔趙震山愕然，坐下。

方海珍　（語重心長地）還記得吧？解放前，你、我剛到碼頭上來當鍬煤工的時候，都還沒有一把煤鍬高。想想過去咱們吃的是什麼苦？想想世界上還有多少人，過著牛馬不如的日子？（激動地）現在他們要砸碎枷鎖，爭取解放，拿起槍桿子和帝國主義戰鬥，非常需要世界革命人民的支援；而他們的反帝鬥爭，對我們也是有力的支援！對於我們的相互支援，敵人一定要千方百計地進行破壞。老趙，咱們可不能麻痹大意，只聽見機器聲，聽不見階級敵人霍霍的磨刀聲啊！

趙震山　（有所觸動，陷入沉思）……

方海珍　在黨的八屆十中全會上，毛主席教導我們：階級鬥爭，必須年年講、月月講、天天講，（誠摯地）我們千萬不要忘記！同志。

〔高志揚急上。

高志揚　老方，倉庫已經鎖起來了，快作決定吧！

方海珍　好！我們支委先研究研究。

高志揚　同志們建議，翻倉！

方海珍　老趙，你看呢？

趙震山　這批出國小麥離裝船的時間只有三天了。

方海珍　我的意見，明天翻倉。

高志揚　我同意。

趙震山　好。

高志揚　我去告訴大家。（走出門口）

方海珍　老高，我去通知。（追到門外）高大嫂說孩子病了，你趕快到醫院去吧！

高志揚　我知道了，孩子有醫生照顧，比我解決問題。（下）

方海珍

老高，老高……

趙震山

〔電話鈴響、趙震山接電話。方海珍進門。

趙震山　（對著送話器）喂，……啊啊。……什麼？……緊急任務？我就來。（放下電話，拿起安全帽）區主任找我。（走到門口，想起）哦，老方，（掏出一份請調報告）這是韓小強送來的。他要請調工作。（欲下）

方海珍　（接報告，看）哦？還寫了報告？

趙震山　（想起，回身）噯，有人反映最近錢守維和他很接近，這件事會不會跟錢守維有關係？

方海珍　（思索，點頭）……

趙震山　（有所醒悟地）我腦子裡是少根弦啊！（戴上安全帽，下）

〔方海珍目送趙震山下，看手中的請調報告，又看看桌上的散包麥，思緒萬千。

方海珍　（唱）【西皮導板】

散包麥、請調信，令人深省，

【回龍】

我胸中一陣陣江潮起伏，

風雲翻卷，警鐘長鳴！

【慢原板】

戰友們為此事深談細論，

樹欲靜風不止事出有因。

回頭看，歷史的行程，全憑著紅旗指引。

闖雄關，闢大路，迎來了碼頭繁榮，港口喧騰。

【原板】

勝利中須保持頭腦清醒，

征途上處處有階級鬥爭！

革命者怕什麼風狂雨猛，

風狂紅旗舞，雨猛青松挺，海燕穿雲飛，

征帆破霧行，暴風雨更增添戰鬥豪情！

望江濤迎激流昂首前進，

定使這上海港，緊連著江南塞北，

莽原椰林，支援那國內建設，世界人民。

〔馬洪亮上。

馬洪亮　（走過視窗）海珍！

方海珍　老馬師傅。

馬洪亮　（進門，關切地）聽說出事故了？

方海珍　正在追查。（接過馬洪亮的草帽，想起）老馬師傅，您來得正好。區黨委辦了個階級教育展覽會。您是老碼頭了，來給大家作個報告吧！

馬洪亮　（意外地）作報告？

方海珍　講講過去，比比現在。

馬洪亮　（領悟地，點頭）對，可是從哪兒說起呢？

方海珍　（從牆角取過杠棒）就從它說起，好嗎？

馬洪亮　（猛見杠棒）杠棒？（接過，深情的撫摸著，百感交集）我的老夥伴！要是說你，我可有滿肚子的故事啊！

〔方海珍、馬洪亮同扶杠棒，沉浸在回憶中。

〔趙震山內喊："老方！"上。

趙震山　區裡接到通知，因為颱風的關係，這批出國小麥也要提前裝運。

方海珍　什麼時候啓航？

趙震山　明天！

方海珍　什麼時候裝船？

趙震山　天亮就要裝船！

馬洪亮　（焦急地）哎呀！散包還沒查出來呢！

方海珍　（思索）……

〔小丁、小陶奔上。

小　丁

老方！

小　陶

小　丁　錢守維跟大夥兒吵起來了，他一定要開倉庫清點數字……

小　陶　他還說，你們組該下班了；叫我們把倉庫的鑰匙交給他。

方海珍　啊？

〔高志揚內喊："老方！"握著一大串鑰匙急上。

高志揚　這是倉庫的鑰匙。

〔錢守維持裝載佈置計畫圖與眾工人爭論著上。

錢守維　方同志，您看，大夥兒跟我吵架起來了，說什麼也不肯把鑰匙給我。我也接到區裡通知，小麥明天天亮就要裝船，不趕緊清點數字怎麼行哪……

高志揚　（打斷）沒有支部的決定，不能隨便開倉！。（把鑰匙向桌上一放）

工人們　對，不查清事故，我們決不下班！

高志揚　我們要對援外任務負責！

馬洪亮

我們要對援外任務負責！

工人們

錢守維　同志們！同志們！我也是對援外任務負責。（邊說邊走向趙震山，帶有威脅地）提前裝船可是上級的決定啊！要是今天不點清數字，就要影響裝船的時間，（又轉向工人們）這可是個大問題。（向方海珍）方同志，你看……

方海珍　（沉著鎮定地）明天天亮裝船是上級的決定，我們當然堅決執行。

錢守維　（得意地急忙抓起鑰匙）好！我馬上清點數字。

方海珍　把鑰匙放下！

錢守維　（愣住）啊？

方海珍　明天早上，我們會把準確的數字拿出來。

錢守維　（震驚）你們……

方海珍　（斬釘截鐵地）我們連夜翻倉！

〔錢守維一驚，手中鑰匙落於桌上。

方海珍　天亮之前，不但點清數字，而且查出散包，把事故的真相弄清楚！

工人們　（齊聲）對！

錢守維　（無可奈何）好，好，好。（走出門外，回頭，仇恨地一瞥。下）

趙震山　（拿鑰匙，對眾）走，到倉庫！

高志揚　走！

方海珍　同志們！

（唱）【西皮快板】

一個散包重如山，

嚴峻的考驗在面前。

真金最喜烈火煉，

戰士從來不畏難。

再接再厲決心幹，

連夜翻倉把好關！

高志揚　（接唱）

鋼肩鐵臂經百煉，

山能搬來海能填！

趙震山　（接唱）

援外任務應從嚴。

查出散包再裝船。

馬洪亮　（唱）【快垛板】

老兵請戰上火線，

男工們　（接唱）

青年一馬願當先！

女工們　（接唱）

女工奮勇來應戰，

工人們　（接唱）

決不讓那散包出港灣！

方海珍　（唱）【快板】

這是一場政治戰，

同心協力排萬難。

狠狠打擊帝修反，

堅決徹底把倉翻！

工人們　（唱）【快垛板】

狠狠打擊帝修反，

堅決徹底把倉翻！

狠狠打擊帝修反，

堅決徹底把倉翻！

方海珍　翻倉！

工人們　翻倉！

〔眾意氣風發地作斜坡形“亮相”。

—— 幕急閉

## 第五場　深夜翻倉

〔深夜。

〔倉庫一角。大門兩側分貼著“奮發圖強”、“自力更生”的標語。兩邊牆上掛著“安全生產”、“嚴禁煙火”的紅綠安全標燈。

〔幕啓：工人們正在緊張地翻倉。男工扛包，女工推車，交錯過場。

〔高志揚上。女工乙拿報表從另方向同時上，將報表給高志揚看，然後下。

〔高志揚披搭肩布“亮相”，下。一隊男工快步走上。男工們作搭肩布舞：“蹦子”，“雲手”，轉身“旋轉搭肩布”，“甩布搭戶”，“亮相”，後抬腿起步下。

〔另一隊男工扛包、“顛包”、過場。

方海珍　（見馬洪亮還在扛包，忙披上搭肩布）老馬師傅，我來。

馬洪亮　我來吧！（經過一番推讓，接過馬洪亮肩上的麥包，扛"立包"下）

〔馬洪亮欲追，一女工上，勸阻，二人下。

〔又一隊男工上，作搭肩布舞："甩肩由"，"抬腿"，轉身"抖披肩"，"別腿"，"甩肩布"，"蹦子"，"鶴子翻身"，"亮相"，下。

〔高志揚率一隊男工扛包過場。

〔方海珍上。

方海珍　（叫住其中一人）老李。（仔細查看包口，無所發現，繼續逐包檢視。男工們扛包過場）

〔小丁、小陶、女工乙與若干男女工上。

女工乙　老方，外倉翻完，不見散包。

小　陶　海珍同志，小韓家我去過了。他說馬上就來。

小　丁　（想起）噯，白天司機小洪也參加搶運了。

方海珍　對，她那兒也應該去瞭解一下。

小　丁　好。（下）

方海珍　同志們，到裡倉去，繼續檢查。

〔眾工人下。

〔方海珍和女工乙同看報表，邊走邊議。二人欲下。

〔高志揚上。

高志揚　（低聲）老方，（方海珍停住。女工乙下）錢守維在倉庫裡東摸摸，西看看，神色很不正常，他……

〔方海珍早已發現，示意高志揚勿聲張，高志揚會意地點頭。二人下。

〔兩女工推車過場。錢守維推車隨後上，四顧無人，疲勞地放下車子。

錢守維　（惡狠狠地）方海珍，方海珍，我看見你這樣的共產黨員眼睛都要出血！連夜翻倉？看來散包他們是翻不出來的。

可是，如果查出小韓扛走的那個稻種包，那可就糟了！（再下狠心）不行，我無論如何也要找出那個稻種包來，親手把它運過去，給他來個神不知鬼不覺。（得意地）這樣，只要小韓今兒晚上不來，那散包和錯包的事情，你就永遠別想查出來。（轉身欲走）

〔韓小強上。

錢守維　（大吃一驚）小韓，你怎麼來了？我剛才不是跟你說了嗎！叫你不要來，不要來……

韓小強　老方找我呀！

錢守維　啊？（忙把韓小強拉在一旁）

韓小強　出了什麼事？

錢守維　你知道吧？你散的那個包，亂子鬧大了！

韓小強　怎麼啦？

錢守維　散包裡又混進了玻璃纖維！

韓小強　玻璃纖維？

錢守維　他們說這是政治事故！

韓小強　啊，政治事故！

錢守維　小韓，這件事你可千萬不能承認。（挑撥）他們懷疑你是故意破壞！

韓小強　（驚恐地）啊？

（唱）【西皮搖板】

問題複雜有口難辯，

錢守維　（進一步恫嚇）是呀，你就是跳進黃浦江也洗不清了！

韓小強　（一橫心）

（唱）【快板】

趁早請調離港灣。

錢守維　（催韓小強）快走！天亮一裝船就沒事了。走，走，走！

〔方海珍突然出現，錢守維急忙閃開。

方海珍　小韓，你來了？

錢守維　（提高聲調，假作正經地）小韓，還不快去翻倉！

〔方海珍側目注視。錢守維推車下。

韓小強　海珍同志，我的請調報告你看過了？

方海珍　同志，碼頭能停萬噸輪，爲什麼掛不住你的心呢？這是革命工作。

韓小強　幹別的也革命，貢獻更大，爲什麼偏要把我留在碼頭？說實在的，讀了十二年書來當裝卸工，我想不通。

方海珍　照你這麼說，讀了書，有了文化，就不該當裝卸工？現在教育普及了，人人有文化，誰來幹這一行呢？

韓小強　（語塞）這⋯⋯

〔馬洪亮上。

馬洪亮　（看見韓小強，生氣地）你還來呀？！

方海珍　小韓，我找你來，是爲了今天的散包事故⋯

韓小強　散包事故？（賭氣地）我不知道！

馬洪亮　你這是什麼態度？！

韓小強　舅舅，你不瞭解情況，沒有發言權。

馬洪亮　我一到碼頭就看出來了，你的思想不對頭。你⋯⋯

方海珍　（攔阻。向韓小強耐心地）小韓，你看，大家都在忙著連夜翻倉⋯⋯

馬洪亮　你倒鬧情緒來了。

韓小強　我請調工作，又不犯法。（坐在木箱上）

方海珍　你千萬不要糊塗。

韓小強　我思想非常清楚！

方海珍　你不要上別人的當。

韓小強　我自己心裡有主張！（站起來）

方海珍　小韓，你今天態度有點反常。

韓小強　　（走向方海珍，急切而委婉地）老方，還有關我個
人前途啊！

方海珍　　（莊嚴地）裝卸工作，前途遠大！

韓小強　　（執拗地）主意已定，堅決請調！

馬洪亮　　（厲聲）你這是無法無天！

韓小強　　（頂撞）你這是亂扣帽子！

馬洪亮　　（氣極）你……（衝向韓小強）

方海珍　　（急攔阻。向韓小強）工作問題要革命需要。

馬洪亮　　對！

韓小強　　不管怎麼說，我的決心下定了！

方海珍　　（鎮定地）可是組織上不批準。

馬洪亮　　根本就不能批準！

韓小強　　不批準？

馬洪亮　　怎麼樣？

韓小強　　我 ── （掏出工作證）

馬洪亮　　你想幹什麼？

韓小強　　我不幹了！（把工作證摔在箱子上，轉身向外走）

馬洪亮　　（大聲）小強！

〔韓小強擦淚跑下。

馬洪亮　　這還了得！（欲追）

方海珍　　（急喊住）老馬師傅！

馬洪亮　　海珍，我非狠狠地管教他不可！

方海珍　　（竭力抑制內心的激怒，痛心地）是要管，大家都
要管，（堅毅地）管到底！（拿起工作證）您把小韓先帶到階級
教育展覽會去，好好跟他談談。我這兒安排好就來。（遞工作證
給馬洪亮）

馬洪亮　　（接工作證）好！（欲下）

方海珍　　老馬師傅……（為馬洪亮披好上衣，安慰地）您千

萬別發火啊!

　　馬洪亮　我不發火!我不發火。(按捺不住)我(強制下來)我不發火。(出門,克制地)我不發火!(急下)

　　方海珍　(怒火復升,又隨即抑住)

　　(唱)【二黃散板】

　　且按下滿腔的怒火想一想,

　　韓小強他今晚的態度很反常。

　　小韓哪!分明是有人解纜你蕩槳,

　　你可知獨身會葬身水洋?(思索,堅定地)

　　【快板】

　　任憑那妖風掀起三尺浪,

　　我也要頂風踏浪去出航。

　　定把你無篷的船兒拖回港,

　　【散板】

　　按照這革命的航標走四方!

　　〔趙震山急上。

　　趙震山　老方,我國的遠洋巨輪"長風"號,已經靠岸。散包查得怎麼樣?

　　方海珍　外倉翻完,沒有查出散包,正在翻裡倉呢。

　　趙震山　區上說,萬一查不出散包,寧可承擔經濟上的重大損失,也不能在政治上受到絲毫影響。

　　方海珍　我們一定要排除萬難,查出散包,按時裝船!

　　趙震山　對,我去看看。(進裡倉)

　　〔方海珍欲下,海關鐘聲兩響,止步。

　　方海珍　(焦灼地思索)兩點了,離天亮只有兩個鐘頭了,時間真快呀!

　　〔雷鳴。

　　〔方海珍走上倉庫門口臺階,望著夜空,沉思。

〔江風趨緊，激浪拍岸。

方海珍 （唱）【二黃散板】

午夜裡鐘聲響，

【慢板】

江風更緊，（緩步走下臺階）

同志們翻麥倉心潮難平。

那散包為什麼還無蹤影？

到天明這小麥怎裝“長風”？

【快三眼】

支援那亞非拉是光榮的責任，

查散包是一場尖銳的鬥爭。

追線索尋根源反覆思忖，

那錢守維神色異常，也來翻倉，必有原因。

【垛板】

情況急，時間緊，從何著手方能制勝難下結論

〔電閃、雷鳴。

【搖板】

黨啊，黨啊！

【原板】

行船的風，領航的燈，

長風送我們衝破千頃浪，

明燈給我們照亮了萬里航程！

想起黨眼明心亮頓時振奮，

【二六】

解疑難需依靠碼頭工人。

他們能山頭踩出平坦路，

他們能海底撈出繡花針。

【垛板】

堅決聽黨的話頑強挺進，

聽黨的話頑強挺進，

這一仗一定要全勝收兵！

〔風雨交加。高志揚上。

高志揚　老方，散包到現在還沒查出來！

〔趙震山和工人們議論紛紛地上。兩女工和錢守維推車載包上。

工人們　真急死人了！

趙震山　同志們，是不是先休息休息！

工人們　散包沒查出來，怎麼能休息呢！

工人甲　（大聲）我建議再查一遍！

工人們　（齊聲）對！

〔眾又議論。

方海珍　同志們！

〔眾靜。

方海珍　（沉著地）咱們是不是先冷靜地分析分析，這個散包到現在還沒查出來，

究竟是什麼原因啊？

高志揚　對，咱們研究研究去。

工人們　對，走！

〔眾下。錢守維推車欲下。

方海珍　錢守維！

錢守維　（停住，一驚）方同志，有事？

方海珍　（策略地）你在碼頭幾十年了，你看這到底是什麼問題啊？

錢守維　（佯裝鎮定）大夥兒都說是政治事故。

方海珍　你看能查出來嗎？

錢守維　大家這麼認真地查，我看一定能查出來。（推車欲

走）

方海珍　（注視車上的包）這麼說，能夠按時裝船嘍？

錢守維　沒問題，只要抓緊時間查。（邊說邊推車急走）

方海珍　（叫住）調度員！

〔錢守維停住。

方海珍　你第一次幹這樣重的活，夠累的了。（指車子）這個……

錢守維　（回頭）不累，不累，我能堅持到底！（推車欲走）

方海珍　等一下。

錢守維　（無可奈何地放下車子）……

方海珍　裝船的工作，你準備好了嗎？

錢守維　人力，機械都安排好了。

方海珍　防雨設備呢？

錢守維　明天不下雨，我跟氣象臺聯繫過了。

方海珍　（走到車前）你想得倒很周到啊！（試探地欲摸車上的包）

錢守維　（惶急地按住包。忽然感到要露出馬腳，又連忙掩飾地拍拍包上的土，狡黠地笑著）幹我們這一行，要隨時掌握天氣情況。

方海珍　（語意雙關地）我知道，你是很注意氣候變化的，這已經是十幾年如一日了，不容易呀！

錢守維　（聽出話意，又故意掩飾）為了工作，應該的，我每天都要跟氣象臺聯繫。

方海珍　哦？（走上臺階）那颱風的消息，你是知道嘍？

〔一聲巨雷。

錢守維　（慌亂地）呃，不，不……有時也會疏忽。今天，（尷尬地）今天我就忘了跟氣象臺聯繫了。

方海珍　（走下臺階，逼向錢守維，嚴峻地）所以你才把兩千包出國小麥放在露天,是吧?所以你就改變了調度計畫叫我們停下稻種,去搶運北歐船,是吧?要是聽了你的話,颱風一來,外輪不能啓航,稻種誤了農時,那會造成什麼樣的嚴重後果?!

　　錢守維　（手足無措,汗流夾背）這……

　　方海珍　（笑笑）你忙了一天了,回家去休息吧!

　　錢守維　（脫口而出）不,我去找小韓!

　　方海珍　哦?!

　　錢守維　（驚慌失措）不,不,我去調度室!（欲走,忽想起,急去推車）

　　方海珍　錢守維,調度室在那一邊。

　　錢守維　……（放車,狼狽地走出倉門;突然轉身朝另一方向溜下）

　　〔方海珍向內招手。小陶上。

　　方海珍　（低聲）注意他。

　　〔小陶跑下。

　　〔方海珍回身,走近車前,摸包判斷,忽然感到下面的包有些異樣。

　　〔高志揚、趙震山、工人們上

　　高志揚　老方,同志們都說,可能那個散包根本就沒進倉。

　　〔小洪內喊:"海珍同志!海珍同志!"冒雨奔上。小丁與女工甲隨上,若干男女聞聲而上。

　　小　洪　（氣喘吁吁地）海珍同志!白天裝運稻種的時候,我去找隊長回來,發現有一個包掉在地上……

　　女工甲　是我幫她搭上平車的。

　　小　洪　那個包,和散包小麥有沒有關係?

　　方海珍　（胸有成竹地）拿拖筒來。

　　〔方海珍與一工人將上面一包抬下。

　　〔趙震山遞拖筒。方海珍接過,拖下面一包,取出察看。

高志揚

趙震山　（驚愕）稻種！

小　洪

小　丁

工人們　稻種？

方海珍　嗯！一定是有人趁我們突擊搶運的時候，偷偷地把包……（兩手交叉，做換包和勢）看來混有玻璃纖維的散包小麥，已經錯當稻種，裝上駁船了。

高志揚　要是再裝上外輪，運往非洲，那……

趙震山　稻種、小麥，兩頭錯包。問題嚴重啊！

〔風雨大作。

方海珍　通知駁船，調回散包！

趙震山　駁船已經開走啦！

高志揚　開走啦？我駕汽艇出江追！

趙震山　現在風急浪大，出江危險！

〔風嘯、雷鳴。

高志揚　外輪天亮就要啓航，風再急，浪再大，也得去！

小　丁

我跟你去！

工人乙

工人們　（紛紛請戰）我去，我去，我去……

方海珍　同志們！先讓老趙跟吳淞口信號台取得聯繫，設法通知駁船靠岸。

趙震山　好。

〔風雨愈烈。

〔趙震山、小丁與工人乙跑下。

工人們　（焦急地）老方……

方海珍　同志們抓緊時間休息，等候老趙的回音。

〔工人們下。

方海珍　老高，事情很清楚。階級敵人今天進行了一連串的破壞，都沒得逞；又妄想通過這個不容易被人發現的錯包事件，破壞我們的國際聲譽。

高志揚　手段真毒辣！

方海珍　在這個關鍵時刻，我們更要牢記黨的教導，一絲不苟，嚴肅認真。國際主義義務一定要負責到底！

高志揚　對，不但要追回錯包，還要把事故查個水落石出。

方海珍　看來要弄清真相，關鍵在韓小強身上。我馬上去黨委彙報。

高志揚　這裡的事交給我們。（豪邁地）天塌下來也能頂得住！

方海珍　（充滿信心地）好！（闊步走上臺階，轉身，無限深情地）我們決不辜負階級的委託，毛主席的期望啊！

〔二人相顧少頃，方海珍轉身急下。

〔風雨交加。

高志揚　（目送方海珍下。看包，繼而看鐘，心如火燎）時間真緊迫！

〔一聲巨雷。

高志揚　（唱）【二黃原板】

聽雷聲，戰鼓陣陣催人緊，

看閃電，烈焰騰騰燃在心。

〔海關鐘聲三響……

海關鐘聲江流震，

【垛板】

分分秒秒逼煞人，逼煞人！

【原板】

那駁船滿載著祖國的榮譽，

決不能讓敵人陰謀得逞。

那駁船裝的是革命情誼，

怎能夠讓散包留下污痕？

〔雷吼、電掣、雨驟、風狂。

【快板】

哪怕雷吼陣雨猛，

哪怕潮湧夜深沉。

明知驚濤駭浪險，

偏向風波江上行。

縱然是刀山火海，千難萬險，

也難不倒共產黨人！（脫衣蓋包）

〔小丁與工人乙上。

小　丁

組長，駁船聯繫不上。

工人乙

高志揚　（氣概軒昂，聲震屋宇）準備汽艇，追趕駁船，調回散包！（扛包）

小　丁

好！

工人乙

〔三人飛步登上臺階，側身"亮相"。

〔收光。

—— 幕急閉

# 第六場　壯志凌雲

〔黎明前。

〔階級教育展覽會。會場設在從前美國大班"辦公"的樓房裡，四周陳列著碼頭工人壯烈鬥爭的圖片、"過山跳"的模型和破衣、爛襖、皮鞭、鐐銬等實物。一幅紅色的語錄牌上，寫著"將革命進行到底"。"過山跳"旁插著一根紮有紅彩球的杠棒。

〔門口走廊一側橫著一排冬青樹。

〔黃浦江對岸高大的廠房上，矗立著"毛主席萬歲"的霓虹燈標語，紅光耀目。水中倒影，蕩漾如畫。

〔幕啓：韓小強從會場一側上，馬洪亮跟上。

馬洪亮 （極爲耐心地）小強，我給你說了半天，你怎麼一聲也不吭啊？

韓小強 我不是在聽嘛。

馬洪亮 我要你再看看，再想想，這解放前……

（唱）【二黃原板】

什麼人似虎狼張牙舞爪？

什麼人似牛馬終日苦勞？

什麼人設下這"過山跳"？

什麼人走不完"獨木橋"？

你要把解放前後兩對照，

你要把這杠棒、"過山跳"、破衣、爛襖、皮鞭、鐐銬，一件一件，仔仔細細瞧一瞧，你瞧一瞧！

韓小強 舅舅，這些我都明白。

馬洪亮 明白？你要是明白，（掏出工作證）就不會把它摔掉啦！

〔韓小強伸手欲取回工作證。

馬洪亮 給你？沒那麼容易！我問你，這工作證是怎麼來的？

韓小強 （不加思索地）發的。

馬洪亮 （突兀地）什麼？

韓小強　是發的嘛。

馬洪亮　（怒火漸升）發的？（又克制地）小強，這工作證可來得不容易啊！你爹是怎麼死的？你忘啦！（沉痛地）那一年……

（唱）【二黃慢板】

數九天大雪紛飛北風怒號，

你爹他凍爛了雙腳壓傷腰。

出盡了牛馬力難養老小，

為工票忍饑寒他苦熬通宵。

強掙扎帶病扛煤牙關緊咬，

狗工頭揮皮鞭將他逼上“絕命橋”。

可憐他身負重擔一步一顫，一步一顫，步步顫顫，

摔下這“過山跳”，

〔韓小強悲痛地猛然坐下。

馬洪亮　（唱）【二黃散板】

慘死在煤堆旁。

【反二黃原板】

我仇恨難……消，兄弟呀！（拭淚）

〔韓小強禁不住淚下。

舊社會水深火熱向誰告，

血淚匯成浦江潮。

新社會，

這新社會，咱們碼頭工，翻身作主多自豪，

生老病死有依靠，

共產黨毛主席恩比天高！

【散板】

這大紅的工作證，你，你竟敢隨便摔掉，

真叫人痛心哪！

你忘了是哪條根上長的苗！

韓小強　　（憂傷地）

（唱）【二黃原板】

這斑斑血淚史我沒忘掉，

馬洪亮　怎麼？沒忘掉？！那你爲什麼……

韓小強　　（忙解釋）舅舅！

（唱）【搖板】

十二年讀的書實在難拋！

吃這杠棒飯總是不好。

馬洪亮　　（震怒）杠棒飯？（抓住韓小強的手臂）

（唱）【散板】

你、你、你……你忘了本，（走向杠棒）

〔方海珍上。

馬洪亮　　（抄起杠棒）

（接唱）

我決不輕饒！（欲打韓小強。方海珍攔住）

　　方海珍　老馬師傅，資產階級思想用杠棒是打不掉的。（接過杠棒）

　　馬洪亮　海珍哪！（十分傷心地）他連咱們的傳家寶都不要啦！

　　方海珍　　（面對杠棒，感慨萬千）

（唱）【二黃快三眼】

這杠棒跟隨咱經歷過艱難世道，（將杠棒放回原處）

百年來高舉它鬧過工潮。

【二六】

有了黨，喚醒了受苦的人們怒火燒，

團結起來，砸開那手銬腳鐐！

打倒那帝國主義、洋奴買辦、封建把頭狗強盜，

才換來江海關上紅旗飄。

馬洪亮　　（向韓小強）你聽見了沒有？

韓小強　　（理直氣壯地）我要是早生二十年，也會用它打工頭、打美帝強盜。可現在是社會主義建議，我要爲祖國作出更大的貢獻。

方海珍　　裝卸工就沒有貢獻嗎？

韓小強　　（天真地）我要當個海員，親手把物資送往亞非拉，支援他們的鬥爭，這才是偉大的國際主義。

方海珍　　要是沒有咱們把這些貨物裝運上船，你拿什麼去支援亞非拉？又怎麼談得上國際主義呢？（語重心長地）小韓，不要輕視裝卸工的平凡勞動，這一包一件，緊連著世界風雲哪！

馬洪亮　　（拍拍工作證）憑你這樣的行爲，就是當上了海員也經不起風浪！

方海珍　　小韓，你摔的不是一張工作證，而是摔掉了革命！

韓小強　　啊？

馬洪亮　　海珍，你不知道，他剛才還說了些什麼！

韓小強　　（欲阻）我……

馬洪亮　　他，他說咱們是“臭苦力”！

韓小強　　（忙辯）這不是我說的。

馬洪亮　　是你說的。

方海珍　　老馬師傅，這種話，只有錢守維那種人才說得出來。

韓小強　　是他說的。

馬洪亮　　咳！錢守維，過去，美國佬、日本強盜、國民黨反動派，哪個朝代他沒幹過？！他是幫助敵人壓榨工人血汗的帳房先生；咱們是碼頭工人。他跟咱們不一樣！

韓小強　　不一樣？那是過去，現在不是一樣勞動嗎？

方海珍　　咱們把勞動看得無比光榮；他卻罵咱“臭苦力”低人三分。這一樣嗎？

韓小強　　他也和咱們一起建設社會主義，是一樣嘛。

方海珍　咱們工人熱愛黨、熱愛毛主席，對社會主義事業無限忠誠；他卻心懷不滿，妄想變天。這是一樣嗎？

韓小強　（困惑地）今天突擊援外任務，他不是也一樣參加了嗎？

方海珍　咱們為了支援世界革命，一絲不苟，幹勁衝天；他卻表面上積極，暗地裡搗亂。這也一樣嗎？

韓小強　（有所領悟）那麼說錢守維他……

方海珍　小韓哪，有的敵人拿馬拿槍，明火執仗；也有的敵人花言巧語，善於偽裝。錢守維，他嘴裡喊著擁護社會主義，心裡卻念念不忘他的外國主子，還惡毒攻擊咱們管不好碼頭。這難道一樣嗎？

韓小強　（心亂）這…

方海珍　（唱）【二黃散板】

莫以為碼頭上無風無浪，

上海港從來就是激烈的戰場。

美國佬雖逃走還心存妄想，

它陰謀有一天重占這樓房！

曾記得解放後接管海港，軍代表領我們跨上這樓房。美國大班表面順從裝模作樣，背轉身卻咬牙切齒出言倡狂。他罵咱"臭苦力"管不好這份家當；他料咱"窮小工"會掉進黑色染缸。敵人是不會甘心的，他們一天也沒有忘記失去的天堂，一天也沒有放棄復辟的夢想。他們把夢想寄託在我們下一代的身上。小韓哪，咱們不警惕就會解除思想武裝！

韓小強　（震驚）解除思想武裝？

方海珍　（深沉地）是啊！

（唱）【反二黃慢板】

進這樓房常想起當年景象，

【原板】

這走廊上敵人曾架起機槍。

多少次鬧罷工勢如巨浪，

碼頭工求解放奮戰浦江。

先輩的遺言和著鮮血流淌，流淌……

"要報仇，要雪恨，要奪回碼頭把家當！"

解放軍衝鋒號震盪海港，

英雄們捨生命趕走虎狼！

馬洪亮 　（接唱）

紅旗展暖風吹碼頭上變樣，

這傳統這代價怎麼能忘？

方海珍 　（接唱）

裝卸工這工作意義深長，

【垛板】

爲什麼你偏說低人三分臉無光？

【搖板】

有多少烈士的血，烈士的血

【吟板】

滲透了這碼頭的土壤，

【搖板】

爲什麼……

【垛板】

爲什麼你偏要藉故離開這地方？

你本是工人子弟，萬不能辜負黨培養，

【搖板】

小韓哪！同志啊！

【垛板】

　懸崖旁你快收復，迷途上你莫亂闖，你仔細看，你認真想，同志們向你伸出了雙手，滿懷著期望，是火熱的心腸！

【快垛板】

盼望你心紅志堅，立足在海港，

【散板】

忠於人民忠於黨！

韓小強 （痛悔地）我真糊塗啊！

馬洪亮 小強，你可明白了！

方海珍 （鼓勵地）小韓，同志們瞭解你，黨支部相信你。你是咱們碼頭工人的後代呀！

韓小強 海珍同志，（難過地）麥包是我散的。可我不知道有玻璃纖維呀！

馬洪亮 你為什麼不早說呀，

韓小強 錢守維！咳！我真恨死他了！他說這是政治事故，要是承認了，就是跳進黃浦江也洗不清了。

馬洪亮 錢守維真惡毒！

方海珍 你散包的時候錢守維在場嗎？

韓小強 在。

方海珍 他怎麼說？

韓小強 他，他叫我去拿絞包針。

方海珍 你去了？

韓小強 去了。

方海珍 問題就出在這兒。

〔趙震山拿簸箕上。小洪等男女工人隨上。

趙震山 老方，我們發現這個簸箕裡面還有玻璃纖維呀！

韓小強 （搶過簸箕，仔細察看）錢守維就是拿這個簸箕幫我掃散麥的。

方海珍 那個散包呢？

韓小強 他叫我從平車上扛了一包。

小 洪 哎呀！我車上是稻種！

韓小強　啊？！

馬洪亮　海珍哪！抗美援朝的時候出的那次事故，看來也是錢守維幹的。

方海珍　嗯！這個人對新社會有刻骨的仇恨，一遇機會，就興風作浪，今天他又幹下了一系列破壞活動。老趙，馬上向黨委彙報，對他採取措施。

趙震山　好。（下）

韓小強　（憤極，跺腳）錢守維他……（愧痛地）海珍同志！

方海珍　（懇切地）小韓，要記住這個教訓：思想散了，包才散，思想錯了，包才錯呀！

韓小強　（悔恨交加）

（唱）【反二黃散板】

我沾染了

【原板】

資產階級壞思想，

輕視裝卸工作不應當。

我不該辜負了先輩的期望，

我不該輕信那吃人的豺狼！

到如今闖下大禍，難哪難原諒，

多虧了黨的挽救，我幡然猛醒，悔恨交加，

止不住我熱淚盈眶，我熱淚盈眶！

【垛板】

從今後，下決心，立志向，擦亮眼，挺胸膛，

迎著風雨，經受考驗，

堅決戰鬥在海港，

我百煉成鋼！

海珍同志，我的請調報告……

〔方海珍遞報告給韓小強。韓小強撕掉，扔進黃浦江。

〔兩男工興奮地與韓小強握手。

方海珍　（從馬洪亮手中接過工作證，很懇摯地向韓小強）小韓，這是榮譽，這是祖國人民對你的信任。你要把它看得比自己的生命還要寶貴啊！韓小強（雙手捧工作證，緊貼胸前）我一定要聽毛主席的話，改造思想，革命到底！

〔東方欲曉，曙光微露。

方海珍　（暢朗地）毛主席教導我們：要完全地，徹底地爲全中國人民服務，爲全世界人民服務，這就是我們最崇高的理想。

（唱）【西皮二六】

全世界鬧革命風起雲湧，

【原板】

覺醒的人民心連著心。

毛澤東思想東風傳送，

【流水】

新中國響徹了戰鬥號聲。

烈火中湧現出鋼鐵戰士。

黃繼光、羅盛教、楊根思、邱少雲⋯⋯

【快板】

反美帝爲人民英勇挺進，

發揚了國際主義的戰鬥精神！

千萬個英雄說不盡，

【搖板】

我們要 ——

【垛板】

學他們獻身於世界革命，奮鬥終身。

做一個永不生銹的鏍絲釘，

【吟板】

這才是革命者偉大的胸懷，

【散板】

燦爛青春！


—— 幕徐閉

# 第七場　海港早晨

〔緊接前場。

〔碼頭上，綠化地帶。

〔晨曦絢麗，彩霞萬朵，紅旗招展，波光粼粼。

〔幕啓。

高志揚　（內唱）【西皮導板】

滿懷激情（上場，“亮相”）回海港！

【回龍】

看東方，晴空裡，霞光千道，江兩岸分外輝煌。

【原板】

昨夜追舟江上闖，

【快板】

兩岸燈火催快航。

那時候，驚濤駭浪撲胸上，

狂風暴雨抽脊樑、

向前方，站穩腳跟眼發亮，

駕汽艇，穿巨浪，舉標燈，閃紅光，挺直腰桿頭高昂。

追上了駁船我們心花放。

〔遠處人聲喧騰。

工人們　（內喊）老高！

〔方海珍、馬洪亮、韓小強等迎上。

〔韓小強緊抱高志揚的雙臂，激動萬分。跑下。

方海珍　（緊握高志揚手）老高！

工人們　（內喊）麥包追回來噗！

〔工人們湧上。

〔群情鼎沸。

〔小丁扛包與工人乙上。韓小強隨上，擁抱，慚愧不已。

馬洪亮　（撫著小丁和工人乙的肩，自豪地）

（唱）【西皮搖板】

碼頭工人志如鋼。

韓小強　（向高志揚）組長，麥包是我散的。我錯了！（悔痛地低下頭）

高志揚　（拍拍韓小強的肩膀，豪爽地）咱們工人有錯就改嘛！

〔趙震山、小陶內喊："老方！"奔上。趙震山左臂纏有紗布。

趙震山　你們看：美國大班的獎狀、日本老闆的聘書、國民黨的委任狀。（邊說邊遞給方海珍，又掏出一把匕首）還有行兇的匕首！

工人們　（驚訝地）啊？

趙震山　錢守維的！他帶了這些東西，妄想利用工作上的方便，混上外輪，畏罪潛逃。

小　陶　他剛要爬上外輪，我就猛撲上去，把他抓住。

工人們　好哇！

趙震山　可是這個傢伙狗急跳牆，突然跳進了黃浦江！

工人們　啊？他跳了江？

小　陶　老趙一看，縱身跳進江心，在水裡展開搏鬥。錢守維，垂死掙扎，掏出匕首，猛向老趙刺去。老趙不顧傷痛，撲向前去，奪過匕首，把這個壞蛋一把從水裡給抓起來了。

工人們　（高興地）抓得好哇！

方海珍　（關切地）老趙，你的傷……

趙震山　沒什麼！它能使我永遠記住這個血的教訓。

方海珍　對！同志們！錢守維雖然抓起來了，可是還會有新的錢守維。太平洋上不太平，上海港也不是避風港。我們要永遠記住毛主席的教導：階級鬥爭，必須年年講、月月講、天天講。

工人們　對。

高志揚　我建議把這個麥包擺到階級教育展覽會去。

馬洪亮　可以常常給大夥兒敲敲警鐘。

韓小強　組長，我來扛！

高志揚　好。（與小陶爲韓小強搭包）

〔韓小強扛包下。少頃復上。

〔小洪內喊："老方！"跑上。

小　洪　電報！

方海珍　（看電報，異常興奮地）同志們！前往非洲的外輪，滿載著中國人民的深情厚誼，按時開航啦！

高志揚　（激動地高呼）毛主席萬歲！

〔工人們齊聲高呼："毛主席萬歲！毛主席萬萬歲！"

〔天空霞光四射，旭日噴薄欲出，遠方汽笛長鳴。

方海珍　（唱）【西皮小導板】

萬船齊發上海港，

工人們　（齊唱）【快板】

通往五洲三大洋。

方海珍　（唱）【搖板】

站在碼頭放眼望，

工人們　（齊唱）【快板】

反帝怒火燃四方。

方海珍　（接唱）

世界人民聲勢壯，

高志揚

馬洪亮

（接唱）

趙震山

韓小強

相互支援力量強。

工人們 （齊唱）【快垛板】

碼頭工人跟著黨，

說到做到鬥志昂。

胸懷著馬列主義毛澤東思想走向那共產主義，

方海珍 （唱）【散板】

要把那世界徹底變個樣！

工人們 （齊唱）

高舉紅旗奔向前方！

高舉紅旗奔向前方！（"亮相"）

〔一輪紅日，冉冉升起，浦江兩岸，朝暉燦爛。

—— 幕徐閉

（劇終）

（原載《紅旗》雜誌 1972 年第 2 期）

# 龍　江　頌

## （京劇劇本）

## 上海《龍江頌》劇組集體編劇

人物表

江水英 ── 龍江大隊黨支部書記。

阿堅伯 ── 龍江大隊第四生產小隊隊長，黨支部委員。

阿　蓮 ── 龍江大隊團支部書記。

李志田 ── 龍江大隊隊長，黨支部委員。

阿　更 ── 龍江大隊第八生產小隊隊長。

寶　成 ── 龍江大隊社員。

常　富 ── 龍江大隊社員，富裕中農，寶成之父。

龍江大隊男社員甲、乙、丙；女社員甲、乙。

龍江大隊社員苦幹人。

盼水媽 ── 後山公社老貧農。

小　紅 ── 盼水媽的孫女。

後山民工甲。

後山社員若干人。

解放軍甲、乙。

解放軍若干人。

糧站管理員。

黃國忠 ── 暗藏在龍江大隊的階級敵人。

# 第一場　承擔重任

〔一九六三年春，一個早晨。

〔東南沿海，某人民公社龍江大隊堤外田頭。遠處九龍江碧波滾滾，屹立著公字閘的江堤上有 "人民公社好" 五個大字。近處一片油綠的麥田，呈現豐收在望的景象。

眾社員　（內齊唱）【西皮原板】

總路線放光芒照耀龍江，

大躍進戰歌昂響徹四方。

〔幕啓：阿更和男女社員緊張勞動，熱火朝天。

女社員　（接唱）

人民公社似旭日蒸蒸向上，

眾社員　（接唱）

爲革命來種田奮發圖強。

〔眾社員下。

〔李志田上。

李志田　阿更！

阿　更　大隊長，你看這堤外三百畝，綠油油的一片，麥稈粗，麥葉寬，長勢多好啊！

李志田　是呀。阿更，你們八小隊施了多少穗肥了？

阿　更　每畝五斤。

李志田　才五斤？阿堅伯他們四小隊每畝都施了十斤了。

阿　更　十斤？

〔阿蓮上。

李志田　有收無收在於水，多收少收在於肥。咱大隊要奪高產紅旗，就靠你們兩個小隊在這三百畝上打先鋒了。

阿　更　好，豁上老本，每畝再加五斤。這高產紅旗咱奪定了。

阿　蓮　哥哥，水英姐去開抗旱會的時候，說的什麼，你忘了？

阿　更　要抓緊春耕。

阿　蓮　還要支援旱區。咱們這個地區可有三個多月沒下雨了。

阿　更　沒下雨怕什麼？咱們靠近九龍江，怕澇不怕旱，大旱年照樣大豐收。

阿　蓮　那旱區呢？

阿　更　咱們多施肥，多打糧，就是對旱區最大的支援。

李志田　這還不夠，咱們還要用物資去支援。

〔阿堅伯、寶成上。

阿堅伯　志田！

李志田　阿堅伯，舊水車修好了嗎？

阿堅伯　都修好了。

阿　更　哎，咱們現在都用抽水機了，還修那些舊水車幹嗎？

阿堅伯　你不知道水英的意思呀！

（唱）【西皮搖板】

當前抗旱任務重，

抓緊農時不放鬆。

舊水車修好自己用，……

阿　更　那抽水機呢？

阿堅伯　（接唱）

抽水機支援旱區階級弟兄。

阿　蓮　水英姐想得可真周到啊！

李志田　是呀。支援旱區的事兒，等水英回來再說。咱們抓緊施肥!

　　眾　　　　好。

　　〔李志田、阿堅伯、阿蓮、阿更等下。

　　〔寶成欲下,常富追上。

　　常　富　(拉住寶成)寶成,走,跟我到自留地施肥去。

　　寶　成　我正忙著給隊裡施肥呢!

　　常　富　你不會幹完了自己的再給隊裡幹?

　　寶　成　(反感地)爹,要關心集體!

　　〔寶成急下。二社員挑肥上。

　　常　富　嗐,這哪兒像我的兒子!

　　二社員　(諷刺地)哈哈哈!(下)

　　〔常富尷尬地下。

　　江水英　(內唱)【西皮導板】

接重任乘東風急回村上!

　　〔江水英撐船上,登岸,"亮相"。

　　江水英　【回龍】

面對這波浪翻滾的九龍江,豈能讓旱區缺水禾苗黃。(放篙)

　　【原板】

黨決定堵江送水奇蹟創,

齊動員全力以赴救旱荒。

在眼前有一場公私交鋒仗,

戰鬥中人換思想地換裝。

　　〔阿蓮上。

　　阿　蓮　咦,水英姐!

　　江水英　阿蓮。

　　阿　蓮　(向內喊)哎——,水英姐回來嘍!

　　〔李志田、阿堅伯、寶成等上。

　　眾　　　　水英!

阿堅伯　水英啊，抗旱會怎麼開得這樣長啊？

李志田　是呀，把大夥都等急了。

江水英　會議之後，縣委又組織我們到旱區看了一下。

阿堅伯　哦，你快說說旱區情況。

阿　蓮　讓水英姐喝口水再說嘛！

江水英　慢。我帶來一樣東西，大家來嘗嘗。

〔江水英取出水壺。眾分拿茶杯，江水英倒水。

阿堅伯　（喝了一口）哎呀，好苦啊！

李志田　（猛喝一口，隨即吐出）噗！噗！呵，又苦又澀！
這是……

江水英　這是從旱區井底打出來的水！

眾　　　（驚愕）啊！

阿堅伯　（沉重地）旱得這麼厲害！

江水英　是百年未遇的特大乾旱！

眾　　　（急切地）怎麼辦？

阿堅伯
我們趕快去支援。

阿　蓮

江水英　用什麼支援呢？

阿堅伯　抽水機都準備好了！

江水英　河塘乾枯，已無水可抽了！

李志田　那就趕快派人去說明打井！

江水英　小水大渴，也無濟於事了！

眾　　　那我們用什麼去支援呢？

江水英　水！

眾　　　水？

江水英　（唱）【西皮散板】
九龍江有水能救旱。

李志田　水英，（拿水桶作比）九龍江地勢低，旱區地勢高，這水怎麼能上去呢？

江水英　咱們提高水位！

眾　　　提高水位？

江水英　對。

李志田　怎麼提高？

江水英　堵江。

眾　　　好辦法呀！

李志田　在哪兒堵江？

江水英　就在這兒！

李志田　在這兒？

江水英　對。就在這兒，築起一條攔江大壩。

眾　　　攔江大壩？

江水英　擋住上游水流。

眾　　　擋住上游水流？

江水英　逼著江水改道，流進這公字閘門，順著九灣河，把水（提起水桶）送到旱區！

（接唱）

解救那九萬畝受旱良田。

〔眾良久無語，各有所思。江水英觀察大家情緒，走向李志田。

江水英　志田，你看呢？

李志田　在這堤外堵江，水位提高，流到旱區，可咱們三百畝這麼好的莊稼不是全淹了嗎？！

江水英　俗話說，甘蔗沒有兩頭甜，我們應當作出必要的犧牲！

李志田　這群眾工作怎麼做呀！

江水英　關鍵在咱幹部。

　　阿堅伯　（考慮已定）縣委已經決定了，咱們就應當堅決執
行！

　　李志田　……

　　江水英　等會兒咱們開個支委會，重新學習黨的八屆十中全
會公報，統一思想。

　　李志田　（勉強地）好吧。

　　阿　蓮　水英姐，我們團支部也討論一下吧？

　　江水英　好。咱們分頭通知。

　　〔江水英、阿堅伯、阿蓮、寶成等下。

　　〔李志田望著三百畝，走過去拔起一把綠麥，沉重地凝思。

　　〔阿更挑化肥上。

　　阿　更　（滿懷喜悅地）快快快，加油幹！

　　李志田　別幹了！

　　阿　更　爲什麼別幹了？

　　李志田　叫你別幹就別幹嘛！

　　阿　更　嘿？剛才你還說加五斤，加五斤，可現在……

　　李志田　剛才是剛才，現在是現在。

　　阿　更　到底是怎麼回事？

　　李志田　要在這堤外堵江救旱！

　　阿　更　（大驚）啊？這三百畝不是全完了嗎？

　　李志田　那還不完！

　　阿　更　那我們八小隊怎麼辦？這關係到夏熟分配，早季插
秧，還有小隊的紅旗，……

　　李志田　大隊紅旗都保不住了，還提什麼小隊紅旗！

　　阿　更　這可是快到手的十幾萬斤糧食啊！大隊長，你不能
不管哪！

　　李志田　我？（煩躁地）嘻！（欲走）

　　阿　更　大隊長！大隊長！

李志田　（轉身）別說了，縣委決定，咱就執行！

—— 幕閉

## 第二場　丟卒保車

〔當天晚上。

〔李志田家門口，門框上貼著對聯："翻身不忘共產黨""幸福全靠毛主席"。門前場地上有一張小竹桌，上有飯菜，旁有竹椅兩把。

〔幕啓：李志田眺望麥田。

李志田　（唱）【二黃搖板】

眼望著堤外的莊稼茁壯茂盛，

麥浪起伏我的心翻騰。

支委會討論了堵江決定，

三百畝將被淹叫人心疼。

〔常富匆匆上。

常　富　大隊長，聽說要在咱們這兒堵江，是真的嗎？

李志田　（氣粗地）還能假？馬上要開動員大會了！

常　富　那你同意了？

李志田　這是縣委的決定！

常　富　完了，那堤外還有我的自留地！

李志田　哎呀，大家都爲集體操心，可你淨顧那塊自留地！

常　富　我那自留地上種的都是麥子呀！

李志田　你的麥子，大隊補給你！

〔黃國忠上。

常　富　我那是高產田哪！十賠九不足！

李志田　你……

常　富　（向黃國忠）黃國忠，你說說……

黃國忠　好了，好了。常富哥，大隊長爲了堵江的事，傷透了腦筋，別再給他添麻煩啦！

〔黃國忠推開常富。常富下。

黃國忠　哼，他就是自私自利！大隊長，堵江什麼時候開工？

李志田　（不甚在意地）今晚動員，馬上就開工。

黃國忠　好，堵江救旱就是好！……唉！要是沒有虎頭岩擋道那就更好了！

李志田　（注意地）什麼，虎頭岩？

〔江水英上。

黃國忠　你不知道，後山有座虎頭岩。當地人說，虎頭虎頭使人愁，山高坡陡水斷流。這水根本流不過去！

李志田　流不過去？

黃國忠　是啊，這樣恐怕三百畝就白淹啦！

李志田　……

江水英　燒窯師傅，你對後山很熟悉呀！

黃國忠　（一驚，忙掩飾地）不，我也是聽別人說的，是有個虎頭岩。

江水英　這個問題抗旱會討論過了。

李志田　怎麼解決？

江水英　縣委作了部署，咱們這兒堵江，後山動工打通虎頭岩。

黃國忠　那好，那好！你們忙吧，我去準備準備，明天參加堵江！（下）

江水英　志田，還沒吃飯哪？大嫂呢？

李志田　開會去了。

江水英　快吃飯吧。

李志田　這時候吃也不香。（懇切地）水英，咱們是不是把困難向縣委反映一下？

江水英　（微笑地）咱龍江大隊可從來沒把困難上交過呀！

李志田　……（坐下）

江水英　你這個炮筒子，今天在支委會上怎麼悶起來了？

李志田　我……

江水英　我真擔心，要是咱們心裡有疙瘩，怎麼能帶頭打好這一仗？！

李志田　你想，這一堵江，淹了三百畝這麼好的莊稼。雖然縣委給咱們補助，可是補不了我的高產指標，補不了我的超產分紅，補不了我的晚季損失，補不了我的……

江水英　問題就在這兒，你怎麼淨想我的，我的。

李志田　我的？我說的都是集體的。

江水英　不錯，是集體的，可這是個小集體，僅僅是一個點！

李志田　一個點？

江水英　在抗旱這盤棋上，它只是個卒子。

李志田　卒子？好大的卒子，三百畝哇！我的支部書記！

江水英　志田，咱們應該從全局著眼哪！好比你們下棋，爲了顧全大局，有時就不得不丟掉某一個子，你不是常說"丟卒保車"嗎？

李志田　這是種田，又不是下棋。

江水英　淹掉多少，解救多少，你應該懂得算賬。

李志田　我又不是會計。

江水英　這個道理你應該懂得。

李志田　我懂，我懂得小麥被水淹了就沒有收成，我懂得大田被水衝了肥料就會流失，土質受到影響，修整需要勞力，晚季生產受損。這一切，你都想過沒有？

江水英　（意味深長地）這大田是咱們親手開，這莊稼是咱們親手栽，怎麼能不想啊！

　　（唱）【二黃原板】

　　幾年前這堤外荒灘一片，

　　是咱們用雙手開成良田。

　　冒冬雪迎春寒長年苦戰，

　　才使這荒灘變成米糧川。

　　李志田　（接唱）

　　為墾荒咱流過多少血和汗，

　　為墾荒咱度過多少暑和寒。

　　開拓出肥田沃土連年得高產，

　　難道你竟忍心一朝被水淹？

　　江水英　（接唱）

　　你只想三百畝奪取高產，

　　卻不疼九萬畝受災良田。

　　那九萬畝，多少人流過多少血和汗？

　　那九萬畝，多少人度過多少暑和寒？

　　咱怎能聽任江水空流去，

　　忍受那似火的旱情在蔓延？

　　一花獨放紅一點，

　　【散板】

　　百花盛開春滿園。

　　【垛板】

　　在今日犧牲一塊高產片，

　　可贏得那後山，九萬良田，得水澆灌，

　　滔浪隨風卷，大旱年變成豐收年。

　　李志田　（有所觸動）按理說是應該丟……（一想）那就丟吧！

　　江水英　不！

李志田　怎麼？

江水英　一方面是要丟卒保車，另一方面咱們還要自力更生，想辦法儘量補回損失。

李志田　補回？怎麼補？

江水英　我反覆考慮過，是不是有這樣的可能：堵江後咱們把力量撲在堤內三千畝上，努力提高畝產量，把堤外的損失從堤內補回來。

李志田　（興奮地）什麼，什麼，你再說一遍。

江水英　堤外損失堤內補！

李志田　堤外損失堤內補？

江水英　如果，咱們再把副業抓緊，……

李志田　那就是農業損失副業補？

〔江水英點頭示意。

李志田　哎，有道理！這麼說，堵江沒問題了。

江水英　沒問題？志田，咱們堵江救旱，敵人一定怕得要死，恨得要命，想方設法進行破壞。咱們要遵照毛主席的教導："千萬不要忘記階級鬥爭。"

李志田　是啊。一定把四類分子管得老老實實的！

江水英　還要注意暗藏的敵人！

李志田　對！（欲走）

江水英　到哪兒去？

李志田　找阿更佈置任務。

江水英　你先完成這個任務。

李志田　什麼任務？

江水英　吃 —— 飯！

李志田　哈哈哈！

江水英（一摸飯碗）噥，飯涼了，我給你熱熱去。（端碗下）

〔阿更上。

阿　更　大隊長！支委會怎麼討論的？

李志田　（率直地）那還用問，堅決堵江！

阿　更　那我們小隊的損失……

李志田　給你們補助嘛！

阿　更　補助？我們小隊是高產片！

李志田　唶，你怎麼老想你那一個點。

阿　更　一個點？那麼大一片哪！

李志田　在抗旱這盤棋上，它只是個卒子。

阿　更　卒子？

李志田　嗯，比如咱們下棋，爲了取勝，有時就不得不丟掉某一個子。這叫什麼你知道嗎？

阿　更　什麼？

李志田　這叫"丟卒保車"！

阿　更　丟卒保車？

李志田　通了吧？

阿　更　沒通。

李志田　直通通的轉不過彎來，堤外損失就不能想辦法從堤內補回來？

阿　更　堤內補，我們小隊沒事幹。

李志田　你不會來一個農業損失副業補？

阿　更　什麼，副業補？什麼副業？

李志田　燒窯。

阿　更　（大悟）哎，有道理！燒一窯磚就是兩千塊錢哪。這個任務交給我們吧！

李志田　行，你馬上組織勞力上山砍柴，準備開窯燒磚！

阿　更　好，這一下保證補回損失！（興奮地下）

〔阿堅伯、阿蓮、寶成、男社員甲和眾社員內喊："水英！"上。

〔江水英自屋裡出。

阿堅伯　我們貧下中農學了毛主席著作，大夥都說，淹三百，救九萬，……

眾　　　我們幹！

阿　蓮　我們共青團員學了毛主席著作；組織了青年突擊隊，眾衝上堵江第一線！

阿堅伯　大夥還想了好些補救辦法。

李志田　什麼辦法？

阿堅伯　堤外損失堤內補！

阿　蓮　農業損失副業補！

男社員甲　早季損失晚季補！

寶　成　小麥損失雜糧補！

眾　　　一定能補回來！

江水英　對。人民公社力量大，定叫低水……

眾　　　上高山！

〔“亮相”。

—— 幕閉

## 第三場　會戰龍江

〔堵江幾天後的一個下午。

〔工地一角，紅旗招展。宣傳牌上貼著決心書。

〔幕啓：民工們抬石運土，人來車往。

〔男社員甲挑茶水桶上，端著茶杯，招呼大家喝水。

男社員甲　哎 —— ，大夥喝口水再幹吧！（向另一社員）喝口水吧！

〔眾不肯歇，繼續勞動，下。

男社員甲　阿蓮，歇會兒。

阿　蓮　今晚大壩就要合龍了，誰歇得下來！

男社員甲　（拉住阿蓮）不休息還行？你是團支部書記，就帶個頭吧！（遞茶杯給阿蓮）

阿　蓮　同志，喝口水。

民工甲　謝謝你，不喝了。

阿　蓮　你們從早晨一直幹到現在，連口水都不肯喝，叫我們真過意不去。

民工甲　龍江大隊爲我們旱區堵江淹田，水英同志又帶著你們起早摸黑地猛幹，還關心我們的生活，叫我們說什麼好呢？

〔二解放軍抬大石塊上。

阿　蓮　可別這麼說，三年前我們這兒發大水，也幸虧你們後山公社來幫助。

解放軍甲　山前山后貧下中農心連心哪！

民工甲　解放軍同志，歇會兒吧。

阿　蓮　解放軍給我們作了好榜樣，我們兩處受災，你們都來支援。

民工甲　是啊，哪裡有困難你們就趕到哪裡。

解放軍甲　咱們軍民一家嘛！我們做得很不夠。

〔二社員上，阿蓮示意他們把解放軍抬的大石快悄悄抬走。

解放軍甲　（急喊）哎，同志，同志……

阿　蓮　（攔住，遞杯，風趣地）咱們軍民一家嘛！

〔解放軍乙乘阿蓮不備，把阿蓮的車子推走。

阿　蓮　（急喊）哎，同志，同志……

解放軍甲　（攔住，遞杯）咱們軍民一家嘛！哈哈哈！（跑下）

〔民工甲從另一方向下。男社員甲挑茶桶下。

阿　蓮　（無比激動）

（唱）【西皮快二六】

九龍江上擺戰場。

相互支援情誼長。

抬頭望，十里長堤人來往，

鬥地戰天志氣昂。

我立志學英雄，重擔挑肩上，

腳跟站田頭，心向紅太陽。

爭做時代的新闖將，

爭做時代的新闖將，

讓青春煥發出革命光芒。

〔阿堅伯扛工具上。

阿堅伯　阿蓮。

阿　蓮　阿堅伯，合龍的工具都修好了？真快呀！

阿堅伯　今兒晚上大壩就要合龍，準備工作越快越好哇！

阿　蓮　來，我把它扛到合龍口去。

阿堅伯　哎，我來，我來。

〔阿堅伯、阿蓮爭扛工具。

〔李志田拿扁擔上。

李志田　阿堅伯！

阿堅伯　嗳！

〔阿蓮搶扛工具下。

李志田　大壩就要合龍了。你們小隊燒窯的柴草準備好了嗎？

阿堅伯　都準備好了。

李志田　堤外淹了三百畝，這燒窯補救的任務可就全靠您和阿更兩個小隊了。

阿堅伯　沒問題，合龍以後我們就開窯燒磚。

李志田　（喜笑顏開地）好哇！

〔寶成內喊：“大隊長！”與社員乙急上。

寶　成　大隊長，壩上出事了！

〔黃國忠和二社員聞聲上。

李志田

什麼事？

阿堅伯

寶　成　出現了塌方！

阿堅伯　塌方多少？

寶　成　有好幾丈寬！

李志田　水英知道嗎？

寶　成　正在壩上組織搶救。

阿堅伯　怎麼搶救？

寶　成　急需大批柴草！

李志田　那得多少柴草啊！

阿堅伯　要趕緊想辦法。

寶　成　指揮部正在採取緊急措施，向兄弟社隊調運。

阿堅伯　只怕遠水救不了近火！

李志田　那怎麼辦？

寶　成　水英同志要大隊長到壩上商量。

李志田　走！

〔李志田、寶成、社員乙等下。

〔阿堅伯焦灼地望著大壩。

黃國忠　（陰險地）急需大批柴草？（頓生毒計）哼！（溜下）

阿堅伯　（心急如焚）塌方要不趕快止住，大壩就不能按時合龍。怎麼辦？

（唱）【西皮快原板】

合龍前竟發生突然故障，

缺柴草難搶險怎救旱荒？

眼看著攔水壩橫跨江上，

豈能夠一旦間毀於塌方。

【快板】

速回村把我隊燒窯的柴草讓，

爲革命再大的犧牲也要承當！

〔阿蓮、寶成與眾社員奔上。

阿　蓮　阿堅伯！

阿堅伯　哎，壩上怎麼樣？

阿　蓮　水英姐和大隊長決定馬上調我們兩個小隊的柴草救急。

阿堅伯　好！你到八隊找阿更，我回四隊搬柴草。

阿　蓮　同志們，走！

〔眾欲行。

寶　成　（突然發現遠處煙起）哎，你們看，那窯上滾滾的濃煙！

阿　蓮　阿更他們怎麼提前起火燒窯了？

寶　成　不好！

眾　　　怎麼辦？

阿堅伯　阿蓮！

（唱）【西皮快板】

搶救塌方不容緩，

你們快快去找阿更談，

輕重緩急須分辨，

起火也應把柴搬！

〔阿堅伯與阿蓮等分頭"亮相"。

〔切光。

—— 幕急閉

# 第四場　窯場鬥爭

〔緊接前場，黃昏。

〔山坡上，窯場一角。

〔幕啓：黃國忠從窯對面夾兩大捆柴草上。

黃國忠　（向窯內喊）哎——，再加把勁、把火燒得越旺越好！（狰獰地）哼！我從後山跳到龍江村，隱藏了十幾年，憋得我實在喘不過氣來。堵江救旱要叫你們得到好處，休想！

阿　蓮　（內喊）同志們，快走啊！

〔黃國忠急忙進窯。

〔阿蓮上。

阿　蓮　同志們，快到那邊搬柴草。我去找阿更。

〔眾社員飛速過場。

〔常富從窯內出。

常　富　阿蓮，壩上那麼忙，你們來幹什麼？

阿　蓮　搬柴草。

常　富　哎呀，我們人手夠了，你們來幫忙，以後工分也不好算哪！

〔阿更、黃國忠從窯內出。

阿　蓮　什麼工分？大壩塌方了！

阿　更　啊，塌方？你們不趕快去搶救，跑到這兒來幹嗎？

阿　蓮　搬柴草搶救塌方。

阿　更　窯上已經起火了。

阿　蓮　你們怎麼提前起火了？

阿　更　早點起火，早得補救嘛！

阿　蓮　哥哥！

（唱）西皮快流水】

大壩合龍在今晚，
突然塌方添困難。
眼下柴草是關鍵，
急等我隊去支援。
阿　更　不行！
（接唱）
為堵江我隊淹了高產片，
不能再來把柴搬。
阿　蓮　（接唱）
就要搬！你不想大壩缺柴難搶險？
阿　更　（接唱）
不能搬，你不見窯上已經起了火，
黃國忠　（接唱）
停火就毀了這窯磚！
阿　蓮　（接唱）
就要搬！應當停火把柴草獻！
阿　更　（接唱）
不能搬！小隊損失又增大，
黃國忠　（接唱）
嚴重後果誰承擔？
阿　蓮　（接唱）
為救旱就該挺身挑重擔，
搶險不能再拖延。
搬！
〔阿更奪下阿蓮手中柴草，常富接過，進窯。
〔眾社員搬柴上。
阿　更　（急阻）不許搬！
〔江水英，立於坡上觀察動靜。

黃國忠　阿更隊長，這一窯磚可是兩千塊錢哪！

阿　更　燒！

黃國忠　對。（向窯內喊）燒！

〔黃國忠欲去添火。

江水英　停下來！

黃國忠　（一驚）啊！

〔江水英嚴峻地走下坡來。

〔李志田上。幾個社員從窯內出。

黃國忠　（挑動地）現在停火，一窯磚就要全部報廢！…

江水英　現在多燒一捆柴，大壩就要多加一分危險！

李志田　（向阿更）你們早不起火，晚不起火，為什麼偏偏這個時候起火！

阿　更　早不塌方，晚不塌方，誰知道偏偏這個時候塌方！

江水英　阿更，人們原先說合龍後燒窯，為什麼提前起火呢？

阿　更　群眾有這個建議，我也同意。

江水英　誰建議的？

阿　更　是……（看了黃國忠一眼）

黃國忠　（搶過話頭）是大夥兒提的。

〔江水英警覺地注視黃國忠。

黃國忠　（掩飾地）咱們損失太大了，想早點兒補回來嘛！

阿　更　水英同志，既然起了火就不能停。

黃國忠　對呀！

江水英　（斬釘截鐵地）不對！（轉向阿更）阿更，你想，如果沒有柴草，怎麼搶救塌方？搶救不了塌方，大壩靠怎麼合龍，不能合龍送水，怎麼完成黨交給我們的救旱任務？

阿　蓮

（氣憤地）是嘛！

寶　成

江水英　同志們，爲了保證今晚及時合龍，馬上停火搬柴！

阿　蓮　等對，停火搬柴！

〔阿蓮、寶成帶領眾社員搬柴草下。

黃國忠　（見風轉舵地）對，停火！停火！（進窯）

阿　更　（向李志田）我想不通，淹了田，又丟了磚，損失這麼大，我們小隊怎麼辦？

李志田　你……

阿　更　我管不了啦！

〔阿更扭身就走，正遇小紅背著幾對畚箕上。

小　紅　（氣喘吁吁地對阿更）叔叔，這兒是龍江大隊嗎？

阿　更　是呀。

小　紅　（興奮地）我叫小紅，從後山來的。

江水英　（急忙走向小紅）從後山來的？

小　紅　（擦汗）嗯。

江水英　（扶小紅坐於樹墩上）小紅，來，歇會兒，（從一社員手中接過水壺，倒了一杯水）喝口水。

小　紅　（接過，喝了一口）哎呀，這龍江水真甜哪！

江水英　（遞水壺）那你就多喝點。

〔小紅接水壺，欲再喝，杯到嘴邊又停住，把水倒回壺內。

江水英　怎麼不喝了？

小　紅　我奶奶說，一碗水也能救活幾棵秧苗。

〔眾人感動。

江水英　（感慨地）也能救活幾棵秧苗！小紅，你奶奶……

小　紅　大夥叫她盼水媽。

江水英　盼 — 水 — 媽！

小　紅　阿姨，在舊社會有一年遇到大旱，我奶奶因爲盼水，把眼睛都盼瞎了。解放後，是毛主席派來的醫生給她治好了眼睛。這回，聽說堵江送水，她可高興啦！忙著上山砍竹子，回到家。一個勁兒地編哪，編哪，連夜趕編了這幾對畚箕，天還沒亮，就催我快呀，快呀，快把畚箕送到龍江大隊！

　　江水英（接過畚箕，異常激動）它，寄託著多麼深厚的情意，多麼殷切的期望啊！

　　（唱）【西皮小導板】

　　見畚箕似見親人在盼水，

　　【慢二六】

　　九萬良田旱情危。

　　見畚箕千絲萬篾情可貴，

　　後山人抗旱的意志不可摧。

　　咱們想一想，提前燒窯對不對？

　　要警惕陰暗角落逆風吹。

　　雖然是停火搬柴磚報廢，

　　大壩上危險局面得挽回。

　　阿　更　（內坎地）對呀！

　　江水英　（唱）【西皮快板】

　　喝令九龍東流水，

　　快向後山展翅飛。

　　端起龍江化春雨

　　灑遍災區解旱圍。

　　眾　　　（接唱）

　　喝令九龍東流水，

　　快向後山展翅飛。

　　端起龍江化春雨，

　　灑遍災區解旱圍。

　　江水英　（接唱）

　　鼓勵幹勁千百倍，

合龍口上振雄威！

〔眾"亮相"。

—— 幕閉

## 第五場　搶險合龍

〔當天夜晚。

〔江堤旁。工棚對面矗立著高大的施工架，上掛寫著"人定勝天"的紅布標語。照明燈光劃破夜空。

〔幕啓：眾社員搬運竹椿過場。

〔阿蓮、阿更與眾社員上，擦汗揮土。

〔李志田扛椿木槌自另一方向上。

阿　更　大隊長，柴草運到，塌方總算止住了。

李志田　好哇！今晚咱們全都參加堵江，早點兒合上龍，早點從三千畝上補回損失。

阿　更　噯。

〔一陣江風掠過。

李志田　好大的風啊！

阿　蓮　水英姐說，後半夜風力可能還要增大。

眾　　　還要增大？

〔江風趨強。

男社員甲　合龍口越是縮小，水流越急。要是風力再增大，合龍更困難啦！

李志田　如果不能按時合龍，風急浪高，衝垮大壩，幾天來民工的勞動可全都白費了！

阿　更　三百畝好莊稼也就白淹啦！

阿　蓮　更重要的是抗旱計畫全都落空了！

李志田　看來這是場硬仗啊！

阿　蓮　再硬的仗也要打勝！

李志田　走，到合龍口看看去！

〔眾下。

〔江風更緊，浪聲喧鳴。

江水英　（內唱）【二黃導板】

聽驚濤拍堤岸心潮（提馬燈持鐵鍬上）激蕩！

【回龍】

夜巡堤，披星光，

但只見，工地上，人來車往，燈火輝煌，

同志們鬥志昂揚，準備著奮戰一場。

【慢板】

九龍水奔騰急千年流淌，

看今朝英雄們截流攔江。

【快三眼】

站堤上想旱區心馳神往，

恨不能九萬畝稻穀飄香。

堵江來出現的可疑跡象，

一件件細分析事非尋常。

【原板】

黃國忠怎熟悉後山情況？

出主意燒柴草是何心腸？

今夜晚合龍口關鍵一仗，

風浪要征服，

暗礁尤須防。

風浪要征服，

暗礁尤須防。

望北京更使我增添力量，

【二六】

革命豪情盈胸膛。

縱然有千難萬險來阻擋,

為革命,挺身闖,心如鐵,志如鋼,定叫這巍巍大壩鎖龍江!

〔阿更內喊:"水英同志!"持折斷竹椿奔上。

阿　更　大風驟起,合龍口水急浪高,打椿遇到困難,竹椿折斷,正在打木椿搶救!

江水英　只怕木椿也難打呀!合龍口壩身逐漸靠近,如果打椿不成,大壩就有衝垮的危險!

〔江水英急登高處,望向合龍口。

江水英　(果斷地)緊急集合!

阿　更　(向內喊)緊急集合!

〔眾社員、解放軍上。

阿　蓮　突擊隊全部到齊!

解放軍甲　駐軍三排前來報到!

江水英　同志們!打椿遇到困難,情況緊急。咱們要發揚勇敢戰鬥的精神,想盡一切辦法,保證打椿!

眾　　堅決完成任務!

〔阿堅伯內喊:"水英!"與李志田急上。

阿堅伯　風浪越來越大,木椿打不下去!

〔眾議論。

江水英　(登上高處)同志們!現在只有跳入水中,用身體擋住激流,幫助打椿!

眾　　好!

江水英　(再登高一層)偉大領袖毛主席教導我們:"中國人死都不怕,還怕困難麼?

眾　　我們什麼都不怕!

阿堅伯　(挺身而出)我們是共產黨員 ——

李志田等　我們去！

解放軍甲　（挺身而出）我們是中國人民解放軍 ——

眾解放軍　我們去！

阿　蓮　我們是共青團員 ——

阿　更　我們是貧下中農 ——

眾社員　我們去！

江水英　搶險合龍築大壩，捨己爲人掏紅心！

眾　　　捨己爲人掏紅心！

江水英　走！

〔眾奔赴合龍口。

〔暗轉。

〔變景：合龍口，風嘯浪湧。

〔後山民工們打樁。木樁被衝走了。

〔江水英率眾上。江水英果敢地帶頭跳入水中，眾隨之跳下，與浪搏鬥，築成人牆。堵住合龍口。

江水英　"下定決心，

眾　　　不怕犧牲，排除萬難，去爭取勝利。"

〔眾志成城，氣壯山河，"亮相"。

—— 幕徐閉

# 第六場　出外支援

〔合龍幾天後的一天拂曉。

〔龍江大隊村頭路口。遠處，江水從公字閘流進九灣河。河堤內，綠秧如茵。路旁是江水英的住宅。門上貼著對聯："聽毛主席話""跟共產黨走"。門楣掛有"光榮人家"的橫牌，門前空地上有作桌凳用的石塊若干。屋旁一叢翠綠的新竹，生氣勃勃，對面高大挺立的樟樹,枝葉茂盛。

〔幕徐啓:遠處傳來雞啼聲。阿堅伯端砂鍋上。

阿堅伯 (唱)【西皮搖板】

堵江後水英帶病晝夜苦幹,

【流水】

我老伴見她消瘦心不安。

送雞湯但願水英早日康健,

水英,水英,在睡呢!

【散板】

爲讓她多休息我守在門前。(將砂鍋放于石桌上)

常 富 (邊喊邊上)水英,水英!

阿堅伯 (上前急阻,小聲地)哎!你別嚷嚷。

常 富 怎麼了?

阿堅伯 水英在睡覺。

常 富 我有急事兒嘛!

阿堅伯 輕點兒,讓她多歇會兒吧!

常 富 (焦躁地)哎呀!我找大隊長,大隊長上山砍柴兩天了;我找支部書記,支部書記在家睡大覺,那我的事到底還沒有人管?

阿堅伯 你到底有什麼事?

常 富 他阿堅伯,你看,爲了給旱區送水,這堤外江水越漲越高,要是漫上岸來,我家的房子地勢低,那就非淹不可!支部書記管不管哪?!

阿堅伯 什麼?你說你家地勢低,水英家比你要低得多。可人家全不顧這些,一心一意爲集體。你呀,你快回去吧!

常 富 不行,我非找她解決不可!

阿堅伯 我不是告訴你,她在睡覺。

常 富 睡覺我也要找。

阿堅伯　你得為她想想。

常　富　她也得為我想想！

阿堅伯　你該講點兒道理！

常　富　你別多管閒事！（大聲嚷嚷）水英，水英！（徑向屋內奔去）

阿堅伯　（攔住）哎，別把雞湯碰翻！

常　富　什麼？雞湯？（揭開砂鍋一看）好哇：難怪人家說："有的幹部胳臂往外拐，好處自己揣，社員活遭災！"

阿堅伯　這話是誰說的？

常　富　這你別管。

阿堅伯　你不說我也知道。

常　富　你知道也好，不知道也好，反正人家說得對。扔著社員不管，自己睡大覺，喝雞湯。這算什麼書記！這算什麼幹部！

阿堅伯　（氣極）住口！（又強抑怒火）你知道嗎？人家水英為了關心社員生活，為了減輕國家負擔，帶著病泡在秧田裡，沒日沒夜地苦幹。她，每天半夜起身，為大家燒好茶水，修好農具；天天晚上，走東家，奔西宅，解決社員困難，安排集體生產。幾天來，眼熬紅了，人累瘦了，可她一聲不吭，越幹越猛。昨天差點暈倒田頭，是大夥兒硬把她攙回家來。（越說越氣）可是你，竟然聽信流言，出口傷人，只顧自己，不顧別人，自私自利，是非不分，真是豈有此理！

（唱）【西皮二六】

自從大壩築成後，

咱水英更加忙不休。

她帶領群眾苦戰三千畝，

廢寢忘食、抱病操勞奪豐收。

你整天自留地上來奔走，

她日夜大田插秧熱汗流。

你只知伸手要補救，

她千方百計自力更生爭上游。

你只怕江水淹到家門口。

她爲築壩帶頭跳水截江流。

【流水】

這樣的好書記人人誇不夠，

你思一思，想一想，你胡言亂語多荒謬，難道不害羞？！

常　富　什麼？我不害羞？跟你說沒有用，我還是要找支部書記。（邊說邊衝向屋門）水英，水英！（推門欲入）

〔從相反的方向傳來江水英的聲音：“噯 — ！”

〔常富愕然轉身遠望。

〔曙光微露，布穀鳥鳴。

〔江水英拿著外衣，上，擦汗。阿蓮拿量水尺規、手電筒，與社員丙隨上。

江水英　常富叔，您找我有什麼事？

常　富　（尷尬地）呃，我……我沒什麼事。

阿堅伯　水英，你又是一夜沒睡呀？！

阿　蓮　她領著我們在九灣河裡，查看水情，測量水位。

阿堅伯　（對江水英）看你，衣服都濕透了！…

江水英　（微笑著）沒什麼。阿堅伯，江水上漲比昨天還快。這樣下去，萬一漫進堤來，五百畝秧田也要受淹。

阿堅伯　這事情可嚴重了！

江水英　我們馬上組織勞力，加高河堤，堅持送水，保住大田。

阿堅伯　這個辦法好哇！

江水英　我想，勞力可能緊張一些，但是依靠群眾是完全可以解決的。走，咱們到各隊去看看。

〔江水英欲走，忽然一陣暈眩。阿堅伯、阿蓮急忙上前，扶江水英坐子石凳上。

阿堅伯　（關切地）水英，怎麼啦？

江水英　沒什麼。

阿堅伯　你快去休息吧！

江水英　阿堅伯，咱大隊百十戶人家千把雙手，日夜苦戰在田頭，男男女女，老老少少，勁往一處使，汗往一處流，想的是堤內大田創高產，盼的是三千畝上奪豐收。在這個時候，我怎麼能歇得下呢？！

阿堅伯　可你……

江水英　（對阿蓮）咱們馬上走！

阿堅伯　等等！（捧起砂鍋，深情地）孩子，你太累了，先喝一口暖暖身子吧！

江水英　（一看雞湯，感動異常）阿堅伯，您……

阿堅伯　快喝吧！

常　富　（頗受感動）喝吧！

〔阿更內喊：“水英同志！”上。男社員甲、女社員甲等隨上。

〔江水英將砂鍋放在石桌上。

阿　更　縣委書記老高從後山打來電話，問這裡的水位情況。我已經彙報了。

江水英　你有沒有問老高同志，後山的虎頭岩打通了嗎？

阿　更　問過了，沒打通。

江水英　還沒打通？……（思考）

阿　更　因為勞力緊張，縣委正向各公社抽調民工。

阿堅伯　有沒有我們的任務？

阿　更　老高同志特別關照，我們隊的勞力也很緊張，不要出民工了。

江水英　不行！這是領導對我們的照顧。可是虎頭岩打不通，這兒水再多也送不到後山。

阿堅伯　　我們應該主動派勞力去支援！

江水英　　而且越快越好！

阿堅伯

阿　蓮　　對！

社員丙

常　富　　（對社員甲，嘀咕地）我們自己都顧不過來，還管那麼遠哪？

阿　更　　（猶豫地）這……

男社員甲　這的確是個問題呀！

〔眾議論。

江水英　　（環顧左右，思索片刻，親切地）同志們來。

〔晨曦輝映，春鶯百囀。

江水英　　（從外衣袋裡取出毛主席著作）咱們一起學習《紀念白求恩》！

眾　　　　好！

〔眾依次簇擁在江水英身邊。

江水英　　"白求恩同志是加拿大共產黨員，……爲了幫助中國的抗日戰爭，……不遠萬里，來到中國。……一個外國人，毫無利己的動機，把中國人民的解放事業當作他自己的事業，這是什麼精神？"

眾　　　　"這是共產主義的精神"！

江水英　　（唱）【西皮原板】

手捧寶書滿心暖，

一輪紅日照胸間。

毫不利己破私念，

專門利人公在先。

有私念近在咫尺人隔遠，

立公字遙距天涯心相連。

讀寶書耳邊如聞黨召喚，

似戰鼓催征人快馬加鞭。

〔彩雲萬朵，霞光四射。

〔群情激昂。

阿　更　我們應該派人去支援！

眾　　　對，應該去！

江水英　咱們合計一下，派人去後山，這樣，隊裡人手少了，活兒可更重了，秧要搶栽，堤要加高，這些都要好好安排。

阿　更　我們把窯上所有勞力都抽到大田來！

阿　蓮　把看家的、上學的也都組織起來！

男社員甲　咱們苦幹加巧幹，一個頂倆！

阿堅伯　再把機械、耕牛重新調配，進一步挖掘潛力，一定能夠抽出人手支援後山！

眾　　　對！

阿　蓮　水英姐，支援後山的任務交給我們青年突擊隊吧！

江水英　好，我和你們一起去！

阿堅伯　水英，你這幾天身體不好，我去吧。

江水英　不，家裡的擔子也很重，隨著江水不斷上漲，鬥爭一定更加尖銳。（語重心長地）阿堅伯，咱們都是支部委員，志田又不在家，您要多多操心了！

阿堅伯　你放心吧，再大的風浪我們也能頂得住！

江水英　（深切地點頭）再見！（取衣，轉身，揚手“亮相”）

—— 幕急閉

# 第七場　後山訪旱

〔距前場三天后，下午。

〔虎頭岩陡峭險峻，近處梯田層疊，遠處山巒蜿蜒。工地上紅旗如畫，一派戰天鬥地的動人景象。

〔幕啓：後山民工甲立于岩畔，以旗語指揮爆破。

民工甲　（向岩下）大家注意嘍，馬上就要點炮啦！隱蔽！

〔盼水媽臂挎外衣，提茶水桶上。桶上掛著一個水壺。

盼水媽　同志們，大家來喝水呀！

民工甲　哎，盼水媽，別過來，這邊危險哪！（向岩下）準備——點炮！同志，快

上來！快！

〔阿更、阿蓮和江水英先後自岩下攀登上。

〔盼水媽放下水桶，將衣蓋於桶上。

〔岩下轟然巨響。遠處傳來歡呼聲。

眾　　　好哇！

民工甲　（對江水英）兩天的活叫你們一天幹完！照這樣，明天就能打通虎頭岩啦！

〔阿更、阿蓮和民工甲興奮地下。

盼水媽　（對江水英）同志，辛苦了！來，喝一口我從十裡以外打來的水。

江水英　（接水）謝謝您。

盼水媽　這些重活都讓你們搶先幹完了，真是好樣的！

江水英　老媽媽，路遠坡陡，您這麼大年紀，還來給我們送茶水……

盼水媽　嗐，這算得了什麼。聽說龍江水要到了，我這兩天高興得怎麼也睡不著。要是能在這虎頭岩下，親眼看看，親口嘗

一嘗那滾滾流來的龍江水，心裡該有多甜哪！

　　江水英　可是龍江水到現在還沒流到你們這兒！

　　盼水媽　快了，快了。

　　江水英　您說來得及嗎？

　　盼水媽　來得及。同志啊，有了人民公社，人心齊，力無比。來得及，來得及！

　　江水英　老媽媽，龍江大隊送水的責任還沒盡到啊！

　　盼水媽　（不大高興地）什麼，龍江大隊還沒盡到責任？同志，真是不挑擔子不知重啊！龍江大隊為了送水，在自己家門口堵了江，淹了三百畝高產田。您瞧，（邊說邊去拿水壺）他們支部書記江同志還給我送來了這壺風格水。我一直捨不得喝，看一看就渾身是勁哪！

　　江水英　（激動地）您是盼水媽？

　　盼水媽　你？

　　江水英　我是龍江大隊的。

　　盼水媽　你，你是江同志？

　　江水英　（親切地）是啊！

　　盼水媽　水英！（激動地撲向江水英，雙手緊握江水英的手臂）孩子！

　　（唱）【西皮搖板】

　　龍江兄弟情誼深，

　　【流水】

　　捨己為人風格新。

　　旱天送來及時雨，

　　點點滴滴在心。

　　江水英　（唱）【西皮慢二六】

　　公社播下及時雨，

　　點點滴滴是黨恩，是黨恩。

盼水媽　（拭淚）你說得好哇！

江水英　盼水媽，我正想找您。（邊說邊扶盼水媽一起坐於土墩上）

盼水媽　什麼事？

江水英　跟您打聽一個人。

盼水媽　誰？

江水英　解放前是你們這兒的人，叫黃國忠。

盼水媽　黃國忠？

江水英　根據我們初步調查，他過去的名字叫王國祿。

盼水媽　王國祿！（猛地起身）他，他在哪兒？

江水英　（站起）解放前夕他逃到龍江村去了。

盼水媽　這只披著人皮的豺狼！要是在解放前，遇到今年這樣的特大旱災，真不知道有多少窮人要受他的壓榨，遭他的毒手哇！

（唱）【二黃散板】

舊社會咱後山十年九旱，

要水更比

【慢板】

登天難。

我爹娘生下我取名叫盼水，

水未盼到我的淚盼乾。

【原板】

丁亥年遇大旱，咱窮人缺水遭災難，

我的兒虎頭岩下找到山泉。

狗地主將水源強行霸佔，

指派那王國祿把守泉邊。

鄉親們怒火滿腔到此來爭辯，

王國祿，手段毒辣，橫暴兇殘，

可憐我兒，慘遭槍殺血染山岩。

那年月多少人爲水死得慘！……

春雷響，天地變，毛主席把陽光雨露灑滿人間。

【二六】

何懼眼前遇大旱，

一方有難八方來支援。

劈山引水與天戰，

但願得龍江水早到後山。

江水英　盼水媽，今天，有毛主席、共產黨領導，您的心願一定能實現！

〔阿蓮內喊："水英姐！"與阿更急上。

阿　蓮　家裡來電話說：水位猛漲，秧田受到嚴重威脅！

阿　更　可這兒水還沒流到，高坎地上的麥葉都上黃了！（出示麥棵）

江水英　（接過，焦急地）水！

盼水媽　（渴望地）水呀！

江水英　（決然地）現在，時間就是糧食。我們應當提高水位，加快送水！

阿　更　那我們的秧田就難保了！

江水英　看來，還有三千畝大田、十幾戶住房都要受到影響，我們必須趕緊採取措施！

盼水媽　你們的負擔更重了！

江水英　盼水媽，手心手背都是貧下中農的肉，山前山后都是人民公社的田哪！（果斷地）阿蓮，你們繼續幫助打通虎頭岩。阿更，咱們立即去縣委彙報，然後，連夜趕回大隊。

阿　蓮

好。（分下）

阿　更

盼水媽　等等！（邊說邊去桶上取衣服）晚上趕路風寒露冷，拿件衣服去。

江水英　（謝阻）不用了。

盼水媽　孩子！……

江水英　（深情地）盼水媽！

（唱）【西皮散板】

急切中說不盡話語萬千，

您的血海深仇一定得報，龍江甜水一定及時流到後山！

（接唱）

夏收時再見面共慶豐年。（下）

盼水媽　（追送衣裳）水英！水英！（望著江水英的背影，感動萬分）

〔收光。

　　　　　　　　　　　　　　　　　　　── 幕閉

## 第八場　閘上風雲

〔次日，午前。

〔公字閘前。宏偉的公字閘屹立在九龍江畔，閘上紅旗飄揚。

〔幕啓：男社員甲持工具急上。

男社員甲　（向內喊）同志們！沿岸秧田進水，趕快搶救！（下）

〔眾社員各持工具從水閘一方奔上，過場。常富追上，攔住走在後面的寶成。

常　富　寶成，水都快淹到咱家門口啦！快跟我回去搬家！

寶　成　爹，搶救大隊秧田要緊！

常　富　傻孩子，你家都不管啦？

寶　成　你這是個人主義！

常　富　這哪兒像我的兒子！

寶　成　我要像你就糟了！（跑下）

〔常富追下。

〔李志田風塵僕僕自水閘一方上。

李志田　（唱）【西皮搖板】

砍柴草餐風宿露五天整，

興沖沖快步如飛回江村。

〔黃國忠拉常富自另一方上。

常　富　哎呀，大隊長，你可回來了！

黃國忠　咱們村可亂了套啦！

李志田　（一怔）怎麼啦？

黃國忠　你看，江水一個勁兒猛漲，咱們五百畝秧田淹了一半兒啦！

李志田　（大驚）啊？！

常　富　房子也危險了！水英家已經進水了，我家也快啦！

李志田　水英呢？

黃國忠　哼，她丟下大隊不管，還帶著些人跑到後山去發揚風格！

李志田　（惱火地）這，這是怎麼搞的！

常　富　你快拿主意吧！

黃國忠　大夥兒都在說，現在沒有別的辦法，只有破掉攔水壩！

李志田　破壩？沒有縣委指示，不能破壩！

常　富　我的大隊長，再這樣下去，不但淹掉五百畝秧田，還要淹掉十幾戶住房啊！

李志田　（心事重重地）不，壩不能破的⋯⋯

黃國忠　（搶過話頭）那也得把閘門關上！

李志田　關閘斷水？

黃國忠　是啊，何況人家說，旱區早就有水了。

李志田　（注意地）怎麼？

黃國忠　旱區有水了！

李志田　當真有水？

黃國忠　千真萬確！

常　富　你是一隊之長，可得爲我們群眾著想啊！

黃國忠　是啊，水火無情，不能再猶豫啦！

李志田　（橫了橫心）關閘！

黃國忠　好，關閘！

〔李志田、常富、黃國忠衝向閘門。

阿堅伯　（內喊）志田，不能關閘！（邊喊邊上）

李志田　阿堅伯！

阿堅伯　志田，你怎麼一回來不問情由，就要關閘？

李志田　江水漫堤岸，應當把閘關！

阿堅伯　關閘斷水源，怎能救旱田？

李志田　房田遭水淹，責任誰承擔？

阿堅伯　旱災不得救，損失重如山！（縱身登上水閘石階，擋住李志田）

（唱）【西皮快二六】

志田耐心聽我勸，

不能魯莽把閘關。

這閘門直通旱區九萬畝，

這閘門與階級親人血肉緊相連。

【快板】

支委會決定莫違反，

水英不在，你我定要把好關。

李志田　（接唱）

後山得水已解旱，

水英在，也會決定把閘關。

阿堅伯　　（接唱）

後山得水誰曾見？

李志曰　　（接唱）

有人親口對我言。

阿堅伯　　（接唱）

流言蜚語不可信，

貿然關閘太主觀。

李志田　　（接唱）

緊急中我有權作出決斷！

關！

黃國忠

關！

常　富

〔李志田衝向水閘，被阿堅伯拉住。李志田掙脫，欲去關閘。

〔江水英突然出現於閘橋上。阿更、寶成、社員群眾緊隨身後。

江水英　　（唱）【西皮散板】

關閘門斷水源責任大如天！

李志田　水英，你回來得正好。你知道，你的房子已經進水，隊裡秧田有一半受淹，再這樣下去，五百畝秧田全部泡湯了！

江水英　（思考著走下閘階）那你說怎麼辦？

李志田　立刻關閘。

江水英　關閘？

李志田　對！

江水英　斷水？

李志田　不錯！你同意嗎？

江水英　（稍一停頓）不能同意。

李志田　（非常意外地）什麼，不同意？

江水英　非但不能關閘，還要把閘門提高！

李志田　提高？

江水英　開足！

李志田　開足？

江水英　全部開足！

李志田　啊！全部全足？

江水英　嗯。

〔眾愕然。黃國忠陰險地溜下。社員乙和另一社員警惕地跟蹤下。

李志田　哎，旱區不是有水了嗎？

江水英　沒有，這水剛剛流到前山灣，還有七萬畝土地滴水未到哇！

眾　　　滴水未到？

阿堅伯　爲什麼？

江水英　咱們這兒水位太低，流速太慢了！

眾　　　這可怎麼辦？

阿堅伯　人誤地一時，地誤人一年哪！

江水英　對，農時不等人，救災如救火。我們只有提高水位，加快流速，承擔最大的犧牲！

〔眾思索。

李志田　（向江水英）這，這主意是誰出的？

江水英　是我。

李志田　什麼，又是你？！（氣呼呼地坐於閘對面的石塊上）

江水英　（走過去，親切地）怎麼了？

李志田　照你這個做法，那就不是五百畝秧田了，咱大隊的十幾戶住房、三千畝的家當就全丟光啦！我問你，這還叫"丟卒保車"嗎？

江水英　（從容地）在抗旱這盤棋上，三千畝還是個卒子。

李志田　啊？哪有這麼大的卒子！

阿堅伯　爲了保社會主義這個帥，慢說是卒子，就是馬，就是炮，就是車，也要丟！

李志田　（猛然拍腿）不行！現在我不能不說了！（起身，向江水英連珠炮似地）當初，淹三百畝的時候，你說是丟卒保車，我依了你；犧牲一窯磚，你說是顧全大局，我又依了你。本來，你說是堤外損失堤內補。可你，說了不做，竟然不顧勞力緊張，抽調人力跑上後山！

〔阿堅伯欲制止，被江水英攔住。

李志田　這且不說，現在，你又要開足閘門，提高水位。社員房子進水，你看也不看；三千畝大田要淹，你想也不想。你只知一個勁兒丟、丟、丟，卻不管社員愁、愁、愁。（擋住阿更的勸阻，繼續對江水英）你，對得起廣大的社員群眾嗎？！對得起同甘共苦的戰友嗎？！對得起生你養你的龍江村嗎？！

阿堅伯等

（氣憤憤地對李志田）你……！

阿更

〔江水英復又止住。

〔女社員甲和另一社員跑上。

〔女社員乙傷心地撲向江水英懷中，抽泣。

江水英　（面對掉隊的戰友，十分痛心；誠摯地）志田，幾年來，我的工作距離黨的要求，群眾的期望，相差很遠，做得很不夠。咱們是同一崗位上的戰友，是同根相連的階級親人。在抗旱這場鬥爭中，我要是做得不對，你可以指出，我要是有錯，你應該批評。但是，咱們對毛主席的教導，黨的決定，決不能有半點含糊，更不能背道而馳！否則，（越說越激動）那才真正是對不起廣大的社員群眾！對不起同甘共苦的戰友！對不起生我養我的龍江村！更對不起（深沉地）三年前幫我們重建江村的階級弟兄啊！

（唱）【反二黃慢板】

面對著公字閘，往事歷歷如潮翻滾，

這一磚這一石銘記著階級深情。

三年前龍江村山洪迸發，暴雨傾盆，田地全淹盡，

房被衝毀，人困山頂，危急萬分。

【原板】

忽然間紅燈閃群情振奮，

毛主席派三軍來救江村。

東海上開來了救生快艇，

贈饅頭送寒衣暖人身心。

鄉親們手捧饅頭熱淚滾，

毛主席的恩情比天高，比地厚，更比海洋深！更比海洋深！

戰洪水，後山人不惜犧牲搶擔重任，

築長堤，造大閘，萬人合力重建龍江村。

咱怎能好了瘡疤忘了痛？

更不能飲甜水忘記掘井人！

【散板】

憶當年看眼前，此情此景令人心疼實難忍，

【搖板】

同志啊！戰友哇！

【二六】

似這點小風浪你尙且站不穩，

更何談爲人類求解放奮鬥終身！

李志田　　（頗爲感動地）水英，還是你的主意對呀！這閘門應當提高。

常　富　（連忙）等等！讓我回去先把家搬了，你們再動手吧。

寶　成　得了，咱們家早就搬了！

常　富　誰搬的？

寶　成　剛剛水英同志一進村，不顧自己家裡已經進水，帶著大夥搶先把五保戶張大娘和咱們的家都搬到高處去了！

常　富　（大為感動）哎呀，水英啊……（對李志田）你們就開閘吧！

李志田　慢，咱們趕快把水英家的東西搬走！

寶　成　我們已經搬了。

李志田　那趕緊把另外十幾家提前搬走！

女社員甲　水英早已佈置了，現在全都搬好了！

〔眾人深受感動。

李志田　（負疚地）哎呀，這些，我確實不知道哇！

阿堅伯　你不知道的事情多著哪！你走之後，水英在大田日夜苦幹，人都累病了。這能說是說了不做嗎？！

阿　更　她在回村路上，就想到要把秧苗移到高處，準備以後排澇補種。這能說是對三千畝想也不想嗎？！

女社員乙　水英姐回到村裡，直奔低窪住房，組織我們搬家；她，還背著張大娘一步一步走到高地，安排住處。這能說是對社員的疾苦不問不看嗎？！

阿堅伯　志田，你想想，剛才你說的些什麼嘞！

李志田　（愧痛不已）水英，我錯怪你了！

〔社員乙和另一社員內喊：“走！”押黃國忠上。

社員乙　水英同志，你估計得很對呀！這個傢伙果然狗急跳牆，偷偷溜去破壞大壩……

另一社員　當場被我們逮住了！

〔眾人無比憤怒。

黃國忠　（裝作理直氣壯的樣子）你們不要冤枉好人！我這不是破壞，我是為大家著想！（佯作痛心）我不忍心鄉親們遭受這麼大的損失啊！常富哥，大隊長，你們是瞭解我黃國忠的！

江水英　（大喝一聲）王國祿！

黃國忠　（下意識地答應）噯！（忽感失口，強作鎮定）……

江水英　你不要再表演了！（怒不可遏地嚴厲斥責）解放前，你騎在人民頭上，作威作福，霸水占田；殺人害命，鐵案如山！解放前夕，你改名逃竄，潛伏多年，夢想變天，造謠惑眾，挑撥離間，煽陰風，放冷箭，陰謀破壞，肆意搗亂！你是死心塌地的反革命，罪惡滔天！

常　富　原來你是這麼個壞傢伙！

李志田　（怒火塡胸，一把抓起黃國忠）你這條毒蛇！

江水英　把他押下去！

眾　　徹底清算鬥爭！

〔社員乙與一社員押黃國忠下。

李志田　（痛心疾首地）我上了他的當！

江水英　（語重心長地）王國祿口口聲聲說什麼他“是爲大家著想！”他說的“大家”是咱龍江大隊嗎？不是！他是爲誰著想？他是爲著他那個階級！每個階級都有自己的公與私，每個階級都有自己的公私觀。志田，敵人利用了你的私字，私字掩護了敵人！志田，咱們都是共產黨員，可不能讓敵人用咱們的手來達到他們的目的呀！

李志田　（愧恨交集）

（唱）【二黃原板】

一番話說得我又愧又恨，

水英你挖出了我的病根。

我只當爲集體擔負責任，

其實是擴大了的私字迷住我的心。

它使我目光淺危害革命，

辜負了黨的期望，對不起階級親人。

一陣陣的風雨啊，一層層的沉痛教訓，

從此後永不忘階級鬥爭，赤膽忠心爲人民，奮鬥終身！

〔常富羞愧地下。

〔李志田望著江水英，痛慚地低下頭。

江水英　（熱情地）志田，抬起頭來，看，前面是什麼？

李志田　咱們的三千畝土地。

江水英　（引李志田踏上水閘石階）再往前看。

李志田　是龍江的巴掌山。

江水英　（引李志田登上閘橋）你再往前看。

李志田　看不見了。

江水英　巴掌山擋住了你的雙眼！

（唱）【反二黃原板】

抬起頭，挺胸膛，

高瞻遠矚向前方。

莫教"巴掌"把眼擋，

四海風雲胸中裝。

要看世界上

【二六】

多少奴隸未解放，

多少窮人遭饑荒，

多少姐妹受迫害，

多少兄弟扛起槍。

多少姐妹受迫害，

【散板】

多少兄弟扛起槍。

【二六】

埋葬帝修反，

人類得解放。

埋葬帝修反，

人類得解放。

【垛板】

讓革命的紅旗插遍四方，插遍四方，插遍四方，高高飄揚！

李志田　　（激動地）水英，開閘吧！

江水英　　開閘！

〔李志田大步跑去開閘。

眾　　　　（歡呼）開閘嘍！

〔江水奔流。群情鼎沸。

—— 幕閉

## 尾聲　豐收凱歌

〔夏收季節的早晨，絢麗的朝霞，烘托著火紅的太陽。

〔糧站門口。黃澄澄的田野，葵花朵朵，電柱成行，一片豐收景象。

〔幕啓：兩隊旱區社員，分由盼水媽和後山民工甲帶領，各舉著寫有"龍江大隊"字樣的標旗，穿節日盛裝，挑公糧舞上，相遇。

民工甲　　盼水媽，您怎麼來啦？

盼水媽　　你怎麼來啦？

民工甲　　您來幹什麼？

盼水媽　　你來幹什麼？

〔糧站管理員上。

糧管員　　你們都來幹什麼？

民工甲　　管理員同志，我們是龍江大隊交公糧來了。

盼水媽　　管理員同志，我們是龍江大隊交公糧來了。

糧管員　　（看兩隊標旗）"龍江大隊"，"龍江大隊"。你們到底哪一個是龍江大隊呀？

民工甲隊　我們是龍江大隊！

盼水媽隊　我們是龍江大隊！

民工甲隊　我們是！

盼水媽隊　我們是！

糧管員　別吵，別吵！昨天來了幾個龍江大隊，今天又來了幾個龍江大隊。我看你們哪，都不是龍江大隊。

眾　　我們是龍江大隊！

〔小紅跑上。

小　紅　奶奶，那邊又來了一個龍江大隊！

〔江水英、李志田、阿堅伯、阿蓮、阿更等舉著龍江大隊標旗，挑公糧上。

〔大家意外相遇，熱情洋溢。

眾　　水英同志！

糧管員　看，這才是真正的龍江大隊！

盼水媽

同志，你無論如何要把我們的糧食收下！

民工甲

民工甲隊　收我們的！

盼水媽隊　收我們的！

後山社員們　不能收他們的！

糧管員　爲什麼？

盼水媽　同志！

（唱）【西皮流水】

今年遭遇大旱災，

“龍江”淹田送水來。

我隊受益得高產，

代他們交糧該不該？

糧管員　應該，應該。

民工甲　同志！

（唱）【西皮流水】

"龍江"爲我們受損害，

代交公糧該不該？

糧管員　應該，應該。

江水英　同志們！

（唱）【西皮流水】

"龍江"淹田未受害，

都只爲八方支援，萬人相助，

排水整田，送肥贈苗把秧栽。

李志田　（接唱）

保卒保車又保帥，

損失全部補回來，

自交公糧該不該？

糧管員　應該，應該。

龍江社員們　既然應該，那你就收下吧！

糧管員　別忙，別忙，你們聽我說！

（唱）【西皮流水】

"龍江"淹田受損害，

縣委指示早下來，

交糧任務不把他們派，

我服從命令該不該？

後山社員們　應該，應該。

糧管員　既然應該，那你們就全挑回去吧。

眾　　我們既然挑來，就不挑回去了！

江水英　同志！

（唱）【西皮流水】

交公糧責任無旁貸，

請把我隊的收下來。

龍江社員們　（接唱）

你收下來。

江水英　（向大家）

（接唱）

我建議把其他的糧食作爲餘糧賣，

後山社員們　對，對，對！

（接唱）

作爲餘糧賣！

江水英　（向糧管員）

（接唱）

爲國家多作貢獻該不該？

糧管員　應該，應該。

眾　　那你就全收下吧！（欲挑糧擔）

糧管員　慢！你們的口糧都留足了嗎？

眾　　留足了！

糧管員　種子糧、飼料糧都留足了嗎？

眾　　留足了！

糧管員　儲備糧留足了嗎？

眾　　全都留足了！

糧管員　好哇，那就收購吧。你們這種共產主義風格，真值得我們好好學習呀！

盼水媽　我們要向龍江大隊學習！靠了龍江水，才有今年這樣的大豐收。真是金水銀水甘露水，比不上"龍江"送來的風格水呀！

江水英　江大海大天地大，比不上毛主席的恩情大！同志們，我們這次戰勝百年未遇的特大乾旱，全靠黨的堅強領導，全靠戰無不勝的毛澤東思想！

眾　　（齊）【西皮原板】

共產主義精神凱歌響，

公字花開萬里香。

跟著偉大領袖毛主席，跟著共產黨，

江水英　　（唱）【西皮散板】

永遠革命，

眾　　　　（接唱）

奔向前方！

〔朝陽燦爛，光芒萬丈。

〔江水英高擎毛主席著作，與眾社員"亮相"。

—— 幕徐閉

（劇終）

（原載《紅旗》雜誌 1972 年第 3 期）

# 奇襲白虎團

## （京劇劇本）

### 山東省京劇團《奇襲白虎團》
### 劇組集體編劇

人物表

嚴偉才 ── 中國人民志願軍某部偵察排排長。

王團長 ── 中國人民志願軍某部團長。

關政委 ── 中國人民志願軍某部團政治委員。

張順和 ── 中國人民志願軍某部偵察排班長。

呂佩祿 ── 中國人民志願軍某部偵察排戰士。

鮑玉祿 ── 中國人民志願軍某部偵察排戰士。

胡書斌 ── 中國人民志願軍某部偵察排戰士。

高參謀 ── 中國人民志願軍某部團作戰參謀。

張股長 ── 中國人民志願軍某部團偵察股長。

中國人民志願軍營、連幹部甲、乙、丙、丁。

中國人民志願軍某部偵察排戰士甲、乙、丙、丁。

中國人民志願軍指戰員若干人。

崔大娘 ── 朝鮮群眾，朝鮮勞動黨黨員。

崔大嫂 ── 崔大娘的兒媳。

韓大年 ── 朝鮮人民軍某部偵察排副排長。

金大勇 ── 朝鮮人民軍某部偵察排戰士。

順　姬 —— 朝鮮兒童。

朝鮮群眾甲 —— 安平里的一位老大爺。

朝鮮群眾乙、丙、丁、戊、己等若干人。

美國顧問。

美國參謀。

美軍士兵二人。

白虎團長 —— 南朝鮮偽首都師白虎團團長。

機甲團長 —— 南朝鮮偽軍某部機甲團團長。

偽參謀長 —— 偽白虎團參謀長。

偽連長 —— 偽白虎團警衛連連長。

偽排長 —— 偽白虎團警衛連排長。

偽白虎團士兵甲、乙、丙、丁、戊等若干人。

## 序幕　並肩前進

〔奏《國際歌》。

〔戰鼓聲中幕啓：戰火瀰漫，中、朝戰士各一人，高舉中華人民共和國國旗和朝鮮民主主義人民共和國國旗，分別由舞臺兩側同時上場，舞蹈。

〔戰鼓愈驟。嚴偉才、韓大年英姿煥發，持槍上場。舞蹈，"亮相"。轉身揮手。

〔眾中、朝戰士全副武裝，分別由舞臺兩側列隊上場。國旗招展下，嚴偉才、韓大年登上高坡。眾舞蹈，"亮相"，表現出並肩戰鬥所向無敵的英雄氣概。

〔雄壯的《國際歌》樂曲再起。舞臺兩側各出兩面紅旗。嚴偉才、韓大年分別率中、朝戰士，迎著戰火，並肩前進。

—— 幕閉

# 第一場　戰鬥友誼

〔一九五三年七月某日晨。

〔朝鮮民主主義人民共和國金城前線附近的安平里。

〔山村一角。安平山巍然屹立，山頂紅旗飄揚，稻田綠秧如茵，蒼松剛勁挺拔，雨後的景色更加清新、明朗。從地面上的炸彈坑、交通溝和掛在斷樹上的炸彈皮，可以看出戰爭的痕跡。

〔音樂聲中幕啓：崔大娘與數朝鮮群眾正向遠處頻頻招手。齊呼："人民軍同志再見……"

朝鮮群眾甲　（向崔大娘）你兒子是個優秀的遊擊隊員，現在又參加了人民軍，真是好樣的！哈哈哈……

朝鮮群眾乙　崔大娘，您家崔大嫂沒去送送他？

崔大娘　她送軍糧去了。

〔崔大嫂內喊："媽媽！"與朝鮮群眾丙、丁上。

朝鮮群眾乙　崔大嫂。

崔大娘　孩子，軍糧送完了嗎？

崔大嫂　還沒完。我們趁休息的時候特意趕回來給您送個信兒。媽媽，您猜我們在裡委員會碰見誰啦？

崔大娘　誰呀？

崔大嫂　是中國人民志願軍，在安平山打過仗的。他負了傷還帶領全排同志消滅美國鬼子一個連！

朝鮮群眾丙　還在您家養過傷呢。

崔大娘

是嚴排長？

朝鮮群眾

崔大嫂

對！就是偵察英雄嚴偉才！

朝鮮群眾丙

崔大娘 　（高興地）太好啦！一年多沒見啦，真想他們哪！

（唱）【西皮散板】

雨過天晴山色新，

滿天朝霞迎親人。

爲抗擊美帝他們到朝鮮，

英勇奮戰痛殲美李軍。

三戰三捷安平里，英雄事蹟傳遍了 ——

崔大娘

（齊唱）

朝鮮群眾

萬戶千村。

崔大嫂 　媽媽，嚴排長正和里委員長談話呢，說等會兒就來看您老人家。

崔大娘 　好。

朝鮮群眾 　（歡悅地）崔大娘！

崔大嫂 　走！咱們趕快把軍糧送完。

朝鮮群眾丙、丁 　好！

崔大嫂 　媽媽，我們一會兒就回來。（向朝鮮群眾丙、丁）走吧！

〔崔大嫂與朝鮮群眾丙、丁下。

〔朝鮮群眾戊內喊："鄉親們！"急上。

朝鮮群眾戊 　鄉親們，告訴大家一個好消息，中國人民志願軍同志就要到了！

崔大娘 　快！咱們趕快回村燒點水，準備迎接同志們！

朝鮮群眾 　走。

〔朝鮮群眾下。

順　姬 　崔奶奶，我在這兒等中國人民志願軍叔叔。

崔大娘　好，等中國人民志願軍叔叔來了，就回村送個信兒。啊？

順　姬　（答應）唉。

〔崔大娘下。

順　姬　（登上高坡瞭望）哎，中國人民志願軍叔叔來啦！（向遠處高喊）志願軍叔叔……

〔順姬跑下。

〔順姬、張順和與鮑玉祿等數戰士上。

順　姬　哎，怎麼沒看見嚴叔叔啊？

張順和　嚴叔叔一會兒就來。

順　姬　好，我給崔奶奶送個信兒去。

鮑玉祿　班長，我是不是先進村去看看？

張順和　好。

〔鮑玉祿、順姬下。

戰士丙　班長，排長來啦。

眾戰士　（向內喊）排長 ──

張順和　到安平里啦！

〔嚴偉才上，“亮相”。向安平里瞭望。

嚴偉才　（唱）【西皮搖板】

風雨行軍一夜晚，

〔嚴偉才走下高坡。

〔呂佩祿上。胡書斌背報話機上。

嚴偉才　（接唱）

敵後偵察白虎團。

同志們一路紛紛來爭辯，

只因為美帝真打假和談。

胡書斌！

胡書斌　到。

嚴偉才　馬上向團部喊話報告情況。

胡書斌　是。

〔胡書斌下。

〔呂佩祿氣沖沖地將偽裝圈摔在地下。

戰士丙　呂佩祿，腳上打泡了吧？

呂佩祿　嗨！腳上沒打泡。

戰士乙　這麼說是思想上"打泡"了？

〔眾戰士笑。嚴偉才示意不要跟呂佩祿開玩笑。

呂佩祿　我就是有點想不通。排長！

（唱）【西皮散板】

敵人不斷來進犯，

分明真打假和談。

既知美帝無誠意，

還跟它談判什麼？

浪費時間！

戰士丁　嗨！美國鬼子被咱們打得頭破血流，現在它不談判也不行啦！

張順和　咱們今天偵察看得很清楚，敵人在拼命地加修工事，又調來李承晚的什麼"王牌軍"白虎團，不斷挑釁。依我看，它是想利用談判，爭取時間，準備緩口氣好再搗亂。

嚴偉才　對！美帝國主義慣用真戰爭假和平的兩手來對付世界人民。它一面暗地調兵向我們進攻；一面拿談判來欺騙人民。我們必須針鋒相對，在談判桌上徹底揭穿它的陰謀詭計，在戰場上堅決粉碎它的進攻。

呂佩祿　排長，這麼說敵人不老實咱們就打！

嚴偉才　對！正像毛主席教導我們的那樣："只要美帝國主義一天不放棄它那種橫蠻無理的要求和擴大侵略的陰謀，中國人民的決心就是只有同朝鮮人民一起，一直戰鬥下去。"同志們，敵人是不會自動放下武器的。我們必須用革命的兩手，對付美帝主義反革命的兩手。這就叫做談談打打 ——

　　眾戰士　對！打打談談。

　　嚴偉才　（唱）【西皮流水】

同志們一番辯論心明亮，

識破敵人鬼心腸。

美帝野心實狂妄，

夢想世界逞霸強。

失敗時它笑裡藏刀把“和平”講，

一旦間緩過勁來張牙舞爪又發瘋狂。

任憑它假談真打施伎倆，

狼披羊皮總是狼。

對敵從不抱幻想，

我們還要更警惕，緊握槍，打敗美帝野心狼！

　　眾戰士　對。

　　（唱）【西皮搖板】

對敵決不抱幻想，

提高警惕緊握槍。

　〔鮑玉祿內喊：“排長！”跑上。

　　鮑玉祿　排長，鄉親們來啦！

　　呂佩祿　哎，排長，你看都來啦。

　　眾戰士　喂……鄉親們，鄉親們！

　〔朝鮮群眾歡悅地上，與眾戰士互相熱烈問候。

　〔順姬高喊：“嚴叔叔！”跑上。

　　嚴偉才　順姬！

　　順　姬　叔叔！

　　嚴偉才　順姬，長這麼高啦！

　　順　姬　叔叔！你看，崔奶奶來了。

〔崔大娘上。

嚴偉才

（興奮地）阿媽妮！（急上前）

眾戰士

崔大娘　（緊抱嚴偉才的雙臂）

（唱）【西皮散板】

一年不見親人面，

往事歷歷在眼前。

在我家養重傷朝夕相伴，

情逾骨肉相依相關。

傷未愈赴前線叫我掛念 ——

嚴偉才　阿媽妮，（拍了一下自己的臂膀）看，早好啦！（深切地）

（唱）【西皮二六】

養重傷您為我晝夜不眠。

一口水一口飯細心照看，

這階級的情義重如泰山！

志願軍離祖國千里遠，

您就是我們的慈母在面前。

眾戰士　（親切地）阿媽妮！

眾戰士

（齊唱）

朝鮮群眾

中朝

友誼花朵是鮮血來澆灌。

朝中

崔大娘　（唱）【西皮一板兩眼】

安平山上彩虹現，

崔大娘
（齊唱）
朝鮮群眾
兩件喜事巧相連。
崔大娘　（接唱）
剛剛送走人民軍，
志願軍同志又來到村前。
男女老少盡開顏！
眾戰士
（齊唱）
朝鮮群眾
男女老少盡開顏！
〔起舞曲。眾歡呼，跳朝鮮民間舞。
〔突然傳來飛機聲。
呂佩祿　哎！敵機！
〔眾怒視敵機。
嚴偉才　臥倒！
〔嚴偉才張開雙臂掩護崔大娘，眾臥倒。戰士們舉槍瞄準敵
機。機聲由遠
而近 ── 由近而遠。遠處響起炸彈爆炸聲。
崔大娘　（唱）【西皮散板】
敵機又來逞兇殘！
〔胡書斌內喊：「排長！」急上。
胡書斌　排長，團長命令我們馬上回團部待命！
嚴偉才　有什麼情況？
胡書斌　美帝國主義和李承晚匪幫又破壞停戰談判！它 ──
嚴偉才　它怎麼樣？
胡書斌　它又向我們發起進攻啦。

　　眾戰士　（憤怒地）啊！

〔朝鮮群眾己內喊："阿媽妮！"急上。

　　朝鮮群眾己　阿媽妮，里委員長叫我們馬上把公路破壞掉，叫你現在去開黨員大會。

　　崔大娘　好。

　　嚴偉才　阿媽妮，有些情況剛才我已經跟里委員長談過了。為了消滅敵人有生力量，部隊可能會轉移。萬一情況發生變化，我們到什麼地方和您聯繫？

　　崔大娘　這裡找不到我，就到我兒媳的娘家。

　　嚴偉才　青石里？

　　崔大娘　對！青石里。

　　嚴偉才　好。同志們，美帝國主義破壞停戰談判，果不出上級所料。毛主席早就教導我們，帝國主義和一切反動派對待人民事業的邏輯就是"搗亂，失敗，再搗亂，再失敗，直至滅亡"！

　　呂佩祿　敵人就是不打不倒！

　　眾戰士　要堅決消滅它！

　　（唱）【西皮散板】

胸中怒火高萬丈，

不消滅敵人不下戰場！

　　嚴偉才　整裝出發！

　　眾戰士　是！

　　崔大娘　（唱）【西皮散板】

別親人說不盡千言萬語！

　　嚴偉才　（唱）【快板】

鴨綠江，白頭山，

脣齒相依，休戚相關。

兩國同飲一江水，

兩岸青山一脈連。

錦繡江山屬人民。

不容美帝來侵犯。

告別鄉親赴前線，

〔眾戰士列隊。

嚴偉才　（唱）【散板】

見首長請命令痛把敵殲。（與崔大娘握手告別）

〔戰士們鬥志昂揚，向朝鮮群眾揮手，急下。嚴偉才、呂佩祿登上高坡，回身激動地招手。

—— 幕急閉

## 第二場　堅持鬥爭

〔三日後傍晚。

〔敵人佔領後的安平里村頭。由於敵人炮火摧殘，安平里變成了一片焦土。炸彈坑、斷樹幹，遍地皆是。遠處可見安平山上被凝固汽油彈燒毀的焦枯樹木。

〔幕啓：僞連長，僞排長帶眾僞兵上。

僞排長　立正！

僞連長　弟兄們。咱們進佔安平里已經三天了，美國顧問和咱們團長，命令多抓民工搶修公路。可是你們這些個廢物，老是慢騰騰的！

僞排長　連長，這裡的老百姓實在難對付！

僞連長　什麼難對付？飯桶！今兒個早上在南山發現一個形跡可疑的老太婆，你們瞪著兩眼叫她溜啦！等會兒團長要陪美國顧問來視察，你們不要腦袋了嗎？還愣著幹什麼？沿公路放出警戒！

眾僞兵　（畏縮不振地）耶。

偽排長　快！

〔偽連長、偽排長及眾偽兵下：

〔崔大娘、崔大嫂背柴架警惕地奔上。

崔大娘　（悄聲地）孩子，剛才咱們瞭解的情況很重要。黨組織和里委員會 ——

〔崔大娘突然發現可疑動靜。二人機警地向四周瞭望。

崔大娘　要我們繼續注意敵人的動向。

崔大嫂　唉。

崔大娘　還有，敵人強迫我們修公路，我們要想盡一切辦法，拖延時間，和它鬥爭！

崔大嫂　好。

〔遠處汽車響。

〔崔大娘向崔大嫂示意。二人分頭下。

〔偽連長、偽排長帶眾偽兵急上。

偽連長　快，快，放出警戒！

〔美國顧問、美軍參謀、美軍士兵、白虎團長、機甲團長、偽參謀長上。

偽連長　立正！首都師白虎團警衛連上尉連長李元吉報告：奉顧問和團長命令正在抽調民工，搶修公路。報告完畢。

白虎團長　顧問先生，請看。

美國顧問　好。朋友們，我們這次利用板門店談判贏得了時間，在金城一線集結了十萬精銳部隊，即將來一個閃電式的進攻。只要一聲令下，我們就可以長驅直入，一舉拿下平壤。（向白虎團長）朋友，你大顯身手的時機到啦！

白虎團長　（畢恭畢敬地）願為自由世界效勞！

美國顧問　噢開！

〔美軍參謀向美國顧問暗指遠方陣地。

美國顧問　（舉望遠鏡瞭望。突然，緊張地）嗯！？"三八六”和“四一九”之間的開闊地帶，工事爲什麼這樣薄弱？

　　白虎團長　　機甲團長先生，那兒可是你的防區！

　　機甲團長　　顧問先生，永進橋到前沿的公路，至今沒有修好。工事進度很受影響！

　　美國顧問　　先生們，共軍戰術，一向莫測，難道你們還沒領教夠嗎？

　　機甲團長　　是。

　　美國顧問　　立即搶修工事，多設鹿岩鐵絲網，密佈地雷群。

　　機甲團長　　是。

　　僞參謀長　　耶。

　　〔機甲團長、僞參謀長下。

　　美國顧問　　（向白虎團長）公路爲什麼還沒修好？

　　白虎團長　　（向僞連長）爲什麼還沒修好？

　　僞連長　　報告團長，安平里一帶的老百姓就是不去修公路。

　　美國顧問　　什麼！我提醒你們：一個軍人應該知道怎樣去對付他們！

　　白虎團長　　（向僞連長等）混蛋！立即給我把村裡的房子燒掉，趕他們搶修公路！

　　僞連長　　是。（向僞排長一揮手）燒！

　　僞排長　　（向眾僞兵一揮手）燒。（率眾僞兵下）

　　〔僞排長帶眾僞兵持火把過場。

　　〔安平里火光衝天。僞兵趕朝鮮群眾上。

　　眾僞兵　　走！走！

　　朝鮮群眾甲　　（唱）【二黃散板】

　　美李匪燒村莊群情激憤！

　　〔僞排長跑上。

　　僞排長　　報告，有群老百姓就是不走，當中有個很像我們在南山發現的那個老太婆。

白虎團長　　給我槍斃！

偽排長　　耶。（欲下）

美國顧問　　等一等，這裡的老百姓都被共軍洗過腦筋。像這樣的人……嗯！（示意抓來）

白虎團長　　明白了。（向偽連長）抓來！

偽連長　　（向偽兵）快！

偽兵　　耶。

〔四偽兵跑下。少頃，押崔大娘上。

朝鮮群眾　　（關切地）崔大娘！

偽兵　　走！

偽排長　　快！

白虎團長　　（惡狠狠地向朝鮮群眾）你們說，是誰煽動你們不去修公路？

〔朝鮮群眾怒視不語。

白虎團長　　修公路是盟軍的命令！

美國顧問　　不，不，不，修公路是為了你們大韓民國。（轉向崔大娘）老太婆你明白嗎？

崔大娘　　你們的"好意"，我們心裡都明白！

白虎團長　　那你為什麼還不去？

崔大娘　　年老無力。

偽連長　　你上山幹什麼去了？

崔大娘　　家裡的糧食、柴禾都搶走了，上山砍柴。

美國顧問　　為什麼偏要到南山上去？

崔大娘　　（理直氣壯地質問）山是我們的山，樹是我們的樹，為什麼不能去？！

〔美國顧問理屈詞窮，尷尬異常。

白虎團長　　那裡是盟軍陣地，是禁區。

崔大娘　　什麼？

偽連長　禁區！

崔大娘　（冷笑）我們老百姓祖祖輩輩都在這南山上砍柴，不知道還有什麼禁區。

偽連長　哼！你別裝糊塗了。團長，（靠向偽團長）上南山刺探軍情的就是她！

白虎團長　老太婆——帶走！

偽　兵　耶。

朝鮮群眾　崔大娘！

崔大娘　（怒目逼退眾偽兵）慢著！別忘了，你們是朝鮮人！

白虎團長　你窺探盟軍陣地，還敢擾亂軍心，煽動反抗……

崔大娘　（痛斥）賣國賊，你認賊作父，引狼入室，燒殺搶劫，為所欲為！

白虎團長　打！

偽連長　老傢伙！（上前欲打崔大娘）

崔大娘　走狗！（狠打偽連長一記耳光）

（唱）【二黃散板】

再兇狠也嚇不倒英雄的人民！

白虎團長　（氣急敗壞地高嚷）我槍斃了你！

〔朝鮮群眾挺身向前，怒視敵人。

美國顧問　（假惺惺地）不要開槍！（裝作溫和地）公民們，你們不要受赤色宣傳的欺騙。我們美國人民是來幫助你們統一國土，還給你們帶來了和平、民主、自由和幸福，嗯……

崔大娘　呸！（斥逼美國顧問步步後退）和平？幸福？民主？自由？（高聲向朝鮮群眾）鄉親們，（登上高坡）看！（指強烈的火光）這就是他們給我們帶來的和平、幸福；這就是他們給我們帶來的民主、自由。（向美國顧問）強盜，誰相信你們這些鬼話？！我們要你從朝鮮滾出去！

偽連長　抓起來！

朝鮮群眾　　從朝鮮滾出去！從朝鮮滾出去！……

美國顧問　　（目瞪口呆）……

偽連長　　抓起來！

崔大娘　　（向美國顧問）你這強盜，好話說完，壞事做盡，你這殺人不眨眼的魔王！

你 ——

（唱）【二黃原板】

你侵略朝鮮把戰火放，

花言巧語來偽裝。

你們殺了多少朝鮮人？

燒了多少朝鮮房？

多少人民的仇和恨，

怒濤洶湧激漢江。

【垛板】

壞事都被你做盡，

你這兇暴殘忍的野心狼！

待到我軍來解放，

看你這劊子手怎樣下場。

狗強盜你逃不出人民的法網！

〔美國顧問向白虎團長示意。

白虎團長　　老傢伙！（開槍打中崔大娘）

朝鮮群眾　　崔大娘！

〔崔大娘從容鎮靜，忍痛屹立。

美國顧問　　（假惺惺地）公民們，我對今天發生的不幸事件非常遺憾。

朝鮮群眾　　呸！

崔大娘　　（怒指敵人）野獸！

（唱）【散板】

定把你們埋葬在人民戰爭的大海洋！

美國顧問 （心驚膽戰）太可怕啦！（開槍打倒崔大娘，和白虎團長等由偽兵護送下）

〔朝鮮群眾急扶崔大娘。

朝鮮群眾 崔大娘！

（齊唱）

親人被害，怒火滿腔！

朝鮮群眾甲 （高呼）崔大嫂！

朝鮮群眾 崔大嫂！

〔崔大嫂急上。震驚，撲向崔大娘。

崔大嫂 媽！媽媽！媽媽！

崔大娘 （復蘇）孩子，要堅持鬥爭……

崔大嫂 唉。

崔大娘 到青石里等嚴排長……

崔大嫂 噢，青石里！

〔崔大娘死去。

朝鮮群眾 （悲憤地）崔大娘！崔大娘！

崔大嫂 啊！媽 ── 媽 ──

（唱）【二黃散板】

見婆母遭慘害痛心絞腸。

你英勇不屈喪敵手，

仇恨在心頭如倒海翻江。

鄉親們！

【滾板】

我巍然國土三千里，

英雄人民志氣剛。

寧願站著刀下死，決不屈膝 ──

朝鮮群眾 （接唱）

決不屈膝，

崔大嫂

（唱）【搖板】

朝鮮群眾

決不當馴羊！

崔大嫂　　（唱）【快板】

血海深仇永不忘，

衝破黑暗迎曙光。

堅持鬥爭，

崔大嫂

（接唱）

朝鮮群眾

頂住風浪！

〔偽連長帶眾偽兵上。

偽連長　幹什麼！怎麼還沒修公路去？

〔朝鮮群眾怒目逼近偽連長。

偽連長　（畏懼地退後）不去？（指崔大娘）她就是你們的下場。

朝鮮群眾甲　（向大家）鄉親們，我們就是不去！

朝鮮群眾　就是不去！

偽連長　不去？我開槍啦！

朝鮮群眾甲　（挺身而出，手拍胸膛）來，開槍打吧！

朝鮮群眾　開槍打吧！

偽連長　（惶然）哼哼，你們這是造反哪！來人！

眾偽兵　耶。

偽連長　把他們給我抓起來修公路去！

偽排長　快！

眾偽兵　走！走！快！

〔眾偽兵驅趕朝鮮群眾。

崔大嫂　（走向崔大娘屍體）媽 —— 媽 ——

眾偽兵　走！走！

偽連長　走！

〔朝鮮群眾和偽兵相持，抬起崔大娘屍體。崔大嫂與朝鮮群眾義憤填膺，怒視偽連長，昂然挺立於高坡。

—— 幕閉

# 第三場　偵　察

〔次日拂曉前。

〔安平山一側，偽白虎團前沿陣地。月光下，混亂的敵人工事隱隱可見。

〔幕啓：一隊偽兵持槍過場。

〔張順和、鮑玉祿放下偽裝，跳出樹叢，作偵察舞蹈；向遠處招手；下。

〔嚴偉才躍身而出，挺立高坡，環視四周，飛身下坡，作偵察舞蹈。

嚴偉才　（唱）【二黃散板】

趁月光安平山偵察情況。

〔張順和、鮑玉祿、戰士甲上。

張順和　排長！根據一夜的偵察，看來白虎團指揮部在二青洞是毫無問題了。

嚴偉才　對，團首長的判斷完全正確。同志們，我們現在須要進一步瞭解“三八六”、“四一九”之間敵人的兵力部署。快！

眾戰士　是。

〔嚴偉才與眾戰士同作偵察敵情的舞蹈，邊舞蹈邊念白。

張順和　排長！看！

嚴偉才　鐵絲網 ——

眾戰士　層層密密。

嚴偉才　炮陣地 ——

張順和　山林隱蔽。

嚴偉才　記下，看！碉堡群火力交叉。公路上 ——

眾戰士　崗哨林立。

張順和　排長，這一帶敵人工事設置混亂，定是白虎團和機甲團的結合部。

嚴偉才　對，同志們，這裡可是一個很好的突破點。

（接唱）

天欲曉尋大娘核對周詳。

〔張順和、鮑玉祿下。

戰士甲　排長，看，安平里被敵人燒毀啦！

嚴偉才　啊！（急速地登上高坡，向遠處眺望）

（唱）【二黃散板】

安平里遭火焚餘煙茫茫，

火燒在安平里（走下高坡）

【原板】

如燒故鄉。

【快三眼】

鄉親們安危莫測我心難放，

更掛念阿媽妮生死存亡。

戰士甲　排長，有人！

嚴偉才　隱蔽！

〔二人隱蔽。張順和、鮑玉祿上。

嚴偉才　村裡情況怎麼樣？

張順和　排長，村裡青壯年都被敵人抓走啦！崔大嫂下落不明！

鮑玉祿　排長，敵人盤踞安平山，殺人放火罪滔天。鄉親們挺身抗敵寇，阿媽妮她……

她壯烈犧牲殉河山！

嚴偉才　阿──媽妮！

（唱）【二黃搖板】

心痛欲裂似箭穿，

【原板】

仇恨又在心頭添。

同志們化悲痛爲力量，

血債定要──

眾戰士　（接唱）

血債定要血來還！

嚴偉才　（接唱）

強盜！

【垛板】

我正要爲你安排火葬場，

你在哪裡放火定叫你在哪裡亡！

張順和　排長，咱們回團部請戰。

嚴偉才　回團部請戰！

鮑玉祿　堅決消滅白虎團！

嚴偉才　走！

戰士甲　排長，（指遠處）敵人！

嚴偉才　隱蔽！

〔眾急隱蔽。嚴偉才作隱蔽舞蹈。

〔僞兵過場。

〔嚴偉才和眾戰士機警地"亮相"。

〔追光漸隱。

──幕閉

## 第四場　請　戰

〔當天下午。

〔我中國人民志願軍某部偵察排坑道外。堅固的坑道口一側寫著"抗美援朝"四個大字；由近及遠的交通溝，隨著地形的變化時隱時現。遠處山巒起伏，巍峨壯觀。

〔幕啓：遠處傳來隱約的炮聲。

〔胡書斌持槍立於高坡。張順和從坑道走出。

張順和　胡書斌。

胡書斌　到。

張順和　排長到團部請戰回來沒有？

胡書斌　還沒有。

〔鮑玉祿與二戰士從坑道內急出。

鮑玉祿　班長，同志們聽到敵人殺害朝鮮階級弟兄和阿媽妮犧牲的消息，心都氣炸了，大家實在憋不住了。

〔坑道內眾戰士高喊："呂佩祿！呂佩祿！"

〔呂佩祿激動地跑出坑道，眾戰士跟出。張順和上前攔住。

張順和　呂佩祿，哪兒去呀？

呂佩祿　到團部找排長去！

張順和　佩祿同志，沉著點⋯⋯

呂佩祿　班長！得給鄉親們和阿媽妮報仇啊！

鮑玉祿　一定要把白虎團這顆硬釘子拔掉！

呂佩祿　什麼硬釘子，它就是塊生鐵也要把它給碾碎了。

眾戰士　對！非消滅它不可！

呂佩祿　對！

〔遠處響起炮聲。

鮑玉祿　看，人家三營一天就就打垮了敵人十幾次進攻，殺傷了那麼多的敵人！同志們、咱們可是堅守上甘嶺"五八七"高地的英雄排啊……

呂佩祿　對啊，同志們，走，找排長去！

眾戰士　對，找排長去。走！走！（欲下）

張順和　冷靜點！同志們，排長比咱們還著急啊！今天偵察回來，他都沒顧得休息，就到團部彙報情況請求任務去啦。大家放心，咱們排長是全軍有名的偵察英雄，經歷過無數次戰鬥的考驗，立過多次戰功，哪次戰鬥他不是揀最重的擔子挑！團首長一定會把最艱巨的任務交給我們的！

胡書斌　同志們，排長回來啦！

〔眾戰士興奮地迎向前去。

眾戰士　（急切地）排長！

〔嚴偉才上。

呂佩祿　排長，回來了？

嚴偉才　回來了。

眾戰士　排長，領到任務啦？

鮑玉祿　是不是打白虎團？

呂佩祿　什麼時間行動呀？

眾戰士　是啊！什麼時間行動啊？

嚴偉才　同志們，團長和政委到師部開會去啦！

眾故士　（失望地）排長！

嚴偉才　大家不要著急，有的是仗打，等團首長回來，我們一定要把任務拿到手！同志們，好好休息，做好戰鬥準備。

眾戰士　是。

〔眾戰士陸續進入坑道。

呂佩祿　（走了幾步，復返）排長，咱們過去都是受過苦的，又一起出國作戰，你最瞭解我。（激切地）叫我眼看著敵人發起進攻，殺害朝鮮階級弟兄，我真受不了啊！

嚴偉才　佩祿同志，這一點，咱們的心情都是一樣！美帝國主義欠下人民的血債，一定要它償還！放心吧，打仗的事上級會有安排的。好好休息，準備打仗！

呂佩祿　是。

〔呂佩祿進入坑道。

〔遠處炮聲又起。

嚴偉才　（唱）【西皮導板】

心潮翻騰似浪卷，

【回龍】

新仇舊恨滿胸間。

【原板】

遙望著安平山陰雲瀰漫，

阿媽妮英勇就義如在眼前。

當年情景又重出，

我的娘被美蔣殺害在嶗山。

兩山迢迢隔大海，

兩家苦根緊相連。

中朝弟兄同患難，

階級仇民族恨不共戴天。

黨指引改天換地鬧革命，

為人類求解放粉身碎骨也心甘！

【二六】

美李匪不甘死亡又來挑戰，

怎容它橫行霸道屠殺人民，蹂躪好河山。

【快板】

同志們擦拳又摩掌，

堅決要求把敵殲。

我代表全排再請戰，

要把那最艱巨的重擔挑在肩。

胡書斌　排長，政委來了。

〔關政委與一戰士上。

嚴偉才　（向關政委敬禮）政委。

關政委　偉才同志，剛才又到團部請戰去了？

嚴偉才　是，政委。

關政委　同志們情緒怎麼樣啊？

嚴偉才　大家求戰情緒很高，有點沉不住氣啦！

關政委　唔，那你呢，嗯？（笑）

〔嚴偉才低頭笑笑未語。

〔戰士甲從坑道內走出。

戰士甲　政委！（向坑道內）同志們，政委來啦！（向關政委）關政委。

〔眾戰士聞聲擁出。

眾戰士　政委！

呂佩祿　您可回來啦！

關政委　回來了，還給你們帶來個好消息呀。昨晚你們排長和幾個同志到敵後進行了一次武裝偵察，對上級制訂作戰方案提供了重要情況，師首長表揚你們啦！

〔眾活躍。

呂佩祿　表揚歸表揚，可就是有仗撈不著打，心裡真像火燒的一樣啊！

關政委　呵！你這個"炮筒子"又著急啦！啊？（笑）來，這兒坐。哎，同志們，來，坐坐坐。

〔關政委、嚴偉才和部分戰士坐下，

關政委　（對呂佩祿）同志，打仗的事可不能著急呀。毛主席怎麼教導我們的？

張順和　"不打無準備之仗"！

　　眾戰士　　"不打無把握之仗"！

　　關政委　　對嘛！毛主席怎麼說的，我們就怎麼做。同志們，現在就有個艱巨的任務等我們去完成啊。

　　嚴偉才　　（站起來）打白虎團？

　　關政委　　對！

　　〔關政委站起身來，眾戰士亦起。

　　關政委　　爲了粉碎敵人真打假談的反革命陰謀，迫使它老老實實在板門店認輸簽字，上級指示，誰不老實就狠狠地打誰。

　　眾戰士　　太好啦。

　　關政委　　我們要用事實向世界說明，敵人在談判桌上得不到的東西，在戰場上它同樣得不到！

　　呂佩祿　　首長，您真說到我們心裡去啦。您快說怎麼個打法吧？

　　眾戰士　　是呀，怎麼個打法？

　　關政委　　我們團的任務是打穿插。組織一個穿插營，前面安上個尖刀班，就用這把尖刀直插敵人心臟！

　　（唱）【西皮搖板】

　　打穿插掏心戰把它的五臟攪亂，

　　先搗毀白虎團指揮機關。

　　時間緊任務重敵後作戰，

　　要有個機智勇敢的尖刀班。

　　嚴偉才　　政委，把尖刀班的任務交給我們吧！

　　眾戰士　　是啊，交給我們吧。

　　嚴偉才　　我們偵察排有敵後作戰的經驗。抓得準，打得狠，進得去，出得來！對這一帶的敵情也都熟悉。更重要的是我們全排同志苦大仇深，在毛主席的教導下有誓死打敗美帝的決心！保證完成黨交給我們的光榮任務！

　　眾戰士　　保證完成任務！

關政委　好！告訴你們，我就是來組織尖刀班的。團黨委已經決定把尖刀班的任務交給你們啦。

眾戰士　是。

嚴偉才　（唱）【西皮二六】

聽首長交任務心情激動，

黨指示賦予我力量無窮。

刀山火海何所懼，

願爲革命獻青春！

關政委　偉才同志。

嚴偉才　到！

關政委　團長正在組織穿插營，你們馬上做好戰鬥準備，到團部接受任務！

嚴偉才　是！

〔關政委與一戰士下。

眾戰士　（異常興奮地擁向嚴偉才）排長！

—— 幕閉

# 第五場　宣誓出發

〔接上場。

〔我中國人民志願軍某團團部。山坡上棟樑松參天聳立，生氣勃勃；山坡下是我軍某部團指揮所。室內設置著軍用電話機和沙盤，正面牆上掛有作戰地圖。

〔幕啓:炮聲隆隆。高參謀、張股長都在打電話。王團長和眾營連幹部圍攏在沙盤周圍。

高參謀　喂……

張股長　喂……

高參謀　喂，五號陣地嗎？好，馬上給你們補充彈藥。

張股長　什麼，敵人發射煙幕彈？

王團長　幾號陣地？

張股長　六號陣地。

王團長　注意監視。

張股長　是，注意監視。

王團長　鬼名堂！（向高參謀）要炮兵指揮所。

高參謀　是。（搖電話）炮兵指揮所……張主任嗎？（遞電話）

王團長　（接電話）老張，集中火力轟擊安平山兩側的敵人。給炮彈安上眼睛狠狠地打！

王團長　同志們，根據嚴偉才同志的偵察，你們穿插的行動路線就從這裡（指沙盤）越過雙石山，直插二青洞！

眾營連幹部　是！

王團長　你們穿插部隊，必須按預定時間，埋伏在敵人前沿，等尖刀班插入敵後，你們隨後跟進，吸引敵人，和它展開近戰、夜戰，打亂它的軍事部署，為尖刀班奇襲偽團部有利條件，配合我師主力，徹底消滅敵人的"王牌軍"白虎團！

眾營連幹部　是！

王團長　（唱）【二黃快板】

趁夜晚出奇兵突破防線，

猛穿插巧迂迴分圍殲。

入敵後把它的逃路截斷，

定叫它首尾難顧無法增援。

痛殲敵人在今晚，

決不讓美李匪幫一人逃竄！

眾營連幹部　保證完成任務！

王團長　好。大家對作戰方案還有什麼意見和補充啊？

營連幹部甲　搗毀偽團部是這次戰鬥的關鍵，尖刀班的任務很艱巨,需要有一個堅強的指揮員。團長,打算派誰去呀?

王團長　我們準備叫嚴偉才去完成這個任務,關政委已經到偵察排去了。你們看怎麼樣啊?

營連幹部甲、乙　太好啦!

營連幹部丙、丁　嚴偉才準能完成任務。

王團長　好,同志們,根據會議的決定,大家分頭準備。

眾營連幹部　是。

〔張股長與眾營連幹部下。

〔關政委上。

關政委　老王!

王團長　老關!尖刀班怎麼樣啦?

關政委　小夥子們勁頭可足啦,一會兒嚴偉才就來呀。

王團長　噢!

關政委　穿插營呢?

王團長　已經安排好了。老關,全團的戰鬥情緒可高啦!

(唱)【二黃搖板】

全軍上下齊動員,

急待任務把敵殲。

戰士們盼反擊似強弓弦滿。

號令出齊向前如倒海排山!

〔張股長上。

張股長　團長。(遞介紹信)

王團長　(看信,興奮地)大好啦!老關,因為這次任務很重要,朝鮮人民軍特地派聯絡員韓大年同志,還有金大勇同志來參加戰鬥,和我們一起行動。

關政委　好哇!張股長。

張股長　到。

關政委　快請同志們進來。

張股長　是。

〔韓大年、金大勇上。

韓大年　王團長。

王團長　（與韓大年握手）韓大年同志,歡迎你們,歡迎啊！有朝鮮人民軍同志的參加,完成任務的條件就更好啦。

關政委　對,張股長。

張股長　到。

關政委　先請同志們休息休息。

張股長　是。

〔韓大年、金大勇隨張股長下。

〔嚴偉才上。

嚴偉才　（唱）【西皮流水】

彈上膛,刀磨亮,

殺敵豪情滿營房。

單等衝鋒號角響,

尖刀直插敵胸膛。

報告。

關政委　進來。

〔關政委向高參謀示意,高參謀下。

〔嚴偉才進內,敬禮。

王團長　（與嚴偉才握手）偉才同志,你們準備得怎麼樣啦？

嚴偉才　一切準備完畢,就等首長下命令了。

王團長　好！為了嚴懲敵人,上級決定,明天拂曉全線發起大反擊！我們要把金城一線的敵人 ——

嚴偉才　包圍起來給它個狠狠的打擊！

王團長　對。你來看。（走向沙盤）

嚴偉才　是。

王團長　（指沙盤內）朝鮮人民軍在這裡,我中國人民志願軍在這裡，雙方密切配合。命你帶領尖刀班，化裝成美、李軍，完成搗毀白虎團指揮部的任務！

嚴偉才　是！

王團長　看，白虎團指揮部的位置就在這裡。偉才同志，你們從哪裡插入最為有利呀？

嚴偉才　（思索片刻，下判斷）首長，根據我們的偵察，就從這兒 —— 敵人配備最強、戒備最嚴的地方插入。

關政委　（故意試問）唔！為什麼？

嚴偉才　敵人自以為配備最強、戒備最嚴的地方，我認為正是它最弱的地方。毛主席教導我們，要善於"發現敵人的薄弱部分"，它這一帶兵種多，番號複雜，正適合我們尖刀班化裝潛入。

王團長　（興奮地）對！毛主席經常教導我們，對敵作戰就是要善於尋找敵人的弱點。出其不意，攻其不備，突然襲擊，才能出奇制勝。

關政委　小夥子，你的想法和團黨委的意見完全一致。這任務很艱巨呀！關係到我們整個戰役的勝利，思想上要有充分準備。

嚴偉才　是！

（唱）【西皮搖板】

鑽狼群入虎穴千斤重擔，

既艱巨又光榮非同一般。

哪怕它美李軍成千上萬，

無非是紙老虎外強中乾。

任憑它設下了層層防線，

首長！

再艱巨也難不住

【原板】

共產黨員。

關政委　（接唱）

革命者就應該氣衝霄漢，
毛主席的教導要謹記心間。
紙老虎要當真虎打，
千斤要當萬斤擔。
這任務是我軍勝利關鍵，
要敢鬥爭敢勝利衝破難關。
王團長　偉才同志。
（唱）【西皮二六】
行動中須靈活，指揮要果斷，
逢敵人盡可能避免糾纏。
入敵後並非你孤軍作戰，
【流水】
我帶領穿插營緊隨後邊。
【快板】
兵貴神速莫遲緩，
要準時搗毀它的指揮機關。
嚴偉才　是！
（接唱）
上級布下天羅網，
數萬敵兵一袋裝。
毛澤東思想把我的心照亮。
渾身是膽鬥志昂。
出敵不意從天降，
定教它白虎團馬翻人仰。
〔韓大年上。
王團長　偉才同志，你看是誰？
嚴偉才　（驚喜）韓副排長。
韓大年　嚴排長。

嚴偉才　又見面啦。

〔二人擁抱。

王團長　朝鮮人民軍派他們來協助我們，你們就一起行動吧！

嚴偉才

是！

韓大年

〔嚴偉才與韓大年親密地握手。

王團長　近來敵人在永進橋一帶佈防嚴密，口令多變，這要靠你們自己去克服困難。

韓大年　首長，我和嚴排長曾在這一帶共同作過戰，情況比較熟悉，我們保證完成任務。

關政委　偉才同志，遇事要和韓大年同志好好商量。

王團長　馬上作好出發準備！

嚴偉才

是！

韓大年

〔嚴偉才、韓大年下

〔高參謀、營連幹部甲及二戰士上。

營連幹部甲　（敬禮）報告，穿插營奉命來到。

王團長　同志們，隱蔽部等候命令。

營連幹部甲　是。

〔營連幹部甲及二戰士下。張股長上。

張股長　報告，尖刀班準備完畢。

王團長　同志們進來。

張股長　是。同志們進來。

〔眾戰士內應："是"！化裝成偽軍，持槍列隊上。

王團長　你們準備好了沒有？

　　眾戰士　準備完畢，待命出發。

　　王團長　（檢查眾戰士的裝備）同志們！堅守在上甘嶺"五八七"高地的不就是你們嗎？

　　眾戰士　是！

　　王團長　敵人用幾百門大炮，兩個營的兵力，向你們輪番進攻。你們依靠什麼寸土不讓打敗了敵人？

　　眾戰士　依靠毛澤東思想和偉大力量，誓死保衛社會主義東方前哨和打敗美帝國主義的決心！

　　王團長　好！這次奇襲白虎團有信心嗎？

　　眾戰士　堅決完成任務！

　　王團長　高參謀。

　　高參謀　到。

　　王團長　通知炮兵部隊，做好戰鬥準備！

　　高參謀　是。

　　王團長　嚴偉才、韓大年！

　　〔嚴偉才、韓大年內應："到！"和金大勇化裝成美、偽軍，上。

　　王團長　今晚你們從七號陣地出發。我先用炮火給你們掃清前沿雷區障礙，穿插營吸引敵人。你們乘虛而入，分秒必爭，發揚我軍勇猛果敢，迅速頑強，不怕艱苦，不怕犧牲的戰鬥作風，堅決在拂曉前搗毀偽團部！

　　嚴偉才等　是。

　　王團長　（唱）【西皮散板】

出奇制勝把功建，

　　眾戰士　（接唱）

首長指示記心間。

　　嚴偉才　（接唱）

為祖國為朝鮮忠心赤膽，

關政委 （接唱）

志願軍與朝鮮人民息息相關。

王團長 同志們！祖國人民時時刻刻在關懷著我們；朝鮮人民日日夜夜在支援著我們。毛主席、金首相在等待著我們勝利的消息！

〔奏宣誓音樂，嚴偉才、韓大年和眾戰士宣誓。

嚴偉才 毛主席、金首相

，我們堅決以實際行動保衛社會主義東方

韓大年 金首相、毛主席

中朝

前哨，為人民的勝利而戰鬥！為祖國爭光！

朝中

眾戰士 為祖國爭光！

高參謀 時間到。

王團長 開炮！

高參謀 開炮！

嚴偉才 出發！

眾戰士 是！

〔眾戰士向首長敬禮，列隊急下，嚴偉才、韓大年向首長敬禮後相互握手，挽臂飛身奔下。

〔王團長，關政委欣然向嚴偉才等招手致意。

—— 幕閉

# 第六場 插入敵後

〔當天夜裡。

〔敵後，高山直插入雲，地面上敵人碉堡群、鐵絲網密佈。

〔幕啓：雷聲隆隆，風雨交加。

嚴偉才　（內唱）【二黃導板】

喬改扮搗賊巢插入敵人心臟。

〔三戰士上。舞蹈。嚴偉才、韓大年等上。"亮相"。

嚴偉才　（唱）【回龍】

同志們精神抖擻，哪怕這雨暴風狂！

【原板】

深夜間路泥濘跑步前往。

韓大年　鐵絲網！

嚴偉才　臥倒！

〔眾縱身臥倒，鐵絲網後面射來探照燈光，眾急伏地。

戰士甲　排長，鉸了吧？

嚴偉才　（觀察後）不，跳！

韓大年　我來！

〔韓大年跳過鐵絲網，向嚴偉才招手示意。

嚴偉才　（會意）跳！

〔眾戰士和嚴偉才先後翻越鐵絲網。

〔暗轉。天幕上劃過敵人信號彈和探照燈光。

〔燈光複明。二戰士從懸崖上投石探測後，翻下。眾戰士和嚴偉才陸續翻下。

嚴偉才　臥倒！

（接唱）

越障礙越天塹意志堅強。

韓大年　同志們，"三八六"、"四一九"高地已經過來了，前面就是公路。

呂佩祿　排長，今天晚上敵人的口令咱們還不知道，沒有口令怎麼能上公路啊？

嚴偉才　（接唱）

出發前團首長曾對我講，

敵人口令變化無常。

必須要抓"舌頭"瞭解情況。

〔眾前進。

嚴偉才　（突然止步）臥倒！

〔眾急臥倒。

嚴偉才　（堅定沉著地）同志們，我踩著地雷啦！

眾戰士　排長，你……

〔眾戰士爭著要去排除地雷。

嚴偉才　（急忙阻止）不要動！

〔眾戰士停止前進。

嚴偉才　同志們！萬一地雷爆炸，驚動了敵人，就會影響我們完成任務。

眾戰士　排長！（又匍匐前進）

嚴偉才　服從命令，迅速後退！

張順和　排長，你……

嚴偉才　退！（示意張順和後退）

呂佩祿　排長……

張順和　退！

〔眾戰士執行命令後退。

嚴偉才　張順和！

張順和　到！

嚴偉才　我現在開始排雷。如果我犧牲了，你代替我的職務，和韓大年同志很好合作。

張順和　是！

嚴偉才　同志們，就是有天大的困難，也要完成黨交給我們的光榮任務！

眾戰士　是，堅決完成任務！

嚴偉才　大家隱蔽！

呂佩祿　排長！

張順和　隱蔽！

〔嚴偉才開始排雷，眾凝目注視。

嚴偉才　注意！（完成排雷，縱身翻出險區，臥倒）

〔少頃，眾起立。戰士們擁向嚴偉才。

眾戰士　排長，地雷排除啦？

嚴偉才　排除了。

呂佩祿　排長，剛才可把我急壞了。

戰士乙　幸虧沒響啊！

嚴偉才　這是一顆美制松發地雷，我不抬腳它怎麼會響啊！

鮑玉祿　排長，咱們偵察的時候，這裡還沒有佈雷呀？

嚴偉才　看來敵人又增強了防禦。同志們，這裡既有松發地雷，可能還有別的地雷。

呂佩祿　排長，我看哪，咱們快點走吧。

韓大年　不行，若是引起地雷爆炸，驚動了敵人，就要影響我們完成任務！

呂佩祿　排長，可是時間呢，怎麼辦？

嚴偉才　同志們，現在只有先派兩個同志，在前面探清地雷部位，我們大家隨後前進。

韓大年　對，我去！

呂佩祿　排長，我去！

眾戰士　我去。

鮑玉祿　我去，我是中國共產黨黨員，讓我吧！

金大勇　我是朝鮮勞動黨黨員，我去吧！

張順和　我是黨員！

戰士甲　我是黨員！

戰士丙　我是團員！

呂佩祿　排長，快下命令吧？

眾戰士　是啊，快下命令吧！

〔韓大年向嚴偉才示意，讓金大勇去。

嚴偉才　鮑玉祿！

鮑玉祿　到！

嚴偉才　金大勇！

金大勇　到！

嚴偉才　你們二人前面引路，探清地雷部位，作好標記。需要小心！

鮑玉祿

是！

金大勇

〔鮑玉祿、金大勇二人抽出探雷針開始探測。

嚴偉才　（接唱）

細探測須謹慎切莫驚慌忙。

〔鮑玉祿、金大勇二人作探雷舞蹈，發現地雷。

金大勇

地雷！

鮑玉祿

嚴偉才　小心！

〔眾繞路行進。

金大勇

是！（二人繼續作探雷舞蹈。行進間又發現地雷）地雷！

鮑玉祿

〔嚴偉才急欲上前掩護戰士。

戰士丙　排長！

〔戰士丙搶上前去擋住嚴偉才。

〔眾繞路行進。

金大勇

地雷！

鮑玉祿

〔戰士丙等作掩護嚴偉才的舞蹈。

〔遠方炮聲響。

呂佩祿　排長，咱們的大炮都說話啦，準是團長帶領穿插營跟敵人打響了。趕快想辦法過去！

〔嚴偉才正在思索，驀地傳來溪水聲。眾諦聽。

嚴偉才　溪水……（當機立斷）同志們！想這溪水之中，敵人不會埋設地雷。

眾戰士　對。

嚴偉才　不能遲延，趁我軍發射的炮彈火光，沿著這山澗溪水，奔向公路，快速前進。

（唱）【散板】

趁火光涉溪水逆流而上。

〔嚴偉才率眾戰士挽臂舉槍涉水前進，越出雷區直插公路。

〔偽兵甲跑上，狼狽地跟在眾戰士後面跑下。

嚴偉才　（接唱）

隊伍中多一人來自何方？

〔嚴偉才向韓大年耳語，示意捉住偽兵甲。

〔偽兵甲尾隨眾戰士復上。

〔韓大年奪下偽兵甲槍枝，將他踢倒在地。

嚴偉才　警戒。

〔偽兵甲爬起。

偽兵甲　（氣沖沖地）誰搶我的槍啊？

張順和　你跑什麼？

偽兵甲　這是公路，許你們往回跑，就不許我跑了？快給我槍！

韓大年　（掏槍）不許動！

僞兵甲　（轉了語氣）哎……長官，都是自己人，這……是幹什麼？

嚴偉才　誰跟你是自己人，（威嚴地）我們是中國人民志願軍！

僞兵甲　哎喲我的媽呀！（嚇癱了）

張順和　起來！

嚴偉才　告訴你，我們一向寬待俘虜。只要你老老實實回答我的問話，保證你的生命安全。

僞兵甲　是，是！

韓大年　你跟在我們後面跑什麼？

僞兵甲　我奉命去放哨，抱槍睡了覺，呼隆一聲響，你們開了炮。班長炸斷了腿，班副長炸折了腰。就數我命大，撒腿往回跑，想起軍紀有三條，回去我也活不了，我尋思咱們是一道，也好跟著你們把命逃，他這一抓槍，嚇了我一跳，中國話我會的不少，你們的俘虜政策我的統統的知道，只要長官放我命一條，頂好的頂好。

韓大年　我問你，今天晚上的口令是什麼？

僞兵甲　"古輪木歐巴"。

呂佩祿　說清楚點！

僞兵甲　"古 ─ 輪 ─ 木 ─ 歐 ─ 巴"。

嚴偉才　你們團部的位置在什麼地方？

僞兵甲　在二青洞不遠的山溝裡。

嚴偉才　有什麼標記？

僞兵甲　過去永進橋，就看見溝口的兩棵老松樹啦。

〔嚴偉才示意呂佩祿核對。

呂佩祿　（抓著僞兵甲）你這傢伙可要說實話。

僞兵甲　哎……報告長官，我說的全是實話。

嚴偉才　（急問）團部？

偽兵甲　在二青洞的山溝裡。

嚴偉才　標記？

偽兵甲　有兩棵松樹。

嚴偉才　口令？

偽兵甲　"古輪木歐巴"。

嚴偉才　你說的三條軍紀是什麼？

偽兵甲　美國顧問給我們規定的三條軍紀是：上前者賞，後退者殺，當了俘虜跑回來還要槍斃。

〔嚴偉才向呂佩祿示意。

呂佩祿　委屈你了，走！快！

〔呂佩祿押偽兵甲下。

嚴偉才　同志們，口令雖得，但不知是真是假。若遇敵人盤問，請朝鮮人民軍同志上前答話。

〔呂佩祿："排長！"跑上。

呂佩祿　排長，那傢伙叫我捆起來堵住嘴，放到山洞裡啦，等戰鬥結束了再放了他。

張順和　（忽然發現情況）排長，敵人巡邏隊！

韓大年　對證口令。

金大勇　是。

嚴偉才　快！

〔偽兵乙領偽兵上。

金大勇　口令？

偽兵乙　"古輪木 ——"

金大勇　" —— 歐巴"。

偽兵乙　噢，是自己人哪！

韓大年　差點鬧成誤會。

偽兵乙　耶。（向偽兵們）巴里卡！

〔偽兵乙領偽兵下。

嚴偉才　同志們，口令已經對證。前面就是中心哨所，敵人戒備嚴密。我們還要提高警惕，提防突然變化。

眾戰士　是。

〔嚴偉才指向前方，眾戰士圍繞嚴偉才，雄偉地"亮相"。

〔追光漸隱。

—— 幕閉

# 第七場　智奪哨所

〔接上場。

〔偽白虎團中心哨所。

〔幕啓：一偽兵站崗，另一偽兵指揮汽車。

〔偽連長、偽排長帶偽兵丙、丁上。

偽連長　有什麼情況沒有？

偽兵丙、丁　（同時立正）沒有。

偽連長　稍息！（指著手中的袖標）弟兄們，這袖標，是今晚上的臨時通行證。沒有袖標，一律不準通行。

〔偽連長將袖標交偽排長。偽排長將袖標分發給偽兵丙、丁。

偽連長　有什麼情況打電話告訴我！

偽排長　耶。

〔偽連長帶二偽兵下。

偽排長　（向偽兵丙、丁）別睡覺。

偽兵丁　耶。

偽排長　發現情況，立即報告。

偽兵丙　耶。

偽排長　可也別大驚小怪的。

偽兵丙、丁　耶。

〔偽排長下。

偽兵丁　今兒個可真新鮮，怎麼連長親自查崗，排長親自帶班？

偽兵丙　咱們馬上就要向北大舉進攻啦。這條公路又是通向團部的咽喉要道，他們來查崗、帶班有什麼新鮮的？

偽兵丁　北進，北進……又打仗啦！

偽兵丙　啊，不打仗吃什麼？怎麼，害怕啦？

偽兵丁　害怕？哼，從戰爭打響的那天起，我們九師跟共軍打仗什麼時候不在頭裡？（示出臂上傷疤）看，這是上甘嶺掛的彩。這傷剛好，就補充到你們這兒來了，告訴你說，人民軍和中國人民志願軍都不是好惹的！

偽兵丙　什麼？不好惹？那是你們九師，這是白虎團！

偽兵丁　（自語）哼！

偽兵丙　（向遠處望。突然）幹什麼的？

〔偽兵戊帶數偽兵上。

偽兵戊　流動哨！

偽兵丙　口令！

偽兵戊　"古輪木 ——"

偽兵丙　" —— 歐巴"。

〔偽兵丙手持電筒上前檢查袖標，

偽兵戊　看什麼？不認識？

偽兵丙　對下起，今兒個晚上認袖標，不認人，這是上司的命令。

偽兵戊　快點，快點。巴里卡！

〔偽兵戊帶數偽兵下。

偽兵丙　（向偽兵丁）嗯，你好好在這兒待著，有什麼情況叫我。

偽兵丁　（自言自語地）你打過幾回仗啊？！哼！

〔偽兵丙打火抽煙。

偽兵丁　（驚恐）誰？

〔金大勇、張順和暗上。

偽兵丙　（向偽兵丁）怎麼啦？

偽兵丁　抽煙哪！嚇我一跳。

偽兵丙　嚇你一跳？還嚇我一跳呢！

偽兵丁　站崗下許抽煙！

偽兵丙　站你的崗去吧！管的還不少。

〔金大勇、張順和走近偽兵丁。

偽兵丁　誰？

偽兵丙　口令？

金大勇　"古輪木 ——"

偽兵丙　"—— 歐巴"，幹什麼的？幹什麼的？（見對方不語）你聾啦，怎麼不說話？

金大勇　（厲聲地）你們瞎啦，沒看見老子是幹什麼的嗎？

偽兵丙　（假和氣）嘿嘿……你們是哪部分的？

金大勇　師部的搜索隊。

偽兵丙　師部搜索隊？（奚落地冷笑）搜索隊，搜索隊，打起仗來往後退。你們回來幹什麼？

〔韓大年及二戰士暗上。

金大勇　護送美國顧問到團部去。

偽兵丙　團部在什麼地方？

金大勇　在二青洞。

偽兵丙　（故意地）二青洞走前邊的岔道，怎麼走到這兒來啦？

韓大年　你跟他囉嗦什麼，

張順和

耶！

金大勇

金大勇　小隊長。

韓大年　（走向僞兵丙）你活糊塗啦？誰不知道這條公路直通永進橋，過了橋就看見二青洞溝口的兩棵老松樹了。怎麼？連你們團部的所在地都不知道啦？混蛋！（打僞兵丙一耳光）跟我來這一套。

僞兵丁　（強作笑容）嘿嘿嘿，長官，長官，不是不讓你們過去，因爲你們都沒戴著袖標！

〔嚴偉才率數戰士暗上。細聽。

僞兵丁　這袖標是今兒晚上臨時通行證。上邊有話，沒有袖標一律不準通行。

韓大年　（訓斥地）廢話！我們是昨天跟美國顧問到前沿去的。這袖標我們哪能（狠敲僞兵丁的鋼盔）有？

僞兵丁　耶。

僞兵丙　美國顧問，哼！（對僞兵丁）看住他們。（向眾戰士）好，我給團部打個電話，派車來接你們。

〔嚴偉才指揮張順和等迅速殺死僞兵丙、丁，摘其袖標，眾戰士拖下僞兵屍體，並將二僞兵的槍和帽子放在崗樓旁邊。嚴偉才滅掉血跡。

嚴偉才　同志們，敵人突然增加袖標，情況可能有新的變化。看來通過永進橋會有困難，我們必須作兩手準備。金大勇！

金大勇　到！

嚴偉才　前面就是青石里，你馬上去取得聯繫。鮑玉祿！

鮑玉祿　到！

嚴偉才　靠近橋頭查明敵人的兵力和兩側的水勢，戴上袖標，集合地點在（略思）前面小松林。

金大勇

是。

鮑玉祿

〔金大勇、鮑玉祿下。

嚴偉才　同志們，此地不能久停，快走。

眾戰士　是！

張順和　排長，對面來了個偽軍官。

呂佩祿　乾脆幹掉他。

嚴偉才　不，來得正好。（輕聲向戰士們）來！

〔嚴偉才與眾耳語，示意捉住偽排長，眾戰士急速列隊。

韓大年　（故意放聲）巴里卡！

眾戰士　耶！（欲走）

〔偽排長上。

偽排長　站住！你們是幹什麼的？

韓大年　師部搜索隊。

〔嚴偉才示意張順和和戰士甲繳下偽排長武器。

偽排長　怎麼沒戴袖標？

〔偽排長欲掏槍，被張順和、戰士甲摔倒在地，武器被繳。

嚴偉才　警戒！

偽排長　（強作鎮靜）你們要打算幹什麼？告訴你們說，這兒是王牌軍白虎團的防地！

嚴偉才　住口！別說你小小的白虎團，就是美國侵略軍的司令部，我們也一樣翻它個底朝天！（將偽排長打翻在地）

偽排長　你們到底是什麼？

嚴偉才　（字字千斤地）中國人民志願軍！

〔偽排長大驚。

嚴偉才　你放明白點，投降者生，頑抗者死。別忘了你們白虎團的三條軍紀，（步步逼匪後退）上前者賞，後退者殺，像你這樣作了俘虜回去也休想活命，生死由你選擇！

〔一陣炮聲。

嚴偉才　聽，我們已經打過來啦！只要你立功贖罪，我們保證你的生命安全。

〔僞排長"跪步"向前，欲奪嚴偉才的手槍。嚴偉才機警地一閃身握住手槍，怒視敵人。

僞排長　（惶恐地）長官，長官，我願意立功贖罪，

嚴偉才　好，我問你，現在團部有多少兵力？

僞排長　就是一個警衛排。

呂佩祿　（抓住僞排長）要是你不老實，我……

僞排長　是真話。因爲你們開了炮，部隊都調到前面去了。

嚴偉才　（發現新的情況，向韓大年示意，對僞排長）你立即打電話通知永進橋和沿途崗卡，讓我們順利通過。

僞排長　這…

韓大年　快！

僞排長　照辦。

韓大年　走。

嚴偉才　（向戰士甲）馬上去把鮑玉祿和金大勇找回來。

戰士甲　是。

〔戰士甲下。

〔戰士們以匕首威逼僞排長打電話。

僞排長　（戰戰兢兢地對著電話）喂……告訴三號、四號、五號崗卡，我是排長。現在師部搜索隊有要事到團部，讓他們通過。你們再通知永進橋的哨所，什麼？什麼……（驚慌）

〔嚴偉才機警地示意張順和奪下僞排長的話筒。

韓大年　怎麼回事？

僞排長　長官，電話裡說，今晚上美國的三五榴彈炮營開過來了，陣地就在永進橋南面，由美國督戰隊親自守橋。

嚴偉才　還有什麼情況？

偽排長　這……

眾戰士　說！

偽排長　哎……長官，我來的時候，美國顧問在二青洞召開緊急軍事會議，決定提前發動進攻。

嚴偉才　什麼時間行動？

偽排長　拂曉前。

嚴偉才　（對戰士乙）快！把他捆起來放到山洞裡。

戰士乙　是。

〔戰士乙押偽排長下，戰士乙復上。

〔戰士甲上。

戰士甲　排長，他們回來啦！

〔鮑玉祿、金大勇上。

鮑玉祿

排長。

金大勇

嚴偉才　情況怎麼樣？

金大勇　青石里的老鄉都找不到了！

鮑玉祿　橋上美軍流動哨不斷巡邏，袖標嚴格查對；橋下水深流急，設有暗樁鐵絲網；過橋困難。

〔嚴偉才思索。

〔天空升起信號彈。

韓大年　信號彈！

呂佩祿　排長，團長帶領穿插營打過來啦，趕快行動吧！

張順和　排長，咱們從下游泗水渡河吧！

嚴偉才　好，泗水渡河。

眾戰士　是！

戰士甲　排長，從山上下來十幾輛汽車，正向我們開來。

呂佩祿　排長，打了吧？

嚴偉才　（略思）不，不能與敵糾纏。把它們調到四號公路，叫我們的炮兵收拾它們。金大勇指揮汽車！

金大勇　是。（取過兩面指揮旗，指揮汽車）喂！前面的橋被水衝垮啦，走四號公路！

〔汽車燈光道道劃過，馬達聲由近漸遠。

嚴偉才　同志們，爭取時間就是勝利。我們要搶先一步，在拂曉敵人行動之前，打掉僞團部！

眾戰士　是！

嚴偉才　（唱）【二黃快板】

敵情驟變事緊急，

一發之際關全局。

敵變我變莫遲疑，

泗水渡河殲頑敵。

〔嚴偉才揮手，"亮相"，眾戰士急下。


— 幕閉


# 第八場　帶路越險


〔緊接上場。

〔永進橋側小松林附近。

〔幕啓。

崔大嫂　（內唱）【二黃導板】

聞北方炮聲起奮身 —（上場，"亮相"）脫險，

【回龍】

繞小路離開了永進橋邊。

【快三眼】

被強迫修公路心如火燃。

怎能忘阿媽妮臨終遺言。

青石里是我軍聯絡地點，

與嚴排長取聯繫來把敵殲。

【垛板】

聽炮聲似雷鳴接連不斷，

想必是朝中軍大反擊就在今天。

捨死忘生飛奔向前。

〔近處槍響。崔大嫂急欲奔下。嚴偉才率眾戰士迎面趕上，圍一圓形掩護崔大嫂。

〔數偽兵追上。

韓大年　（機智地向眾偽兵）快！快！

〔數偽兵朝韓大年所指的方向追下。

嚴偉才　警戒！

〔崔大嫂心中猶疑，欲行又止。

崔大嫂　你們到底是什麼人？

嚴偉才　你是崔大嫂！

崔大嫂　你是 ──

嚴偉才　我是嚴偉才呀！

崔大嫂　嚴排長！

嚴偉才　大嫂。

韓大年　都是自己人哪！

眾戰士　大嫂！

崔大嫂　（驚喜交集，雙手分握嚴、韓的手）

（唱）【二黃散板】

聽說自己人，

兩耳春雷震，

緊急關頭逢親人。

眾戰士　大嫂，你怎麼到這兒來了？

崔大嫂　敵人抓我們到永進橋修公路。鄉親們掩護我跑出來，正要到青石里等你們。

嚴偉才　大嫂，我們馬上就要過河打掉白虎團指揮部。前面有沒有新的情況？

崔大嫂　嚴排長！

（唱）【吹腔曲牌】

二青洞正面防守緊，

美軍崗哨密如林。

攀上懸崖過板橋，

居高臨下見敵營。

嚴偉才　大嫂，從哪兒走？

崔大嫂　你看，由這裡往東，那裡水淺，過得河去，盤上山路，通過獨木橋，就可以從背後到達偽團部。

嚴偉才　有條獨木橋？

崔大嫂　對，我來帶路。

〔崔大嫂引路，至河邊。

嚴偉才　跳！

〔眾作過河舞蹈，上岸。面迎高山。

〔嚴偉才率眾攀上懸崖。

崔大嫂　（行進間一驚）橋已被敵人破壞！

眾戰士　啊！

嚴偉才　（唱）【嗩吶二黃導板】

面臨深澗橋樑斷。

張順和　對面有燈光！

崔大嫂　那就是偽團部。

嚴偉才　（唱）【回龍】

見敵營，燈光閃，

賊在咫尺不能殲，萬丈怒火衝雲天。（略思）

【原板】

笑敵人伎倆窮，把路斷，

休想將我來阻攔。

英雄何懼走天險，

志願軍從來不怕難！

奪戰機要果斷，

飛越深澗搶時間。

眾戰士　是，飛越深澗！

〔近處炮聲響。

嚴偉才　張順和。

張順和　到！

嚴偉才　準備繩索！

張順和　是！（作扔繩索動作）

〔嚴偉才檢查繩索後，眾作攀繩索過澗的舞蹈。

嚴偉才　呂佩祿！

呂佩祿　到！

嚴偉才　帶領火力組首先消滅敵人警衛排。

呂佩祿　是。

嚴偉才　鮑玉祿、金大勇！

鮑玉祿

到！

金大勇

嚴偉才　負責打掉敵人的通訊聯絡。

鮑玉祿

是。

金大勇

嚴偉才　同志們！

眾戰士　到！

嚴偉才　戴上識別記號，猛襲僞團部！

〔眾取出紅綢標記，威武"亮相"。

〔切光。

—— 幕閉

## 第九場　夜襲僞團部

〔緊接上場。

〔僞白虎團團部。高山峽谷，怪石磷磷，鐵絲網、碉堡群層層環抱。室內，燈光暗淡，牆上掛著僞白虎團團旗，寫字臺上歪放著軍用地圖和電話機，顯得陰沉零亂。

〔幕啓：僞報務員正在收發電報，僞參謀長立於發報機旁。白虎團長伏桌看地圖。美國顧問惶惶不安地來回踱步。

白虎團長　（看手錶）參謀長，盟軍來過電話沒有？

僞參謀長　還沒有。

白虎團長　到底什麼時間行動？

美國顧問　（向美軍參謀）馬上打個電話，要他們把提前行動的時間立刻告訴我們。

美軍參謀　耶司。

僞參謀長　團長，敵人開始用猛烈炮火攻擊我前沿陣地。在松雲嶺附近突然發現一股共軍，約有一營兵力，正向我團部方向推進。

美國顧問　（向僞參謀長）命令機甲團立刻把它消滅掉！

僞參謀長　耶。

〔匪兵端過酒來。

美國顧問　朋友們，金城一線的十萬大軍正在向北挺進，我們很快就要創造出震驚世界的奇蹟。讓我們爲即將到來的勝利乾杯吧！

白虎團長　好，為勝利乾杯！

〔眾匪正舉杯欲飲，響起猛烈炮聲。偽團部電燈熄滅。

〔傳來吉普車聲。機甲團長帶傷狼狽急上。

機甲團長　（因全軍覆沒，氣極）白昌譜！我的機甲團被共軍全部擊潰，你要負責任！

白虎團長　住口！你的部隊要是早上去半個小時，局面也不會到這種地步！

〔機甲團長氣憤欲辯 ——

偽參謀長　（向白虎團長）報告團長，電訊中斷。（輕聲地）總部電報，全線情況緊急。你要早作準備！

美國顧問　（驚慌失措，忙將美軍參謀拉向一邊，輕聲地）馬上把我們的榴彈炮營撤走。請總部趕快派一架直升飛機來接我。快，快！

美軍參謀　耶司。

〔美軍參謀與美軍士兵急下。

機甲團長　（向美國顧問）你們趕快派兵增援。要不，我們就撤！

美國顧問　撤？（色厲內荏，故作鎮靜地）鎮靜，鎮靜，先生們，只要你們能頂住共軍的先頭部隊，局面就會改變。請放心，這裡地勢險要，工事堅固，還有我們美國參加過第二次世界大戰的三五榴彈炮營，在永進橋支援著你們．共軍是絕對過不來的。

〔嚴偉才、韓大年等突然破窗而入。

嚴偉才　（揮槍）不許動！

〔機甲團長掏槍頑抗，被嚴偉才擊斃。

〔偽團部亂作一團。美國顧問負傷，乘機溜走。偽參謀長躲入桌下，韓大年追擊一偽兵下。

〔嚴偉才開槍打白虎團長，白虎團長急忙閃身，擊中偽連長。白虎團長逃下。

〔一偽兵和嚴偉才搏鬥;一戰士與金大勇追擊數偽兵上。嚴偉才等擊斃數偽兵,"亮相"。嚴偉才揮手,一戰士與金大勇追其餘偽兵下。嚴偉才向白虎團長逃竄之處追去。

〔偽參謀長從桌底下爬出,正欲逃竄,此時鮑玉祿追一偽兵上,開槍將偽兵擊斃。偽參謀長抓住鮑玉祿的槍。鮑玉祿欲射彈盡,偽參謀長拔出匕首,與鮑玉祿搏鬥。又上二偽兵,混戰。鮑玉祿扔出手榴彈,偽參謀長與數偽兵喪命。

〔美軍士兵上,拿槍欲打鮑玉祿。呂佩祿追上,打掉美軍士兵的手槍。二人格鬥。又一偽兵上。美、偽士兵先後被呂佩祿打翻在地,繼而扔出窗外。

〔嚴偉才追白虎團長上。白虎團長開槍打嚴偉才,嚴偉才縱身跳起,擊中身後一偽兵。又上數偽兵,其中一偽兵欲摘白虎團團旗,被嚴偉才擊斃。其他數偽兵亦先後被嚴偉才擊斃。嚴偉才用力踢掉白虎團長的手槍。白虎團長拔出戰刀頑抗。又上美、偽士兵各一人,撲向嚴偉才。白虎團長乘機跳窗逃竄。嚴偉才用刺刀先後將二美、偽士兵刺死。

〔志願軍眾戰士上。張順和拾起白虎團團旗。嚴偉才率眾戰士飛身越窗,窮追殘敵。

〔暗轉。


# 尾聲　乘勝追擊


〔緊接上場。

〔偽白虎團團部附近一片開闊地帶。天空彩霞萬朵。近處山坡上的公路已被我炮火摧毀,餘煙未盡。

〔一偽兵攙扶美國顧問狼狽不堪地跑上,該偽兵將美國顧問推倒,急欲逃命。被美國顧問開槍擊斃。美國顧問戴上偽兵鋼盔,倉惶逃下。

〔三僞兵跑過，下。

〔張順和、金大勇、韓大年追三僞兵上。拼刺，一僞兵被刺死，另二僞兵被俘。

〔一戰士押僞兵俘虜過場，下。

〔白虎團長、美軍參謀及二僞兵疲於奔命地上。嚴偉才吶喊"殺"聲，持刺刀迎面趕上，單槍獨身與白虎團長等激烈搏鬥，先後刺死二僞兵和美軍參謀，生擒白虎團長。

〔韓大年、崔大嫂和眾戰士將美國顧問押上，嚴偉才勝利地"亮相"。

〔軍號嘹亮。遠處傳來勝利歡呼聲。

〔二戰士押著美國顧問、白虎團長下，二戰士復上。

〔王團長、關政委率穿插營上。

眾　　　（歡呼）勝利！

〔嚴偉才將繳獲的僞白虎團團旗交給王團長。王團長將旗扔在地下。

王團長　同志們！你們按預定時間勝利地完成了殲滅白虎團指揮機關的光榮往務，這是中朝兩國人民並肩作戰的勝利！這是毛主席軍事思想的偉大勝利！現在金城全線之敵，正被我大軍圍殲中，我們決不讓敵人喘息。乘勝追擊！

眾　　　乘勝追擊！

嚴偉才　出發！

眾　　　是。

〔在《國際歌》樂曲聲中，我中國人民志願軍和朝鮮群眾踏著僞白虎團團旗乘勝前進。

—— 幕閉

（劇終）

（原載《紅旗》雜誌 1972 年第 11 期）